Weithmann
Burgen und Schlösser in Bayern

Michael Weithmann

Burgen und Schlösser
in Bayern

Ober- und Niederbayern, Oberpfalz und Schwaben

Mit Bildern von Wilfried Bahnmüller

Umschlagmotiv: Schloss Neuschwanstein, Foto von Waltraud Klammet, Ohlstadt
Umschlag rückwärts: Augsburg, ehemalige fürstbischöfliche Residenz
Klappe rückwärts: Schloss Linderhof, Park

Bibliographische Information Der Deutschen Bibliothek
Die Deutsche Bibliothek verzeichnet diese Publikation in der Deutschen
Nationalbibliographie; detaillierte bibliographische Daten sind im Internet über
http://dnb.ddb.de abrufbar.

© 2003 by
Niederösterreichisches Pressehaus
Druck- und Verlagsgesellschaft mbH
NP BUCHVERLAG
St. Pölten – Wien – Linz

www.np-buch.at
verlag@np-buch.at

Alle Rechte vorbehalten.

Bilder: Bildverlag Bildwerbung Dr. W. Bahnmüller, Geretsried
Grafische Gestaltung: Werbebüro Linecker, Sieglinde Füreder, Ottensheim

Gesamtherstellung
Niederösterreichisches Pressehaus
Druck- und Verlagsgesellschaft mbH
A-3100 St. Pölten, Gutenbergstraße 12

ISBN 3-85326-175-2

Inhalt

OBERBAYERN

Burgen und Schlösser in München und im bayerischen Oberland
Die Münchner Residenzen: Alter Hof und Neue Residenz 15
Schloss Nymphenburg mit Parkschlösschen 22
Bayerischer Triumphbarock:
   Die Schlösser Schleißheim und Lustheim 26
Bücher-Burg Blutenburg an der Würm 29
Burg Grünwald im Isartal; Burgvilla Schwaneck 32
Burg Seefeld über dem Pilsensee 43
Schlossmuseum Murnau am Staffelsee 46
Wohnturm Haag: Ein emporgerecktes Machtsymbol 48
Stadt und Schloss Wasserburg am Inn 51
Die Burg in der Felswand: Höhlenburg Stein an der Traun 54
Gipfelburg Hohenaschau unter der Kampenwand 58
Die Königsschlösser von Herrenchiemsee: Eine Vision von Versailles 61
Ein „gemütlicher" Edelsitz: Amerang im Chiemgau 65
Erst Kloster, dann königlicher Sommersitz: Schloss Tegernsee 67
Alpenkönig und Menschenfeind: Schloss Linderhof und
   Bergsitz Schachen 70
Burgen im Inntal: Neubeuern, Falkenstein, Oberaudorf 81

Burgen und Schlösser in Südostbayern
Burghausen: Europas „längste" Burganlage 86
Salzburger Machtwort: Burg Tittmoning 91
Die Berchtesgadener Schlösser:
   Fürstpropstei, St. Bartholomä 95

Burgen und Schlösser zwischen München und der Donau
Auferstanden aus Ruinen: Schloss Dachau 99
Am Ursprung Bayerns: Die ersten Burgen der Wittelsbacher 101
„Ingolstadt soll mich wehren": Bayerns Haupt-Defensions-Festung 103
Vohburg: Wäre Agnes Bernauer doch dort geblieben! 108
Die Pfalzbayerische Residenz Neuburg an der Donau 110
Das Jagd- und Lustschloss Grünau 122

Burgen an der eichstättischen Altmühl
Krummstab und Schwert: Die Willibaldsburg über Eichstätt 124
Burgen an der eichstättischen Altmühl:
    Hirschberg Kirchenburg Kinding, Kipfenberg, Arnsberg, ... 127

NIEDERBAYERN

Burgen und Schlösser im Bayerischen Wald
Die Burgen Hals und Reschenstein über der Ilzschleife 130
Herzogliches Kanonenfutter: Ruine Weißenstein auf dem Pfahl 132
Die Burgen Fürsteneck und Dießenstein über der Ilz 134
Schloss Wolfstein bei Freyung im „Tiefen Wald" 136
Im – erweiterten – Dreiburgenland:
    Fürstenstein, Englburg, Saldenburg und Aicha 138
Ritterburgen der „Böckler" und „Löwler":
    Nußberg, Kollnburg, Falkenfels und Falkenstein 143

Burgen und Schlösser an der niederbayerischen Donau
Passau: Burgen, Residenzen und Schlösser unter der Bischofshaube 148
Keramik-Schloss Obernzell 162
Egg: Bayerns höchster Burgturm 164
Residenzburg Straubing: Justizmord aus Staatsräson 166
Hilgartsberg: Romantische Ruine über dem Fluss 170

Burgen und Schlösser an Isar, Inn und Rott
Herzogsstadt Landshut: Burg Trausnitz und fürstliche Stadtresidenz 172
Burgen-Rallye am Inn:
    Neuburg, Vornbach, Wernstein, Neuhaus, Schärding 178
Ein feste Burg ist unser Gott: Ortenburg 185
Ein Wasserschlösschen als Kulisse: Schönau im Rottal 190

OBERPFALZ

Burgen und Schlösser in der „Ostmark" Bayerns
Reichsstadt Regensburg: Mittelalter pur 191
Die Residenz der Thurn und Taxis: Sankt Emmeram 202
Bischöflicher Wächter: Donaustauf/Walhalla 204
Das oberpfälzische Burgmuseum Wolfsegg 207
Burg Kallmünz über der Naab 209

Ostmärkische Burgenrunde:
   Obermurach, Leuchtenberg, Flossenbürg, Vohenstrauß 211

Burgen im Altmühltal
Burgen an jeder Ecke: Prunn, Randeck, Riedenburg, Eggersberg 218

BAYERISCH-SCHWABEN

Burgen und Schlösser im Lechtal
Augsburg: Reichsstadt und Residenz 223
„Mehr sein als scheinen":
   Die Fuggerschlösser Babenhausen und Kirchheim 228
Fürstbischöflicher Farbtopf: Das Hochschloss Füssen 232
Wo König Max und Königin Marie Urlaub machten:
   Hohenschwangau 235
König Ludwigs Opernschloss: Neuschwanstein 238
Des „Kini" letzter Traum: Falkenstein über Pfronten 242

Burgen und Schlösser im schwäbischen Donaukreis
Die Residenz des „Schwäbischen Rom": Dillingen an der Donau 244
Wo „Völker aufeinander schlugen": Schloss Höchstädt 246
Residenzen an der „Romantischen Straße":
   Harburg, Oettingen und Wallerstein im Ries 248

Index 254

Vorwort

„Altbayern" setzt sich aus den drei historischen Regionen Oberbayern, Niederbayern und der Oberpfalz zusammen, die bis zum Ausgang des 18. Jahrhunderts das Herzogtum bzw. das Kurfürstentum Bayern gebildet hatten. Erst im 19. Jahrhundert, mit dem Aufstieg zum Königreich, erlangte der neue Staat mit dem Erwerb der fränkischen und schwäbischen Territorien seinen heutigen Umfang. Das vorliegende Buch versteht sich als Führer zu Burgen und Schlössern Südbayerns und erfasst deshalb neben Altbayern auch das Gebiet Bayerisch-Schwabens.

Burgen, Schlösser und Residenzen zählen zu den bedeutendsten Monumenten der Geschichte. Sie sind Zeugen des Landesausbaus und der gesellschaftlichen und künstlerischen Struktur des vergangenen feudalen Zeitalters. Ihre Bauform vereinigt die Funktionen des Wehrens und Wohnens und repräsentiert ein abgehobenes Standessymbol. Landesfürsten, Kirche und Adel haben Südbayern eine reiche Burgen- und Schlösserlandschaft hinterlassen. Wir finden wasserumzogene Wohntürme und auf Berggipfeln thronende Ritterburgen des hohen Mittelalters, mächtig befestigte spätmittelalterliche Landesburgen der Wittelsbacher und behäbige spätgotische Kastenbauten landesherrlicher Behörden aus der frühen Neuzeit. Im 16. Jahrhundert erbauten Fürsten, Prälaten und Patrizier kleinere, aber kostbar im Renaissance-Stil ausgestattete Land- und Lustschlösser. Das 18. Jahrhundert war das Zeitalter umfangreicher barocker Schloss- und Residenzbauten, in denen sich der kurfürstliche Absolutismus ausdrückte. Und im 19. Jahrhundert entstanden die einzigartigen romantischen Schlossbauten Ludwigs II. am Alpenrand. Die weltweit bekannteste „königliche Kulisse" – Schloss Neuschwanstein – hat der Verlag zum Titelbild gewählt.

Aus der Fülle der Bauwerke musste eine sinnvolle Auswahl getroffen werden. Neben historischer Bedeutung, künstlerischer Ausstattung oder spektakulärer Lage war das wichtigste Kriterium die Zugänglichkeit zu den beschriebenen Baudenkmälern, sei es als öffentliches Eigentum, als Museum oder im Rahmen von Führungen oder Ausstellungen.

Mein Dank gilt dem NP Buchverlag und meinem Lektor Mag. Christian Dobesberger sowie Dr. Wilfried Bahnmüller vom gleichnamigen Bildverlag, Geretsried, der die Fotografien beisteuerte.

Historische Einleitung

Burgen und Schlösser zählen zu den bedeutendsten Monumenten der Geschichte. Sie sind Zeugen der Adelsgesellschaft, welche Europa 1500 Jahre lang – vom Ende der Römerherrschaft bis ins 19. Jahrhundert – kulturell, politisch und wirtschaftlich geprägt hat. In ihrer Bauform spiegeln sie die Funktionen des Wehrens, des Wohnens und die standesgemäße „hervorgehobene" Repräsentation der feudalen Obrigkeit wider.

Bayern tritt als **selbstständiges Stammesherzogtum** schon im frühen Mittelalter auf. Als Herzogtum innerhalb des Römisch-Deutschen Reiches durchlief es unter der Dynastie der **Welfen** von 1070 bis 1180 eine politische und kulturelle Blüte. Die Abtretung der bayerischen Ostmark – des späteren Österreichs – an die Babenberger im Jahr 1156 bedeutete zwar einen Territorialverlust, konzentrierte den Landesausbau aber umso mehr auf das bayerische Kernland zwischen den Alpen, dem Inn, der Donau und dem Lech. **Herzog Heinrich der Löwe** legte 1158 den Grundstein zur späteren Haupt- und Residenzstadt München. Zur Landessicherung erbauten die Herzöge Burgen und besetzten sie mit abhängigen Vasallen.

Neben dem welfischen Herzogshaus residierten noch zahlreiche edelfreie Grafengeschlechter wie die Ortenburger, Bogener, Falkensteiner, Wittelsbacher und Andechser im Lande. Sie wiederum scharten eigene Dienstleute (Ministerialen) um sich und übergaben ihnen Landbesitz und Burgen als Lehen. Auch die geistlichen Herren, die Bischöfe, Prälaten und Äbte, ließen ihre weltlichen Angelegenheiten von adeligen Vögten verwalten, die ihrerseits Vasallen einsetzten. Die Belehnten wurden als Verwalter, Burghüter und zunehmend als berittene Krieger in den Dienst genommen und stiegen aus der ursprünglich unfreien Masse der Hörigen empor zu einem eigenen Stand von bewaffneten Gefolgsleuten. Da sie für das empfangene Lehen Pferd, Rüstung und Waffen zu stellen hatten, kam für sie der Name „Ritter" auf. Zum Standesbewusstsein des Rittertums zählte das exklusive Wohnen in Burgen, in „festen Häusern" und Türmen, die sozial und topographisch „abgehoben" auf Hügeln oder inmitten breiter Wassergräben erbaut wurden. Die meisten der im Folgenden besprochenen Burgen sind im 12. und 13. Jahrhundert, der eigentlichen Blütezeit des Rittertums, gegründet worden.

Mit der Übertragung der Herzogswürde an die **Wittelsbacher** durch den **Stauferkaiser Friedrich I. Barbarossa** im Jahr 1180 beginnt die 800-jährige Herrschaft dieser Dynastie auf dem bayerischen Thron. In zähem Ringen festigten sie ihre Macht. 1248 hatten sie ihre Hauptgegner, die Grafen von Andechs, besiegt und alle bedeutenden Ritterfamilien Bayerns in ihren Lehensverband übernommen. Mit der Anlage von herzoglichen Burgen und Städten (Landshut, Straubing, Ingolstadt, Wasserburg) schritt die Vereinheitlichung der Landeshoheit – die Territorialisierung – weiter fort. Und mit der Erwerbung des Nordgaus – der späteren Oberpfalz – und der Kolonisierung des Bayerischen Waldes griff die wittelsbachische Herrschaft über die Donau hinaus.

Bayern entwickelte sich seit dem Ende des 13. Jahrhunderts zum in sich geschlossenen **Landesfürstentum**. Ritter dienten nun als herzogliche Beamte – als Pfleger, Kastner oder Richter. Die herrschaftlichen Burgen wandelten sich zu Amts- und Behördensitzen. Der ritterliche Kleinadel verlor an gesellschaftlicher Bedeutung. Betätigung fand er noch auf ländlichen Hofmarken (Gutsbetriebe mit eigener Rechtshoheit). Seine „Ritterburgen" veränderten ihr martialisches Gesicht und wurden zu Landschlössern umgestaltet.

Kriegerische Reibungsflächen ergaben sich an den Grenzen des Herzogtums, in erster Linie mit den machtbewussten Fürstbischöfen von **Salzburg**, in deren Besitz sich die linke Seite der Salzach um Tittmoning (der so genannte „Rupertiwinkel") befand. Streitpunkte waren die lukrative Salzverschiffung auf Salzach und Inn sowie die Kontrolle über die kleine, de jure reichsunmittelbare Fürstpropstei Berchtesgaden. Mit den Bischöfen von Augsburg, Freising, Eichstätt und Passau hatten die Herzöge leichteres Spiel, doch Fehden blieben nicht aus.

Regensburg hatte Mitte des 13. Jahrhunderts den Status einer unabhängigen freien Reichsstadt erlangt. Seine wirtschaftliche und politische Macht, architektonisch versinnbildlicht in den hochragenden patrizischen Geschlechtertürmen und Stadtburgen, währte aber vergleichsweise nur kurz – bis ins 15. Jahrhundert.

Dagegen wuchs die Macht der freien Reichsstadt **Augsburg** seit dem 14. Jahrhundert an. Als führendes Mitglied des „Schwäbischen Städtebundes" trat die Stadt als ebenbürtiger Gegner des Herzogtums auf und wusste seine Rechte durchzusetzen. Händel und Streit erwuchs den Herzögen zudem von den wenigen Grafengeschlechtern, die ihre Unabhängigkeit inmitten des wittelsbachischen Hoheitsgebietes bewahren konnten, wie die Haager und Ortenburger.

Unter **Ludwig IV. dem Bayern** (1328–1347) erlangten die Wittelsbacher gar die Kaiserkrone, handelten sich dafür aber eine jahrhundertelange Rivalität mit den benachbarten **Habsburgern** ein. Unter Ludwig, der 1314 bereits zum deutschen König gekrönt worden war, stieg München zur größten Stadt des Landes auf. Der Kaiser vergab im ganzen Land Stadt- und Marktrechte und erhob die Förderung von Handel und Gewerbe zu den ersten Geboten fürstlicher Landespolitik. So entstand ein selbstbewusstes und zunehmend wohlhabendes Bürgertum, das der fürstlichen Herrschaft in ihrem Kampf gegen adelige und geistliche Sondergewalten bereitwillig zur Seite stand. Unter den Nachfolgern Ludwigs des Bayern wurde das Herzogtum erbrechtlich in die Teilherzogtümer Oberbayern, Niederbayern und Oberpfalz geteilt. Zeitweise war auch Straubing ein eigenes Herzogtum. Zwar wurde das über 100-jährige Zeitalter der Landesteilungen (1392–1503) von zahlreichen innerbayerischen Kriegen („Hausstreiten") und Adelsfehden erschüttert, doch lässt sich gerade im 15. Jahrhundert eine ausgesprochene Kultur- und Kunstblüte, die mit der Epoche der Spätgotik einhergeht, feststellen. Die Hauptstädte der Teilherzogtümer, Landshut für Niederbayern, neben München noch Ingolstadt für Oberbayern, sowie Amberg für die Oberpfalz, stiegen zu herrschaftlichen Residenzen mit fürstlichen Hofhaltungen auf.

Burgen spielten in diesen Fürsten- und Adelsfehden noch eine wichtige Rolle als Stützpunkte der Machtpolitik. Gegen die neue Waffe der Pulvergeschütze umgab man die bestehenden herzoglichen Wehr- und Amtbauten mit neuartigen Befestigungen, am eindrucksvollsten belegt in Burghausen an der Salzach. Burgen wurden aber im Spätmittelalter und der frühen Neuzeit nicht nur belagert und manchmal sogar erobert, sondern im Zuge der Geldwirtschaft zunehmend vererbt, verkauft und verpfändet. In der ersten Hälfte des 15. Jahrhunderts drangen mit den böhmischen Hussiten auch Feinde von außen ein. Die „Hussitenkriege" spielten sich vorab in der Oberpfalz und im Bayerischen Wald ab. Burgen und mauerbewehrte Märkte und Städte vermochten ihre Stellung als Wehrbauten noch zu halten.

Schwere Verwüstungen und das „Brechen" zahlreicher mittelalterlicher Burgen bewirkte der **Landshuter Erbfolgekrieg von 1503/1504**, der von zeitgenössischen Chronisten treffend als „Großer Kehrab" bezeichnet wurde. Es war der erste „neuzeitliche" Krieg mit Artillerie und bezahlten Söldner- und Landsknechttruppen. Der Friedensschluss von 1505 stellte aber die Einheit des gesamtbayerischen Herzogtums wieder her, das künftig allein von München aus regiert wurde. Als Kompensation für die Hilfe Kaiser Maximilians I. musste der siegreiche Herzog Albrecht der Weise (reg. 1465–1508) allerdings das bisher bayerische „Land im Gebirge", also Nord-Tirol, an das Haus Habsburg abtreten. Die bayerisch-tirolerische Grenze verschob sich dadurch nach Norden bis Kufstein.

Des Weiteren wurde auf kaiserlichen Schiedsspruch hin für die unterlegene pfälzische wittelsbachische Linie ein eigenes, von München unabhängiges kleines Fürstentum **Neuburg an der Donau** geschaffen. Dadurch entstand eine weitere Residenzstadt mit herrschaftlichen Repräsentationsbauten.

Das durch Hausgesetz unteilbare Herzogtum Bayern umfasste seit 1506 die Landesteile Oberbayern, Niederbayern und die Oberpfalz. Dieses Gebiet wird von den Historikern als „Altbayern" bezeichnet.

Als repräsentativen fürstlichen Baustil übernahm man in München, Landshut, Dachau und Neuburg die prunkvolle italienische **Palastarchitektur der Renaissance**. Viele der wehrhaften, aber unbequemen alten Burgen auf dem Lande wurden verlassen und sanken zu Ruinen zusammen oder erfuhren einen grundlegenden Umbau zu komfortablen Wohnschlössern. Im 16. Jahrhundert stieg Augsburg zur führenden Reichsstadt auf. Das reiche Handelshaus der **Fugger** finanzierte die habsburgischen Kaiser Maximilian I. und Karl V. und legte die erworbenen Gelder und Privilegien in den „Fuggerschlössern" Bayerisch-Schwabens an.

Selbstverständlich griff auch die **Reformation** auf Bayern über und fasste nachhaltig in den bürgerlichen Reichsstädten Regensburg und Augsburg Fuß. Dagegen blieb der Protestantismus in einigen kleinen Fürstenherrschaften wie Haag und Hohenaschau Episode, obgleich die adeligen „Rebellen" ihre Burgen bewusst neu befestigt hatten. Nur das kleine Ländchen Ortenburg wusste seine konfessionelle Sonderstellung zu bewahren.

Vom **Bauernkrieg** 1525, der ganz Schwaben (das heutige Baden-Württemberg), Franken, Salzburg und Oberösterreich in Aufruhr versetzte und zahlreiche Burgen in Flammen aufgehen ließ, blieb Bayern verschont. Der Grund war wohl die relativ freie Stellung der Bauernschaft im Herzogtum. Der Münchner Herzogshof verstand sich im 16. und 17. Jahrhundert als „Hort der katholischen Gegenreformation" und wurde daher vom protestantisch-katholischen Schmalkaldischen Krieg 1546/47 betroffen, der sich an der Donau und im Ries abspielte. Die

Konfessionskämpfe fanden erst im Augsburger Religionsfrieden 1555 ein vorläufiges Ende.

In die Wirren des **Dreißigjährigen Krieges** (1618–1648) trat Bayern als führender Teil der katholischen Liga ein. Das wittelsbachische Herrscherhaus quittierte die Verheerungen seines Landes durch die Schweden unter König Gustav Adolf und die pro forma verbündeten habsburgischen Kaiserlichen mit der Erhöhung zum Kurfürstentum im Jahre 1623. Spätestens jetzt erwiesen sich die alten Burgen und spätmittelalterlich umwehrten Städte als Illusion der Sicherheit. Nur Ingolstadt widersetzte sich erfolgreich einer schwedischen Belagerung. Nach dem Westfälischen Frieden von 1648 war Bayern unter Kurfürst Maximilian I. (reg. 1598–1651) und seinen Nachfolgern ein souveräner, absolutistisch regierter Staat im Konzert Europas. Der Triumph schlug sich in den monumentalen kurfürstlichen **Barockschlössern** Nymphenburg, Lustheim und Schleißheim nieder.

Kurbayern war ein gefragter Bündnispartner, der gegen seinen Erzrivalen Habsburg-Österreich auf die französische Karte setzte. Das ist ihm nicht gut bekommen. Im **Spanischen Erbfolgekrieg** (1701–1714) besetzten „österreichische Kriegsvölker" Kurbayern, warfen Aufstände nieder und quartierten sich in kurfürstlichen und adeligen Residenzen und Schlössern ein. Maximilians II. Emanuels Schloss Schleißheim ist deshalb ein, wenn auch imposanter, Torso geblieben. Das Spiel der Großmächte wiederholte sich, als das Kurfürstentum im Österreichischen Erbfolgekrieg wiederum gegen Wien opponierte und mit dem unglücklichen Kaiser Karl Albrecht von 1742–1745 gar einen Thronprätendenten zu stellen versuchte.

Die Züge der Panduren und Kroaten legten zahlreiche Burgen und Landschlösser des Bayerwaldes in Schutt und Asche und sind tief im Gedächtnis des Volkes eingeprägt geblieben. Ein Punkt des Füssener Friedensschlusses von 1745 sah die „Entfestigung" der bayerischen Seite zur österreichischen Grenze vor, der die alten Burgen des Inntals zum Opfer fielen.

Im **„Bayerischen Erbfolgekrieg"** von 1777 hätten die Habsburger ihr Ziel, Bayern ihrem Reich einzuverleiben, fast erreicht – nur ein Machtwort des „Alten Fritz", Preußens König Friedrichs II., bewahrte damals die Eigenständigkeit Bayerns. Immerhin durfte Kaiser Joseph II. das bis dahin bayerische Innviertel mit Schärding und Ried kassieren. Erst seit 1779 bilden also Inn und Salzach die bayerisch-österreichische Grenze.

Regensburg diente seit dem 17. Jahrhundert als Stadt des „Immerwährenden Reichstags". Als Vertreter des Kaisers fungierten die Fürsten Thurn und Taxis, die sich im ehemaligen Reichskloster St. Emmeram eine prächtige Residenz einrichteten.

Im Zuge der **Umgestaltung Europas durch Napoleon** erfolgte der Regensburger „Reichsdeputationshauptschluss" von 1803, der die Säkularisation (Verweltlichung) der geistlichen Territorien vorsah. Auf diese Weise wurden die Hochstifte Augsburg, Freising, Eichstätt, Würzburg, Bamberg und Passau aufgelöst und Bayern „inkorporiert". Mit der Säkularisation verbunden waren der Verkauf und die Demolierung zahlreicher Klöster und Schlösser. Das Fürstbistum Salzburg wurde entlang der Salzach geteilt. Die rechte Seite (Rupertiwinkel und Berchtesgaden) fielen an Bayern, Salzburg selbst an das Kaisertum Österreich. Die bayerische Besetzung Tirols blieb dagegen Episode. Auch die Reichsstädte Augsburg, Regensburg, Nürnberg – um die wichtigsten zu nennen – und die Herrschaft Oettingen-Wallerstein im Ries wurden „mediatisiert" und Bayern angeschlossen. Das Alte Römische Reich Deutscher Nation war damit zu seinem Ende gelangt. 1806 erfolgte die Proklamation Bayerns zum **souveränen Königreich**. Sein neuer Status und sein gewaltiger Territorialgewinn im Westen und Norden (Bayerisch-Schwaben und Franken), der das Staatsgebiet nahezu verdoppelte, wurden im Wiener Kongress 1815 sanktioniert.

Die Monarchie Bayern (1806–1918) mit seiner durch König Ludwig I. klassizistisch ausgebauten Residenz- und Hauptstadt München stellte im 19. Jahrhundert ein vergleichbar modernes Staatswesen dar.

Ludwig I. (reg. 1825–1848) formulierte das „erste deutsche Denkmalschutzgesetz" und bewahrte viele historische Bauwerke vor dem Abbruch. Komplementär zur Modernisierung und Industrialisierung des Landes wuchs die „Romantik" – das sentimentale Verlangen nach der „guten alten Ritterzeit". So entstanden Schlösser und Villen im „Burgenstil", wie zum Beispiel Hohenschwangau.

Der bayerische „Märchenkönig" Ludwig II. (reg. 1864–1886) steigerte sich in seinen Königsschlössern am Alpenrand in eine irreale, aber grandios erfundene Vergangenheit hinein. Neuschwanstein setzt dem Thema „Burgen und Schlösser in Bayern" einen surrealen, aber großartigen Schlussakkord.

Die Münchner Residenzen: Alter Hof und Neue Residenz

Die bayerische Landeshauptstadt verdankt ihre Existenz einem herrschaftlichen Gewaltakt. Um die einträglichen Mautgebühren der Salzstraße in sein Territorium umzuleiten, ließ der bayerische Herzog Heinrich der Löwe (1156–1180) die Isarbrücke des Freisinger Bischofs kurzerhand abreißen und weiter südlich in seinem eigenen Herrschaftsbezirk wieder aufbauen. Zur Machtabsicherung erbaute er eine Burg über der Isar und ließ den kleinen Weiler „ze den Munichen" (bei den Mönchen) mit einer Mauer umgürten.
Im Jahr 1158 erließ Kaiser Friedrich Barbarossa zu Augsburg einen Schiedsspruch, der die Brückenverlegung ins Herzogsland einerseits sanktionierte, andererseits aber die Freisinger Bischöfe an den Zoll- und Münzeinnahmen beteiligte. Das Datum 1158 gilt seitdem als das Gründungsjahr Münchens. *(Abb. Seite 34)*

Die fast quadratische Burganlage, in unmittelbarer Nähe des Marienplatzes, des Hofbräuhauses und des Nationaltheaters gelegen, ist heute noch gut im Stadtplan zu erkennen. Im 12. Jahrhundert lag sie im Nordosteck der ersten, noch auf Heinrich den Löwen zurückgehenden Stadtmauer.
Unter den Wittelsbachern, die den Welfen seit 1180 als Herzöge Bayerns nachgefolgt waren, stieg die Stadt an der Isar zur Residenz des „Oberen Teils" Bayerns, also Oberbayerns, auf. Die Burg wurde infolgedessen von Herzog **Ludwig dem Strengen** (1253–1294) weiter ausgebaut und verstärkt. Auf ihn geht das Baukonzept der kastellartigen Vierflügelanlage mit dem der Stadt zugewandten rechteckigen Torturm zurück. Ein weiterer Torbau zur Feldseite, das Hofgrabentor, ermöglichte es den Herzoglichen, von den Bürgern ungesehen aus- und einzureiten. Den Palas bildete der heute noch bestehende Burgstock und der sich rechtwinklig anschließende Zwingerbau.
Den Höhepunkt ihrer geschichtlichen Bedeutung erlebte die Burg als kaiserliche Hofhaltung **Ludwigs des Bayern**. Von 1328 bis zu seinem Tod 1347 war er Römisch-Deutscher Kaiser, nachdem er sich 1322 in der Ritterschlacht zu Mühldorf gegen den habsburgischen Rivalen Friedrich den Schönen durchgesetzt hatte. Um die kaiserliche Verwaltung aufzunehmen und das wittelsbachische Herrschertum würdig zu repräsentieren, erfuhr die Münchner Burg umfangreiche Erweiterungen. Rechtwinklig an den Burgstock wurde der Kemenatenbau angefügt. Der Name deu-

tet auf beheizbare Räume hin, meist als „Frauenzimmer" gedeutet. Daran schloss sich der Zwingerbau, ein massiges Saalgebäude, an. Der Zwinger selbst, ein der Burgmauer vorgelagertes befestigtes Areal, wurde in einen freundlichen Hofgarten verwandelt. Die gotische Lorenzikirche entstand von 1325 bis 1330. Ein kleiner beigefügter Trakt, der Lorenzistock, beherbergte von 1324 bis 1350 die Reichskleinodien und Symbole des Kaisertums, Krone, Szepter, Reichsapfel und Schwert. Ein Reiterstandbild Ludwigs des Bayern vor dem Hofgrabentor erinnert seit 1967 an diese glanzvolle Epoche.

Der neue Münchner Stadtbering umfasste seit der Mitte des 14. Jahrhunderts weitläufig die Herzogsburg und verleibte sich ihren Baukomplex quasi ein. Ein entscheidender Vorteil für die Hofhaltung fiel damit weg, da nun der nördliche, separate Aus- und Eingang durch die durchgehende neue Stadtmauer versperrt wurde. Diese Tatsache sowie zunehmende Spannungen zwischen den immer selbstbewusster auftretenden Münchner Bürgern und den Landesherren bewogen den herzoglichen Hof 1380 zum Bau einer „Neuen Veste" weiter nördlich außerhalb des Stadtbezirks. Aus dieser neu angelegten Burganlage ging die Münchner Residenz hervor. Und erst mit dem Bau dieser „neuen Residenz" gegen Ende des 14. Jahrhunderts erhielt die alte Münchner Burg den Namen, der auch heute noch für sie gebräuchlich ist: „Alter Hof".

> **München, Alter Hof:** Zu erreichen vom Marienplatz über die Burgstraße. Innenhof zugänglich. Das gesamte Bauareal wird bis 2004 generalsaniert. Die historischen Trakte werden einer musealen Nutzung zugeführt.

Während der Bau des *novum castrum in Monaco* – der neuen Burg in München – trotz bürgerlichen Widerstandes voranschritt, erlebte der **Alte Hof** noch eine letzte spätgotische Prachtentfaltung. Herzog Sigismund ließ 1466 den schlanken fünfeckigen Erker am hofseitigen Burgstock anbringen, der sich an zwei Stockwerken vorbei spitzdachig emporreckt. Das graziöse Türmchen hat zu mancherlei Sagen angeregt. Die bekannteste lautet, dass ein Schoßäffchen einen Säugling, und zwar ausgerechnet den späteren Ludwig den Bayern, bis zur Turmspitze emporgetragen, ihn aber auch sicher wieder heruntergebracht habe. (Ludwig der Bayer war bei Erbauung des Erkers allerdings schon über 100 Jahre tot.)

Im 16. Jahrhundert jedoch drang ein neues Lebensgefühl von Süden über die Alpen nach Bayern vor und mit ihm ein neuer, lichterfüllter und repräsentativer Baustil – die Renaissance. Bauwerke wie der Alte Hof galten nun als mittelalterlich, verschachtelt und düster, „gotisch" eben

(im Sinne von barbarisch). Die Herzöge verließen daher die beengten Burgräume und nahmen nun endgültig in ihrer weitläufigeren **„Neuen Residenz"** Quartier. Der Alte Hof, der alte kaiserliche Wohn- und Verwaltungssitz, begann seinen jahrhundertelangen Dornröschenschlaf.
Eine kleine Aufwertung erfuhr er nur noch, als Herzog Albrecht V. 1567 unmittelbar nördlich den **Marstall** mit dem Renaissance-Laubenhof errichten und durch einen Übergang mit dem Pfisterstock des Alten Hofes verbinden ließ. Der Marstall nahm in den zwei oberen Stockwerken die fürstlichen Kunstkammern auf. Im Erdgeschoß standen Kutschen und Gefährte. 1809 wurde hier die *Moneta Regia* (der königliche Münzhof) eingerichtet. Gegenwärtig dient der prächtige Loggienbau als standesgemäße Adresse des Bayerischen Landesamts für Denkmalpflege.
Die folgenden Jahrhunderte überdauerte die alte Stadtburg als nachgeordneter Behördensitz, Bräuhaus und Lagerhalle. Zum Zeichen der „neuen Zeit" rückten 1813 „Demolier-Trupps" an und räumten die baufälligen Gemäuer als hinderlich für die moderne Stadtplanung beiseite. Die Sankt-Lorenz-Kirche Ludwigs des Bayern fiel der Spitzhacke zum Opfer. Die Ost- und Südtrakte wichen nüchternen Verwaltungsbauten und im Zwingerstock waltete fürderhin das königliche Rentamt, der Vorläufer des Finanzamtes. Der Zweite Weltkrieg zerstörte die Bauten des 19. Jahrhunderts, ließ aber die mittelalterlichen Bauteile nahezu unversehrt. Von 1959 bis 1966 erfolgte der Wiederaufbau, der seinerzeit als gelungen gefeiert wurde, heute aber sehr kritisch bewertet wird.
Aus dem Bewusstsein der Münchner weitgehend entschwunden, rückte der **Alte Hof** erst 1999 wieder ins Interesse von Öffentlichkeit und Medien. Mit dem Auszug des Zentralfinanzamts wurden nämlich in hervorragender urbaner Stadtlage öffentliche Räume frei. Nach kontroverser Diskussion einigten sich Staat, Stadt und private Investoren 2002 auf eine geteilte zukünftige Nutzung. Während die historischen Teile (Turm mit Tordurchgang, Burgstock mit „Affentürmerl" und Gewölbe sowie der Zwingerstock) vom Staat baulich saniert und einer im weitesten Sinne kulturellen Aufgabe zugedacht werden (dazu gehört auch eine „Fränkische Weinstube"), sollen die Zweckbauten der 60er Jahre abgerissen und in neuen Formen wiederaufgebaut werden. Dort werden Läden, Appartements und Büros einziehen. Dem heutigen Betrachter bleibt also der von vier Flügeln umstandene Innenhof und damit der „burgartige", nach außen abgeschlossene Charakter des Alten-Hof-Ensembles erhalten.
Der erste Bau der **„Neuen Veste"**, welche die oberbayerischen Herzöge Ende des 14. und im Verlauf des 15. Jahrhunderts nordöstlich des „Alten

Hofes" anlegen ließen, war eine von breiten Wasserflächen umgebene Festung mit schweren Türmen und Wällen. Kein Wunder, war doch der Großteil des 15. Jahrhunderts erfüllt von Streitigkeiten der bayerischen Herzöge untereinander und kriegerischer Aufmüpfigkeit der Münchner Bürger. Von diesem martialischen Bauwerk ist heute nichts mehr erhalten, nur der stadtseitige Verlauf seiner Grundmauern wurde in der Pflasterung des Apothekenhofes (s. u.) markiert.

Erst mit **Albrecht dem Weisen**, der den letzten bayerischen Erbfolgekrieg (1504/1505) siegreich für sich entschied und der die Einheit des Landes wiederherstellte, traten ruhigere Zeitläufe ein. München war nun die unbestrittene Metropole des Landes. Nun war die Zeit gekommen, an die Stelle der „Newen Veste" eine repräsentative fürstliche Residenz zu setzen.

Unter dem kunstliebenden Albrecht V. wurde 1571 das **Antiquarium** vollendet, ein lang gestreckter, tonnengewölbter Saalbau, der die fürstlichen Antikensammlungen und die *Liberey* (Bibliothek) aufnahm. Mit 66 Metern Länge ist es das größte profane Renaissancebauwerk nördlich der Alpen. Für den Burgenfreund interessant ist die Ausmalung der Fensterleibungen, welche 102 landesherrliche Burgen und Schlösser zeigen.

Nachdem die Neuveste durch einen Brand zerstört worden war, beauftragte Wilhelm V. (1579–1597) den niederländischen Baumeister Friedrich Sustris mit dem Bau einer landesfürstlichen Residenz im neuen Stil der italienischen und französischen Renaissance. Den Mittelpunkt bildete das „Geheimbe Lust- und Residenzgärtlein", um das sich drei Trakte gruppieren, darunter der Schwarze-Saal-Bau, der den Übergang zum Antiquarium ermöglicht. Den neueren Namen Grottenhof erhielt der verträumte, arkadengesäumte Innenhof von der Grottenanlage aus Tuffstein, die mit Kristallen sowie mit farbig gefassten Muscheln prächtig ausgeschmückt wurde.

Die erfolgreiche Teilnahme Bayerns am Dreißigjährigen Krieg und der 1623 erlangte Status eines Kurfürstentums bewogen **Maximilian I.** (1597–1651) zum weiteren Ausbau der Residenz. Dem künstlerischen Zeitgeschmack zufolge kam nun der Stil des Barock zum Zuge. Als erste Maßnahme erfolgten bis 1610 der Bau und die Ausschmückung der Hofkapelle und der kleineren Reichen Kapelle, die als fürstliches Privatoratorium diente. Die **Hofkapelle** stattete Maximilian mit einer kostbaren Sammlung von Reliquien und „Heiltümern" aus. Bis 1651 erweiterte sich das Areal der Residenz um mehrstöckige Bautrakte und Ganggebäude, die drei weitere Innenhöfe umschlossen: den Brunnenhof, den Kaiserhof und den Apothekenhof.

Parallel zum Antiquarium entstand der oktogonale **Brunnenhof**, benannt nach dem von Statuen geschmückten Wittelsbacher Brunnen in seiner Mitte. Der Brunnenhof dient bis heute als wahrer „Festsaal im Freien". Seit 1615 erhebt sich über ihm der Residenzturm mit seiner charakteristischen vierseitigen Anordnung der Sonnen- und Räderuhren. Durch die mächtige Vierflügelanlage um den quadratischen Kaiserhof erhielt die Residenz ihren monumentalen und großräumigen Charakter.

Der 1618 fertig gestellte **Kaisersaal** galt den Zeitgenossen als wahres Wunder der Kunst. Er diente als großer Repräsentations- und Festsaal der Kurfürsten, zu dem die breite Kaisertreppe hinaufführt. Eine gewaltige Kassettendecke mit allegorischen Gemälden und die Heldenteppiche nach Entwürfen des Hofmalers Peter Candid schmücken ihn. Der sich anschließende Vier-Schimmel-Saal ist nicht minder prachtvoll gestaltet. In beiden Sälen geht auch heute noch die bayerische Staatsregierung Repräsentationspflichten nach.

Jenseits des Festsaaltraktes ließ der Kurfürst den regelmäßig angeordneten Hofgarten mit dem achttorigen, von der Bronzefigur der Bavaria gekrönten Pavillon anlegen. Der Zugang zur maximilianischen Residenz erfolgt von der Residenzstraße aus durch zwei rotmarmorne Portalbauten, die von wappenhaltenden Bronze-Löwen flankiert werden. Nach altmünchnerischem Brauch bringt das „Putzen" der Löwennasen Glück für den Tag. Das nördliche Portal führt – heute an der „Pfälzischen Weinstube" vorbei – direkt in den Kaiserhof. Das Südportal erschließt zuerst den schmalen Kapellenhof, der in den Brunnenhof mündet. Zwischen den beiden Toren erhebt sich in einer Nische die Figur der Patrona Bavariae von 1616.

Aus der Zeit Ferdinand Marias (Kurfürst von 1651–1679) und seiner Gattin Henriette Adelaide, der Erbauerin des Schlosses Nymphenburg, stammen die so genannten „Päpstlichen Zimmer", die ihren Namen erst später, nach dem Besuch Papst Pius' VI. im Jahr 1782, erhielten. Unter Max Emanuel (1679–1726) und Karl Albrecht (1726–1745), der für nicht ganz ein Jahr (1742) auch die Kaiserkrone innehatte, entstanden die Reichen Zimmer im älteren Grottenhofbau. Ihre Gestaltung durch Joseph Effner und François Cuvilliés bildete einen Höhepunkt des höfischen bayerischen Rokoko.

Cuvilliés war als wallonischer Kammerzwerg nach München gekommen, entpuppte sich aber als genialster Architekt des spätbarocken Rokoko. Der Stil Cuvilliés' fand seine Vollendung im prunkvollen, mit Stuck überreich ausgestatteten **Alten Residenztheater**, das 1753 fertig gestellt war. Ende Januar 1781 dirigierte hier Mozart die Uraufführung seiner

Karnevals-Oper „Idomeneo". Vier Jahre vorher war er beim Kurfürsten noch abgeblitzt, da „keine Vacatur frey" sei. Das vom Brunnenhof aus zugängliche, in verspieltem Rokoko-Glanz und Plüsch erstrahlende „Cuvilliés-Theater" wurde aber bald vom größeren neuen Hoftheater (dem heutigen Nationaltheater) abgelöst, das König Maximilian I. ab 1811 in strengen klassizistischen Formen erbauen ließ.

Die Erhebung Bayerns zum Königreich (1806) und sein Aufstieg zu einer europäischen Mittelmacht nach dem Wiener Kongress (1814/15) veranlasste **König Ludwig I.** zum Ausbau der Residenz und zu weiteren Bauunternehmen großen Stils. Die während seiner Regierungszeit von 1825 bis 1848 entstandenen monumentalen An- und Neubauten gaben dem gesamten Baukomplex ihr heutiges Gepräge. 1826 begann der vom König beauftragte geniale Baumeister Leo von Klenze den **Königsbau** am Max-Joseph-Platz hochzuziehen. 1835 waren die darin enthaltenen repräsentativen Gemächer der königlichen Familie vollendet. Die großflächige Ausmalung der Raumfluchten im Erdgeschoß mit Motiven des Nibelungenliedes durch Julius Schnorr von Carolsfeld zog sich noch bis in die 60er Jahre des 19. Jahrhunderts hin. Für die Schaufront mit Tordurchfahrt (heute Zugang zum Residenzmuseum) wählte Klenze Vorbilder aus dem florentinischen Palastbau. Der heutige Betrachter vermag in der durch schwere Rustika-Quader gegliederten 126 Meter langen Fassade unschwer den Palazzo Pitti in Florenz erkennen.

Zwischen Hofgarten und Apothekenhof erhebt sich seit 1835 der **Neue Festsaalbau**. Klenze orientierte sich bei seiner hofgartenseitigen Front am Vorbild des venezianischen Villenbaumeisters Andrea Palladio, allerdings geradezu ins Kolossale gesteigert. Im Inneren breitete sich der Ballsaal und der Große Thronsaal aus, an dessen Stelle sich seit 1953 der nicht minder repräsentative neue Herkules-Saal erstreckt. 1837 war die Allerheiligen-Hofkirche östlich des Brunnenhofs vollendet, für die sich der König byzantinische Bauformen gewünscht hatte. Mit den Arbeiten Klenzes war der Bau der Münchner Residenz in der Mitte des 19. Jahrhunderts im Wesentlichen abgeschlossen. Bis Ende 1918 diente sie der herrschenden Dynastie Wittelsbach als Wohn- und Regierungssitz.

Die große Katastrophe kam während des Zweiten Weltkriegs. 1944 wurde die Residenz durch Bombenangriffe weitgehend zerstört. Über 90 Prozent der Baumasse sanken in Schutt und Asche. Von der weiten Dachlandschaft blieben gerade 50 Quadratmeter erhalten. Nur die Erdgeschoßräume blieben intakt. Das kostbare Interieur war, wenigstens zum großen Teil, ausgelagert worden. Umso eindrucksvoller ist die Leistung des nahezu originaltreuen Wiederaufbaus, der sich in Etappen von 1953 bis in die 90er Jahre des vergangenen Jahrhunderts hinzog. Mit der Wiedereröffnung der Allerheiligen-Hofkirche im Juni 2003, die zu einem multifunktionalen Veranstaltungsraum umgewandelt wurde, war die Rekonstruktion der Gesamtanlage abgeschlossen.

Das Antiquarium, der Kaiser-, Vier-Schimmel- und Max-Joseph-Saal bilden den glanzvollen Rahmen für Staatsempfänge, sind aber auch Teil des Rundgangs durch die Residenz. Der neue Herkules-Saal in Klenzes Festsaalbau, einer der renommiertesten Musiksäle der Welt, bietet 1270 Konzertbesuchern Platz. Der Besuch einer Opernaufführung im Cuvilliés-Theater ist ein unvergessliches Raum- und Ton-Erlebnis. Das Theater kann aber auch außerhalb der Spielzeiten besichtigt werden. Der überwiegende Teil der 130 Säle, Gemächer, „Chambres und Anti-Chambres" der Residenz mit Mobiliar, Gemälden, Gobelins, Skulpturen und Tafelgerät ist der Öffentlichkeit als Museum zugänglich. Die Fülle der Räume machen allerdings einen „Vormittags-" und einen „Nachmittagsrundgang" erforderlich. Der Besucher trifft bei seinem je drei Kilometer langen Weg auf Zeugnisse aus vier Jahrhunderten (16. bis 19. Jahrhundert) aus drei großen Stilepochen (Renaissance, Barock und Rokoko, Klassizismus und Romantik). Integriert sind mehrere hochinteressante Spezialsammlungen wie Miniaturen, Porzellane des 18. und 19. Jahrhunderts und Ostasiatica.

Wem kein ganzer Tag für den Besuch der Residenz zur Verfügung steht, der sollte die prachtvolle Schatzkammer der Wittelsbacher im Königsbau besuchen, die separat zugänglich ist. Sie birgt Kostbarkeiten aus neun Jahrhunderten, darunter Email-, Bergkristall- und Elfenbeinarbeiten, die weltweit zu den herausragendsten Exponaten ihrer Art zählen. Die Kroninsignien erinnern an Bayerns verklärte Monarchie von 1806 bis 1918. Brunnenhof, Kaiser- und Apothekenhof sind frei zugänglich. Vom Hofgarten aus bietet sich einer der schönsten „Münchner Blicke" auf Festsaalbau, Feldherrnhalle und die barocken Türme und Kuppeln der Theatinerkirche.

Residenz München: Residenzstraße 1, 80333 München · ℡ 089/29 067-1
1. April–15. Oktober: 9.00–18.00 Uhr
                         Abendöffnung Do bis 20.00 Uhr · Führung Do 17.45 Uhr
16. Oktober–31. März: 10.00–16.00 Uhr
Unterschiedliche Vormittags- und Nachmittagsrundgänge. Für eine Gesamtbesichtigung ist also ein ganzer Tag zu veranschlagen.

Schloss Nymphenburg
mit Parkschlösschen

Schloss Nymphenburg stellt ein in Europa einzigartiges barockes Gesamtkunstwerk aus Architektur und Landschaft dar. Die regelmäßige Schlossanlage ist zugleich ein eindrucksvolles steingewordenes Symbol des landesfürstlichen Absolutismus im 18. Jahrhundert.
Freundliche, helle und leichte Bauformen täuschen darüber hinweg, dass es sich um eines der größten Barockbauwerke Europas handelt. Nymphenburg verbindet zudem eine architektonische Glanzleistung von Weltrang mit einer der schönsten und verwunschensten Erholungsoasen, die man sich denken kann. *(Abb. Seite 36/37)*

Nymphenburg ist ein Werk der Liebe. Als sich 1662 nach neunjährigem Bemühen beim **Kurfürsten Ferdinand Maria** (1651–1679) und seiner **Gemahlin Henriette Adelaide von Savoyen** endlich der ersehnte Thronfolger Max Emanuel einstellte, hielt der Kurfürst nicht nur sein Versprechen, die Sankt-Kajetan-(Theatiner-)Kirche gegenüber der Residenz zu gründen, sondern er erfüllte seiner schönen Gattin auch den Wunsch nach einem vor der Stadt gelegenen Sommersitz.
Bereits 1663 beauftragte Madame den Meister Agostino Barelli aus Bologna mit dem Bau eines „Lusthauses" nach venezianischem und mailändischem Vorbild. Von der italophilen Kurfürstin war bekannt, dass sie deutsche Baumeister *„più idioti nell'edificare"* hielt. In ihrem Gefolge zogen „welsche" Architekten, Maler, Stuckateure, Opernsänger, Musikanten und Geistliche in Bayern ein. Auch der idyllische Name *„Borgo delle Nimfe"* geht auf sie zurück, später eingedeutscht zu „Nymphenburg". Wasserläufe der nahe vorbeifließenden Würm, Quelltöpfe und Bäche mögen der Anlass gewesen sein.
Barelli erstellte den würfelförmigen, fünfgeschoßigen Mittelbau mit den breiten doppelläufigen Freitreppen an der Eingangs- und der rückwärtigen Gartenfront. Der charakteristische Bauwürfel unter dem flachen Pyramidendach und den je drei übereinander angeordneten Bogenfenstern zum großen Festsaal stellt den Zentralbau der gesamten Anlage dar, auf den sich alle folgenden Anbauten bezogen. Nach dem Tod der nur 42-jährigen Fürstin 1676 geriet der Weiterbau ins Stocken, zumal sich der verbitterte Kurfürst ins Alte Schloss Schleißheim (➔ S. 26) zurückzog, wo er drei Jahre später starb. Unter den Nachkommen des Fürstenpaares wurde das zunächst noch schlichte Sommerschloss von den besten Bau-

meistern der Zeit in großem Umfang neu gestaltet und erweitert. Adelaides Sohn **Max II. Emanuel** (1679–1726) beauftragte Antonio Viscardi, der den bestehenden Hauptbau 1702 beidseitig durch zwei quadratische dreigeschoßige Wohnpavillons erweiterte. Gleichseitige Arkadengalerien stellten die Verbindung mit dem Mitteltrakt her.

Während des spektakulären Scheiterns der Großmachtpolitik Max Emanuels im Spanischen Erbfolgekrieg (1704–1714) ruhten die Arbeiten. Die Bauleitung übernahm nun Joseph Effner, der den Hauptbau mit der durch Pilaster gegliederten Fassade schmückte und den Seitenbauten je zwei übereck gestellte Pavillons anfügte. Die Sommerresidenz war längst zu einem der fürstlichen Hauptschlösser geworden. 1000 Köpfe zählte der Hofstaat, 500 Pferde mussten versorgt werden. Mit dem Marstall und der Orangerie war die heutige Gestalt der Gesamtanlage erreicht.

Ab 1715 erfolgte auch die barocke Neugestaltung und erhebliche Vergrößerung des **Schlossparks**, wofür der Kurfürst den berühmten Ingenieur Dominique Girard aus Paris gewinnen konnte. Er legte eine axial um den Kanal gegliederte künstliche Landschaft an, bestehend aus geometrisch angeordneten Wasserspielen, Bassins, Pflanzbatterien und geschnittenen Heckengärten. Über die mit allegorischen Figuren geschmückte Marmorkaskade, ein Werk Effners von 1717, strömt das Wasser des Würmkanals durch den Park. Zwei Fontänen, je eine an der Außen- und an der Parkseite des Hauptbaus angeordnet, steigen bis heute aus kreisrunden Becken bis zu 25 Meter auf. Das originale Pumpwerk dazu ist ein technisches Denkmal ersten Ranges und kann im Eckturm der Orangerie besichtigt werden. Effner entwarf zwei Parkschlösschen, die Pagodenburg (erbaut 1716–1719) und die Badenburg (errichtet 1718–1721).

Die **Pagodenburg** reflektiert den Hang absolutistischer Fürsten zum „Exotischen" und Kuriosen. Das ferne Japan und China, von dem man sich Wunderdinge erzählte, erfreute sich Mitte des 18. Jahrhunderts einer besonderen Mode in hohen Adelskreisen. Allerlei „Chinoiserien" sollten höfischen Ballbesuchern der Pagodenburg den Eindruck eines „chinesischen Teehauses" vermitteln. Die **Badenburg** diente als vornehme Badeanstalt für den Kurfürsten und besondere Gäste. Das beheizbare Bassin ist das erste neuzeitliche Hallenbad Europas. Seine Heizkessel und Druckrohre im Keller der Badenburg stellen ein Wunderwerk der Technik dar. Der mit Malereien geschmückte Baderaum besticht durch seine Geräumigkeit, Luftigkeit und helle Belichtung durch Glastüren und Rundfenster. Quasi als Kontrast zu diesen beiden „Lusthäusern", die den weltlichen Genüssen gewidmet waren, ließ sich der alternde Max Emanuel im dichten Gehölz 1725 die düstere Magdalenenklause erbauen, eine künstliche Kapellenruine, in welcher er allein zu meditieren und zu beten beabsichtigte.

Im Auftrag **Karl Albrechts** (1726–1745) umgab Effner den äußeren Schlossbereich mit dem **Rondell**, bestehend aus einem Halbkreis mit 10 einander paarweise gegenüberstehenden Kavaliershäusern. Der Kurfürst plante hier eine systematisch angeordnete Idealstadt (Carlstadt) anzulegen. Bayerns Niederlage im Österreichischen Erbfolgekrieg und Karl Albrechts erfolgloses Ringen um die Kaiserkrone ließen jedoch keine derartigen Großprojekte zu. Zum Abschluss kam hingegen 1734 bis 1739 der Bau der **Amalienburg** im Südteil des Parks, die der Kurfürst seiner Gemahlin Maria Amalia von Habsburg zugedacht hatte. Die Pläne für das kleine Jagdschlösschen lieferte kein Geringerer als François Cuvilliés. Originell ist der Freisitz auf dem Dach, von dem aus die jagdbegeisterte Kurfürstin auf Fasane schoss, die aus der nahe gelegenen Fasanerie hochgescheucht wurden.

Unter Maximilian III. Joseph (1745–1777) erfolgten die letzten Ein- und Umbauten im Geist des Barock und Rokoko. Um Geld in die notorisch leere Staatskasse zu bringen, legte der Kurfürst 1747 den Grundstein zur **Nymphenburger Porzellanmanufaktur** im nördlichen Schlossrondell, die bald Weltberühmtheit erlangte. Kabinettkriege wie der Siebenjährige Krieg haben den Baueifer der beteiligten Potentaten nicht zu beeinträchtigen vermocht. Nun wurden auf dem großen gartenseitigen Parterre die Götterfiguren aus weißem Sterzinger Marmor aufgestellt: Pallas Athene, Aphrodite mit dem Spiegel, der Blitzeschleuderer Zeus, Poseidon mit dem Dreizack und Uranos, der den jungen Zeus verschlingt. Der „**Steinerne Saal**" im Haupthaus, der über drei Stockwerke aufsteigt, wurde von Johann Baptist Zimmermann mit prachtvollem plastischen und malerischen Dekor ausgestattet. Der Prunksaal war häufig Schauplatz höfischer Bälle und glanzvoller Feste. Heute dient er im Sommer bisweilen als Konzertsaal. Besuchern bleibt besonders die Stimmung bei Sonnenuntergang unauslöschlich im Gedächtnis.

Die napoleonische Umwandlung Europas, Bayerns Aufstieg zur konstitutionellen Monarchie (1806) und die damit verbundene Aufklärung und Säkularisation ließen keinen Platz mehr für abgehobene absolutistische Repräsentationsbauten. Barock und Rokoko galten der nüchternen neuen Zeit als absonderliche Verirrungen eines überwundenen adeligen und zopfigen Zeitalters. Nymphenburg wurde wieder zu dem, was es ursprünglich gewesen war, eine nur in der schönen Jahreszeit aufgesuchte saisonale Wohnstatt. **Max I. Josef**, der sich als Bürgerkönig fühlte, ließ den steifen „französischen" Barockpark umwandeln in einen pflegeleichteren „englischen" Landschaftsgarten. Nur das „große Parterre" um die Gartenfontäne behielt seine paradeförmigen Wege, Hecken und Beete. Den größten Teil des Parks gestaltete der Rheinpfälzer Friedrich Ludwig von Sckell seit 1804 als naturnahen öffentlichen Park.

Auf **König Ludwig I.**, einen ausgesprochenen Liebhaber wohlgestalter Frauen, geht die berühmte „Schönheitengalerie" im Südtrakt des Schlosses zurück, die sich heute besonderer Attraktivität der Besucher aus aller Herren Länder erfreut. Der König hatte Hofmaler Josef Stiegler den Auftrag erteilt, die „ansehnlichsten Töchter der Stadt gleich welchen Standes zu portraitieren". Im Gegensatz zu anders lautenden Gerüchten hat Ludwig freilich nur wenige der vierzig jungen Frauen höchstpersönlich in näheren Augenschein genommen.

1845 erblickte Ludwigs Enkel, der spätere „Märchenkönig" **Ludwig II.**, im Grünen Zimmer Nymphenburgs das Licht der Welt. Im Kanal lernte er Schwimmen und im Park Reiten. Kindheits- und Jugenderinnerungen an die im Schatten des „Weißen Schlosses" verbrachten Sommer werden seine spätere Bautätigkeit beeinflusst haben. Nymphenburg selbst ließ er aber unangetastet.

Erst seit der Eingemeindung 1899 gehören Schloss und Park zur Stadt München. 1914 wurde als nördlicher Annex des Schlossparks auf 22 Hektar der Botanische Garten eingerichtet. Eine besondere Sehenswürdigkeit ist das Marstallmuseum, eine Sammlung historischer Kutschen, Wägen, Schlitten und Reitausrüstungen, darunter die überladene goldene Prunkkarosse Ludwigs II. von 1871. Im Obergeschoß präsentiert die Sammlung Bäuml erlesene Stücke der Nymphenburger Porzellanmanufaktur, darunter die Originalstücke Franz Anton Bustellis. Besonders bei Jugendlichen erfreut sich das im nördlichen Schlosspavillon untergebrachte „Museum für Mensch und Natur" wegen seiner interaktiven Computer-Animationen großer Beliebtheit.

Schloss Nymphenburg: Eingang 1, 80638 München · ℂ 089/17 90 80
1. April–15. Oktober: 9.00–18.00 Uhr
                      Führungen Di 16.30 Uhr · Abendöffnung Do bis 20.00 Uhr
16. Oktober–31. März: 10.00–16.00 Uhr
· Marstallmuseum und Parkschlösschen dito
· Nymphenburger Konzerte im Hubertussaal
· Schlosspark: Sonnenaufgang bis Sonnenuntergang – genaue Zeiten sind
             ausgeschildert
· Café Palmenhaus im Schlosspark
· Schlossgaststätte Schwaige am Schlossrondell

Bayerischer Triumphbarock: Die Schlösser Schleissheim und Lustheim

Zuerst geplant als einsamer Rückzugsort weit nördlich der betriebsamen Hauptstadt, wo sich der Herzog religiöser Kontemplation hingab, sollte Schleißheim im 18. Jahrhundert ein bayerisches Versailles werden, dessen gigantische bauliche Dimension alle bis dahin entstandenen fürstlichen Schlösser in den Schatten stellen sollte. *(Abb. Seite 39)*

Im Gegensatz zur gegenwärtigen Boom-Area um Freising und den Airport Franz-Josef-Strauß war der Münchner Norden in früheren Zeiten eine öde und kaum besiedelte Gegend, deren karge Moosböden und Heidelandschaften wenig Ertrag brachten. So wählte der fromme **Herzog Wilhelm V.** nach seiner freiwilligen Abdankung 1597 bewusst die Stille des Schleißheimer Rieds, einen vollen Tagesritt gen Norden von der Residenzstadt entfernt, um hier als frommer Büßer seinen Lebensabend zu verbringen.

Wilhelms Sohn Maximilian I. ließ die Schwaige – das Gutsgebäude – von 1617 bis 1623 zu einer stattlichen Sommerresidenz mit 202 Räumen ausbauen und von Peter Candid künstlerisch ausstatten. Dieses so genannte „**Alte Schloss**" vereinigte Bauformen der Renaissance und des neuen Barockstils in sich.

1944 wurde das Alte Schloss bei einem Luftangriff auf den nahe gelegenen Flughafen Oberschleißheim weitgehend zerstört. Das Herrenhaus erstand 1973 neu und beinhaltet Sammlungen des Bayerischen Nationalmuseums.

Ein besonderes Faible für die immer noch weltabgeschiedene Gegend entwickelte der ehrgeizige **Kurfürst Max II. Emanuel** (1679–1726). 1683 war er an vorderster Front dabei, als christliche Heere die Osmanen vor Wien besiegten und tief nach Ungarn und Südosteuropa vorstießen. Dem gefeierten „Türkensieger" fiel unermessliche Beute zu, Goldschätze, Prunkwaffen und orientalische Kostbarkeiten aller Art (heute gesammelt im Neuen Schloss Ingolstadt, ➤ S. 103), dazu zahlreiche Kriegsgefangene, die zu Kanal- und Großbauten eingesetzt wurden.

Max Emanuels Großmachtplänen kam auch seine Vermählung mit der österreichischen Kaisertochter Maria Antonia 1685 entgegen. Um den Habsburgern zu imponieren, musste er seiner Frau aus dem Kaiserhaus schon eine besondere Morgengabe bieten. Dies war **Schloss Lustheim**, ein *„Maison de Plaisance"*, das er in der Achse des Alten Schlosses, aber in gebührender Entfernung zu diesem strengen Bauwerk, errichten ließ. Der Graubündner Architekt Enrico Zuccalli erbaute auf einer künstlichen Insel ein elegantes Jagd- und Gartenschlösschen, mehr einen Pavillon mit zweigeschoßigem Bankettsaal unter einem Spiegelgewölbe. 1688 war die Inneneinrichtung mit dem Deckenfresko von Francesco Rosa abgeschlossen und das fürstliche Paar feierte die nächsten Jahre rauschende Feste mit höchster Prachtentfaltung.

Vom Belvedere an der Gartenfassade aus konnte man seit 1689 die Arbeiten zum **Schlosspark** verfolgen, einer Anlage nach „französischem" Ordnungsprinzip mit symmetrischer Anordnung der Baumreihen, Blumenrabatten und Bosquettes (Heckengärten). Künstliche Wasserläufe, Kaskaden, Springbrunnen und Teiche belebten den Park, der nach seiner Vollendung ganze 78 Hektar einnahm. Das Wasser wurde der Isar, der Amper und der Würm entnommen. Unter dem Wasserbau-Ingenieur Dominique Girard entstand ein großzügiges Kanalsystem, das die kurfürstlichen Schlösser Nymphenburg, Dachau und Schleißheim miteinander vernetzen sollte. 1702 war der zwölf Kilometer lange Dachauer Kanal fertig gestellt und wurde vom Kurfürsten mit einer Gondelfahrt eingeweiht. Auch das entfernte Nymphenburg konnte per Schiff erreicht werden. Die Wasserstraßen dienten aber nicht nur der hochherrschaftlichen Belustigung, sondern beförderten bald auf Kähnen und Flößen Unmengen an Baumaterial heran.

1701 nämlich hatte Max Emanuel den Grundstein zu einem imposanten **Neuen Schloss** gelegt, einem wahren neuen Versailles. Angeregt wurde er dazu durch hochfliegende Pläne der europäischen Politik. Der letzte spanische Habsburger Karl II. nämlich setzte den 1692 geborenen Sohn des Kurfürsten und seiner damals im Kindbett verstorbenen Gemahlin Maria Antonia als Universalerben seines riesigen Reiches ein. Doch der kleine bayerische Kurprinz Joseph Ferdinand überlebte das Jahr 1699 nicht und die offene Erbfolge in Madrid führte von 1701 bis 1714 zum erbitterten „Spanischen Erbfolgekrieg" zwischen den mit Ludwig XIV. von Frankreich verbündeten bayerischen Wittelsbachern und den Habsburgern, denen die Seemacht England zur Seite trat. Diese Schicksalsschläge hinderten den **„Blauen Kurfürsten"**, wie er wegen seiner Vorliebe für das Soldatenwams genannt wurde, nicht an der Weiterverfolgung seiner hoch gespannten Pläne, zu welchen auch der Schlossbau zählte. Die ersten Baumaßnahmen standen freilich unter keinem guten Stern. Die Fundamente sanken im morastigen Boden ein und mussten durch gewaltige Erdaufschüttungen ins Lot gebracht werden.

Vor den 1704 nach Kurbayern einrückenden österreichischen und ungarischen Husaren und Panduren floh Max Emanuel nach Paris. Erst nach zehn Jahren kehrte er in sein ausgeplündertes und verelendetes Land zurück. Und doch machte er sich 1719 wieder daran, den Bau zu Schleißheim fortzuführen. Max Emanuel, der kurzzeitig Statthalter der Niederlande gewesen war, ließ nach holländischem Vorbild die weiten Mooslandschaften um Dachau und Schleißheim trockenlegen, neue Siedlungen anlegen und durch Chausseen verbinden. Unter der Leitung Joseph Effners erstand das Neue Schloss. Freilich musste man sich von den ursprünglichen größenwahnsinnigen Planungen verabschieden, die eine weit ausgreifende mehrgeschoßige vierflügelige Anlage, umgeben von einer regelrecht neuen Stadt, vorsahen. Das Holzmodell dazu ist im Schloss zu besichtigen. Aber auch der 1727 fertig gestellte, 330 Meter lange Hauptbau ist imposant genug ausgefallen. Meister ihres Fachs wie Johann Baptist Zimmermann und Cosmas Damian Asam waren dabei beteiligt. 500 seiner bedeutendsten Gemälde ließ der Kurfürst in die „Grande Galerie" bringen.

Doch dann ruhten die Bauarbeiten. Denn Karl Albrecht erbte einen gewaltigen Schuldenberg, den er wegen seiner hochfliegenden und kostspieligen Kaiserpläne nicht abzutragen vermochte. Erst Max III. Joseph (1745–1777) wandte sich wieder dem Schloss im Norden zu und nutzte es als Depot für die wittelsbachischen Kunstsammlungen. Der eindrucksvolle Treppenaufgang wurde erst unter König Ludwig I. 1830 vollendet, jedoch nach den alten Plänen Zuccallis und unter Einbeziehung originaler Marmorwerkstücke.

Den heutigen Besucher erwarten 300 Exponate hervorragender Barockmalerei.

Von besonderer Anmut ist der **Hofgarten**, der sich – als einziger deutscher Barockpark – nahezu unverändert seit 250 Jahren erhalten hat. Lustheim beherbergt heute eine Sammlung kostbarster Meissener Porzellane.

Altes Schloss: 85764 Oberschleißheim, Maximilianshof 1 · ✆ 089/31 55 27-2
Di–So: 10.00–17.00 Uhr
· Zweigmuseum des Bayerischen Nationalmuseums · Schlossgaststätte

Neues Schloss mit Lustheim und Hofgarten:
Max-Emanuel-Platz 1 · ✆ 089/31 58 720
April–September (Di–So): 9.00–18.00 Uhr
Oktober–März (Di–So):   10.00–16.00 Uhr
· Sommerkonzerte · Park frei zugänglich

BÜCHER-BURG BLUTENBURG
AN DER WÜRM

Schloss Blutenburg im Münchner Stadtteil Obermenzing repräsentiert ein rundum gelungenes Beispiel eines aufwändig restaurierten historischen Baudenkmals, das einer modernen kulturellen Funktion zugeführt wurde. Von 1978 bis 1983 wurden die heruntergekommenen Gebäude gemäß denkmalpflegerischen Grundsätzen generalsaniert. Dann zog die Internationale Jugendbibliothek ein und erfüllte die renovierten Gemäuer mit vitalen Kräften. Lesesäle, Ausstellungs- und Festräume, eine stilvolle Schänke, Spazierwege am Wasser, Bühne und Theater, Konzertveranstaltungen und ein rühriger Verein haben das Bauwerk in ein hervorragendes kulturelles Zentrum der Landeshauptstadt verwandelt, das von der Bevölkerung gerne angenommen wird. *(Abb. Seite 33)*

Mit „Blut" hat der Name nichts zu tun, sondern, ganz im Gegenteil, mit Blüten und Blumen. Einen bukolischen Landsitz, gestaltet als wehrhafte Wasserburg, hatte **Prinz Albrecht, der spätere Herzog Albrecht III. der Fromme**, im Sinn, als er beim Dorf Menzing im Westen Münchens 1425 ein verschwiegenes Liebesnest für seine Geliebte und spätere Gattin Agnes Bernauer bauen ließ. Doch diese Geschichte ging nicht gut aus und endete 1435 mit dem gewaltsamen Tod der „Bernauerin".
Bis 1440 entstand die Blutenburg über mehrere Bauphasen hinweg. Den Kern bildete das Herrenhaus, das – wie archäologische Grabungen ergaben – auf den Fundamenten eines älteren, hochmittelalterlichen Wohnturms errichtet wurde. 1433 und 1434 dürfte es der frisch vermählten Herzogsfrau Agnes als Wohnstatt gedient haben. Auch nach ihrem Tod ging der Bau weiter. Wehrmauern mit vier mehreckigen Flankierungstürmen wurden hochgezogen und die vorbeifließende Würm so umgeleitet, dass sowohl die Kernburg als auch die gesamten Außenanlagen von je einem breiten Wasserring umgeben wurden. Der Zugang zur Vorburg erfolgte über eine Zugbrücke durch den dreigeschoßigen, quadratischen Torturm mit gotischer Wölbung (heute Erich-Kästner-Turm genannt). Mit ihren zinnenbekrönten Mauern, Türmen, Wehrgängen und Schießscharten erweckte die Blutenburg durchaus den Eindruck einer verteidigungsbereiten Feste.
Wir stoßen hier aber wieder auf dasselbe spätmittelalterliche Phänomen wie in Grünwald, dass nämlich all jene martialischen Attribute in Wirklichkeit nur den ritterlichen, aristokratischen und althergebrachten Stand

der Besitzer vor Augen führen sollten. Die Blutenburg, die auch prosaisch als **„Schloss Menzing"** bezeichnet wurde, war kein Wehrbau, sondern ein Jagd- und Lustschloss für den gelegentlichen Aufenthalt. Als Sitz des herzoglichen Hofmarkspflegers erfüllte sie auch eine verwaltungsmäßige Aufgabe. Diesem Zweck dienten die Ökonomie- und Kastengebäude und der Neue Saalbau in der Vorburg.

Von 1467 bis 1501 zog höfisches Leben in die wasserumzogenen Burgmauern ein. Der kunstsinnige **Herzog Sigismund** (der Erbauer des originellen Affentürmerls im Münchner Alten Hof) dankte zugunsten seines energischen jüngeren Bruders Albrecht IV. des „Weisen" ab und zog sich aus der Landespolitik zurück. *„Ihm war wohl mit schönen Frauen, weißen Tauben und Saitenspiel"*, bemerkte dazu ein zeitgenössischer Chronist. Sigismunds Wohnsitz wurde fortan das Schloss an der Würm, das er prächtig ausstatten ließ. Hier widmete er sich der Musik, der bildenden Kunst und seiner bürgerlichen Freundin Margarete Pfättendorfer. 1488 gab er ein besonderes Kleinod in Auftrag, den Bau der **Schlosskapelle Sankt Trinitatis** im Vorhof. 1497 war sie vollendet, ein spätgotisches Meisterwerk in Vollendung, das nahezu unverändert erhalten geblieben ist. Die drei Tafelaltäre des Krakauer Meisters Jan Pollack sind spätgotische Kunstwerke von europäischem Rang. Auf dem rechten Flügel des Hochaltars hat sich der Stifter Sigismund selbst abbilden lassen. Die 12 geschnitzten Apostelfiguren werden einem namentlich nicht bekannten „Blutenburger Meister" zugeschrieben. Zweimal täglich lauschte der Schlossherr hier dem Gesang des von ihm ins Leben gerufenen Sängerchores.

Nach Sigismunds Tod 1501 wurde es wieder ruhig in Menzing. Mit dem Einbau des Prinzenstalles in der Vorburg 1528/29 erfolgte die letzte größere bauliche Zutat. Der Tanzsaal im Obergeschoß wurde aber nur wenig genutzt und daher bald zum Speicher degradiert. Heute ist dort der Katalog der Bibliothek und ein Studiensaal untergebracht. Auch Blutenburg erfuhr das Schicksal, dass seine gotischen Formen in den folgenden Jahrhunderten als unzeitgemäß betrachtet und vom Hof gemieden wurden.

1676 erwarb der Münchner Patrizier und Rechtskundige Anton von Berchem die Hofmark und ließ die Burg brachial umbauen. Die beengenden Ringmauern wurden auf Erdgeschoßhöhe abgetragen und alle sechs Türme um ein Stockwerk auf die heutige Höhe gekappt. Seitdem schaut immerhin das Herrenhaus über die erniedrigten Mauern weit ins Land hinaus. Antonio Viscardi, der zu dieser Zeit gerade in Obermenzing tätig war, hat 1680 bei der Neugestaltung des Haupthauses mitgewirkt. Berchems Absicht, auch die Kapelle zu barockisieren, blieb dagegen unerfüllt, zum

Glück für die Nachwelt. Denn der Hofmarksbesitzer hatte sich verspekuliert und musste Blutenburg 1702 wieder an den Landesherrn zurückerstatten. Kurfürstin Therese Kunigunde, die zweite Gemahlin Max Emanuels I., weilte während der Erweiterung des Schlosses Nymphenburg nach 1715 öfters in Blutenburg. Auf ihren Wunsch geht der **„Durchblick"** zurück, die jüngst wieder hergestellte Sichtschneise vom Mittelbau Nymphenburgs quer durch den Schlosspark bis hin zur Blutenburg. Zu Beginn des 19. Jahrhunderts wurde zuerst der innere Schlossgraben aufgefüllt und sodann die Würmarme, welche die Anlage seit 500 Jahren umflossen, trockengelegt. Damit war Blutenburg kein „Weiherhaus" mehr, ihr Charme dahin. Noch einmal geriet sie in den Zusammenhang wittelsbachischer Liebschaften und Kabalen, als Lola Montez, die Mätresse König Ludwigs I., im Februar 1848 ausgerechnet im Herrenhaus, damals eine Gastwirtschaft, Quartier nahm, bevor sie Bayern und dem ihr nachweinenden König endgültig den Rücken kehrte.

1866 zogen Klosterschwestern ein und führten bis 1976 ein Altersheim im Schloss. Auf Maler, die in Scharen vor die Tore der Stadt zogen und Blutenburg als vor sich hin bröckelndes Idyll entdeckten, mag der Verfall romantisch gewirkt haben, doch die Aufwendungen für die Bewirtschaftung standen in keinem Verhältnis zum Nutzen. So war es ein ausgesprochener Glücksfall, dass die Bücher der **Internationalen Jugendbibliothek** eine neue Bleibe suchten. Die Bayerische Verwaltung der staatlichen Schlösser, Gärten und Seen übernahm die aufwändige Renovierung, in deren Zuge auch die alte Insellage inmitten der Wasserläufe wieder hergestellt wurde. Der Hauptteil des mittlerweile auf eine halbe Million angewachsenen Buchbestandes in hundert Sprachen befindet sich in einem unterirdischen Magazin. Das Dachgeschoß des Neuen Saalbaus ist Michael Ende (1929–1995, „Momo") gewidmet, im Torturm findet man Erinnerungsstücke an Erich Kästner (1899–1974, „Das doppelte Lottchen"). Der zum Weiher hin vorspringende Eckturm nahm den Nachlass von James Krüss (1926–1997, „Tim Thaler") auf. Eine stimmungsvolle grüne Erholungslandschaft schirmt die hellgetünchte Bücherburg von der verkehrsreichen Umgebung ab.

Schloss Blutenburg: Obermenzing, 81247 München · ✆ 089/89 12 110
IJB (Internationale Jugendbibliothek): Mo–Fr: Studiensaal: 10.00–17.00 Uhr
              Ausleihe: 14.00–18.00 Uhr
· Hof frei zugänglich
· Wechselnde Ausstellungen, Konzerte, Events
Kapelle: 9.30–17.00 Uhr · Messe Fr 18.00 Uhr
· Schlossschänke

Burg Grünwald im Isartal; Burgvilla Schwaneck

"*Im Grünwald im Isartal, glauben Sie's mir, es war einmal, da ham edle Ritter g'haust, dene hat's vor gar nix g'raust.*" Ganz so schlimm, wie es der Münchner Kabarettist Karl Valentin 1925 in seiner skurrilen Ballade von den „Oid'n Rittersleit" besungen hat, ist es auf der Burg Grünwald südlich von München im Verlauf ihrer 900-jährigen Geschichte nicht zugegangen. Schön in die naturgeschützte Isarlandschaft eingebettet, bietet die vorbildlich restaurierte Anlage heute ein attraktives Angebot aus Burgmuseum, wechselnden Ausstellungen zur Archäologie und kulturellen Events. *(Abb. Seite 38)*

Bis ins 14. Jahrhundert trugen Burg und Ort den echt bajuwarischen Namen **„Derbolfing"**. Unter dieser Bezeichnung erscheinen um 1170 zum ersten Mal Ministeriale der mächtigen Grafen von Andechs in den Urkunden. Die Lage der wohl um dieselbe Zeit erbauten Burg war gut gewählt. Hart am steil abfallenden Hochuferrand, etwa 150 Meter über den Wassern der Isar gelegen, musste sie nur auf der Seite zum Hochplateau stark befestigt werden. Dies geschah durch einen mächtigen Erdwall und einen dahinter liegenden Halsgraben, der heute noch die Burg auf der Feldseite umgibt. Von der Höhe des Bergfrieds ließ sich der Floßverkehr auf dem Strom kontrollieren. Nach den schweren Kämpfen zwischen den 1180 von Kaiser Barbarossa mit der Herzogswürde betrauten Wittelsbachern und ihren hartnäckigsten Rivalen, den Andechsern, ging die Burg, oder was von ihr übrig geblieben war, 1248 endgültig in herzoglichen Besitz über.

Erst ein halbes Jahrhundert später taucht sie wieder in den Quellen auf, doch nun als „Jagdschloss" und mit dem dazu passenden bukolischen Namen **„Grünwald"**. Dass sie aber noch mit festen Mauern und Türmen umwehrt war, beweist eine vergebliche einwöchige Belagerung im Jahr 1398, als die Münchner Bürger in einem der zahlreichen „bairischen Haus-Händel" vergeblich versuchten, dieses gegnerische Gehäuse zu „knacken".

So wie sich Grünwald mit Zugbrücke, Torhaus, dem Palas, dem fünfgeschoßigen „Großen" und dem zinnenbekrönten „Kleinen" Turm dem heutigen Besucher präsentiert, ist es erst in der Spätgotik entstanden. Bauherren waren der kunstsinnige **Herzog Sigismund** um 1470 und dann **Herzog Albrecht der Weise** in den Jahren 1486 und 1487. Der

München, Schloss Blutenburg an der Würm (S. 29)

Residenz München, Brunnenhof (S. 15)

Residenz München, Königsbau (S. 15)   *München, Alter Hof (S. 15)*

Burg Seefeld über dem Pilsensee (S. 43)

Schlossmuseum Murnau am Staffelsee (S. 46)

München, Schloss Nymphenburg (S. 22)

München, Schleißheim, Altes Schloss (S. 26)

Burg Grünwald im Isartal (S. 32)

Haag, Burgturm (S. 48)

München, Schleißheim, Neues Schloss (S. 26)

Burg Hohenaschau im Chiemgau (S. 58)

Höhlenburg Stein an der Traun (S. 54)

Wasserburg am Inn, Altstadt (S. 51)

rechteckige, kastellartige Bauplan der mittelalterlichen Burg wurde beim Aus- und Umbau Ende des 15. Jahrhunderts beibehalten, ebenso die vier Türme an den Ecken. Hinzugefügt wurden neue Wohntrakte, darunter auch der Dürnitzstock, der heute die Ausstellungsräume beherbergt, die Zwingermauer mit dem halbrunden Schalenturm und der mit bunten Wappen geschmückte Stufengiebel über der Torhalle. Genau abgezählte 80 750 Ziegelsteine wurden dazu verbaut, wie es der herzogliche Rentmeister Matthäus Prätzl akribisch festhielt. Den erhaltenen Rechnungen nach zu schließen, ließ Herzog Albrecht den Palas auf der Isarseite besonders aufwändig ausschmücken, sollte er doch der Herzogin Kunigunde, Tochter Kaiser Friedrichs III., einer Habsburgerin, als standesgemäßer Aufenthalt dienen.

Obwohl nach außen hin durchaus eine „Ritterburg" repräsentierend, kam den Bauwerken aber keine wehrhafte Bedeutung mehr zu. Zinnen, *Machiculi* (Pechnasen) und Schießscharten müssen eher als ritterliche und adelige Symbole ohne eigentliche Funktion gewertet werden. Aus Grünwald war also ein als Ritterburg verkleidetes Jagd- und Lustschloss geworden. Für das beginnende 16. Jahrhundert hören wir noch mehrmals von Hörnerklang und herrschaftlichen Jagdausflügen in das dicht bewaldete und wildreiche Isartal. Grünwald bot sich da an, lag es doch nur einen guten Halbtagesritt von der Münchner Residenz (→ S. 15) entfernt. Doch angesichts des neuen, prachtvollen Baustils der Renaissance wirkte Grünwald auf den Hof bald antiquiert und düster. Mit den neuartigen kurfürstlichen Lustschlössern in Nymphenburg und Schleißheim konnte es nicht mehr konkurrieren.

Einsam wurde es im 17. Jahrhundert auf der jetzt weit abgelegenen Burg. Zudem unterspülte die Isar, deren Name nicht umsonst die „Reißende" bedeutet, den Uferhang und damit den Burgplatz. Die isarseitigen Mauern bröckelten und stürzten schließlich ins Tal hinab. Der Palas wurde unbewohnbar. 1681 riss man ihn zusammen mit der Kapelle St. Georg und Katharina nieder, um ihrem Absturz in den Fluss zuvorzukommen. Ein ganzes Drittel des ursprünglichen Burgareals fiel auf diese Weise den Naturgewalten zum Opfer. Den Dürnitz wandelte die Münchner Hofkammer in ein *„Extra-Ordinari Gefänknhus"* um, in ein Sondergefängnis für Standespersonen wie Adelige, Kleriker oder Beamte. Sie durften sich tagsüber frei in der Burg bewegen und wurden nur nachts in ihren Quartieren eingeschlossen.

Im Großen und Kleinen Burgturm lagerte man bis unters Dach Schießpulver ein. Ein Küchenbrand oder etwas glimmende Pfeifenasche hätte damals die gesamte Ortschaft in die Luft fliegen lassen können. Die kurfürstliche Munitions-Kommission zählte Ende des 18. Jahrhunderts 1677 mit Pulver gefüllte Fässer und ordnete den umgehenden Auszug aller Bewohner und die Entfernung aller brennbaren Holzvertäfelungen und Holzdecken an. Erst 1873 wurde die Munition aus den Depots geräumt.

1879 erwarb der Münchner Bildhauer Paul Zeiller die innen nun völlig kahle Burg. Er war ein Künstler-Original, der sich im Stil der „alten Rittersleut'" einrichtete und mit seinen als Knappen und Landsknechten verkleideten Kumpanen kuriose Spektakel feierte. Doch dann fiel das alte Gemäuer in einen Dornröschenschlaf, aus dem es erst 1978 erwachte. Damals ging Burg Grünwald in Staatsbesitz über und wurde von Grund auf saniert und restauriert. Das Burgmuseum umfasst eine Zweigstelle der Archäologischen Staatssammlung mit römischem Lapidarium (Steindenkmäler, Inschriften), Fundstücke zur Geschichte der Burg im Großen Turm und Räume für Wechselausstellungen.

Der Besucher betritt die Burg durch das **Torhaus mit dem stolzen heraldischen Programm der Herzöge**: Ganz oben das bairisch-wittelsbachische Wappen, darunter das Rot-Weiß-Rot der Habsburger und – wohl am auffallendsten – der Schild der Mailänder Visconti mit dem Drachen, der ein Kind verschlingt.

Der gemauerte Burgbrunnen inmitten des Hofs gilt als letzter Rest der alten Derbolfinger Burganlage. Vom Großen Turm, dem ehemaligen Bergfried und Hochwarte, bietet sich eine prächtige Aussicht auf die immer noch vorwiegend grüne Umgebung und hinunter auf die weißen Kiesbänke der Isar.

Auf dem jenseitigen, westlichen Isarsteilufer gerät von hier oben die **Burg Schwaneck** ins Blickfeld – keine „echte Burg", sondern eine Villa in mittelalterlichem Stil, die sich der Bildhauer Ludwig von Schwanthaler 1843 zur „Erhöhung der Romantik" erbauen ließ. Heute ist in ihren Räumen die bei jungen Amerikanern und Japanern beliebteste Jugendherberge Europas untergebracht.

München, Burg Grünwald: Zeillerstr. 3, 82031 Grünwald · ✆ 089/64 13 218
www.stmwfk.bayern.de/kunst/zweigmuseen/gruenwald.html
· Zweigmuseum der Archäologischen Staatssammlung; Burgmuseum:
15. März–30. November (Mi–So): 10.00–16.30 Uhr
· Schlosswirt Grünwald, Terrassenwirtschaft
Jugendherberge und Jugendbildungsstätte Burg Schwaneck: Burgstraße 4, 82049 Pullach bei München · ✆ 089/74 48 66 70 www.burgschwaneck.de
· Innenbesichtigung nach Anmeldung

BURG SEEFELD ÜBER DEM PILSENSEE

Trotz späterer An- und Umbauten hat sich in Seefeld noch die Wehrhaftigkeit des Mittelalters erhalten. Hingestreckt auf einem steil abfallenden Bergsporn erhebt sich die innere Burg mit engem Hof, überragt von einem massigen Turm, abgetrennt durch einen Graben von der Vorburg. Brücke, Burgtor und Bergfried dienen als Symbole der Macht des Adels und als abweisende Zeichen der Herrschaft über bäuerliche Hintersassen und Untertanen. Heute freilich öffnet sich das Schloss – das, wie gesagt, eher „Burg" benannt werden müsste – einem bunten Potpourri aus Kunst, Kino und Kabarett, angereichert durch Kulinarisches und besonders ausgezeichnet durch ein extravagantes „exotisches" Museum. *(Abb. Seite 35)*

Die über dem kleinen Pilsensee aufragende Burg Seefeld ist ein landschaftsbestimmendes Wahrzeichen im Fünf-Seen-Land südlich von München. Starnberger See, Ammersee, Pilsen- und Wörthsee bilden eine reizvolle Erholungslandschaft, die nicht wenig zur Attraktivität der bayerischen Hauptstadt beiträgt. Die backsteinerne Schlossbrücke überwindet auf vier Pfeilern die tief eingeschnittene Höllgrabenschlucht und führt den Besucher in eine barocke Torhalle. Eine gut lesbare Inschrift weist auf das Jahr 1739 hin, in dem das alte äußere Burgtor diesem freundlichen Rundbau Platz machte. Es lohnt sich, die Dekoration etwas näher zu betrachten. Rechts vom eigentlichen Portal sind nämlich geschlossene Türflügel aufgemalt. Weil die Brücke geländebedingt schräg auf den Torbau trifft, sollte diese „illusionistische Malerei" die Symmetrie wieder herstellen. Tief unter dem Tor führt eine Treppe zu Gewölben und unterirdischen Räumen, in denen früher Vorräte kühl gehalten wurden. Heute gastiert dort eine originelle Kunstgalerie.

In der Vorburg fällt zuerst ein völlig versinterter Springbrunnen ins Auge. In den ehemaligen Stallungen und Remisen zur Linken wird heute Kunstgewerbe angeboten. Gegenüber öffnet in der alten Brauerei und Mälzerei das Bräustübl seine Tore, eine traditionell-altbayerische, aber modern geführte Gastwirtschaft. Dazwischen türmt sich, getrennt durch einen künstlichen Halsgraben, über den früher eine Zugbrücke führte, die innere Burg auf. Der Bergfried, dessen drohender Charakter im 16. Jahrhundert durch ein aufgesetztes Satteldach mit Zinnengiebel und im 18. Jahrhundert weiter durch das Zifferblatt einer Uhr gemildert wurde, stammt wohl im Kern noch aus dem frühen 13. Jahrhundert und diente ursprünglich als Wohnturm. In seinem Schatten erstreckt sich der überraschend schmale Burghof, um den sich Baukörper aus verschiedenen Epochen gruppieren. Einen Teil der Gebäude hat der Freistaat Bayern langjährig gepachtet und richtete dort ein **Zweigmuseum der Ägyptischen Staatssammlungen** ein.

Gegründet wurde die Burg in der Mitte des 12. Jahrhunderts von den mächtigen **Grafen von Andechs**, deren Burg – heute Kloster – sich unweit Seefelds über dem Ammersee erhebt. Seefeld war eine der Burgen, welche die Andechser vor ihren Rivalen, den Wittelsbachern, schützen sollte. Doch 1240 war der Kampf entschieden und die Seefelder schworen den siegreichen wittelsbachischen Landesherren den Treueid. Nach wechselnden Schicksalen erwarben im Jahr 1472 die **Herren von Törring-Jettenbach** Burg und Herrschaft Seefeld. Die Törringer zählen zu den ältesten, bereits im 12. Jahrhundert sicher bezeugten Adelsgeschlechtern Bayerns. Sie begegnen uns in verschiedenen Burgen Altbayerns. Vom 15. Jahrhundert bis zum Ende der Monarchie 1918 bekleideten sie höchste staatliche Ämter. Von ihrem Selbstbewusstsein kündet das imposante Rosenwappen über dem äußeren Torbau. Und unter ihrer Ägide entstand von 1479 bis 1500 das repräsentative spätgotische Burgschloss, eine gelungene Kombination aus Wehr- und Wohnbau, wie es heute noch die Umgebung dominiert.

Aus dieser Zeit stammt der viergeschoßige Hallenbau, der gegenwärtig die Ägyptischen Sammlungen beherbergt. In seinem Erdgeschoß befindet sich der Dürnitz unter Kreuzgratgewölbe, eine zweischiffige Pfeilerhalle, die als Aufenthaltsraum für Besatzung und Gesinde diente. Die ehedem gotischen Räume über dem Dürnitzstock wurden allerdings im 19. Jahrhundert zu Salons mit wenig gelungener Stuckdekoration des Neo-Rokoko umgewandelt. Unter Seifried von Törring wurde 1479 eine neue gotische Kapelle neben dem Hauptturm eingeweiht. Die sechseckige Bastion, die er dem Kirchenbau vorgelagert errichten ließ, beweist, dass man dem „Landfrieden" zu dieser Zeit noch nicht gänzlich traute. Schlossherr Ferdinand (1615–1622) und seine Witwe Renata von Schwarzenberg legten mit der Gründung der **Brauerei in der Vorburg** den Grundstein zu einer erfolgreichen Ökonomie. 1630 erlangte die Linie der Törring-Seefelder den Grafentitel. Unter Graf Maximilian Kajetan setzte von 1687 bis 1752 eine rege Bautätigkeit ein. Während seiner Herrschaft entstanden die voluminösen, walmdachüberwölbten Speichergebäude im Dorf Oberalting, die den überreichen Erntesegen der törringschen Äcker aufnahmen. Diese Erfolge bewogen ihn dazu, das Schloss barock zu überformen.

Seine Nachfolger versuchten mit wechselndem Erfolg, die ihnen unterstellte Land- und Forstwirtschaft im Sinne des aufgeklärten Absolutismus zu „meliorieren". Die Erträge waren immerhin so groß, dass die Schlosskirche St. Johann Baptist mit dem Deckenfresko „Taufe Christi" im neuen Barockstil ausgeschmückt und 1775 als *Capella publica* den Untertanen zugänglich gemacht werden konnte. Aber der fortschrittsbewusste Graf Clemens Anton stieß bei seinen rückständigen Bauern auf wenig Gegenliebe mit modernen Anbaumethoden und „Feldbau-Societätsvereinen".

Immerhin setzte er 1776 die Pflanzung der prachtvollen **Eichenallee vom Gut Delling zum Schloss Seefeld** durch, die heute nach über 250 Jahren zu einem einzigartigen Naturdenkmal und bestimmenden Landschaftselement gewachsen ist. 1789 richtete sich der Schlossherr im Park ein spätes Rokoko-Idyll ein, das Theaterdörfchen Eintrachtshausen. Doch im selben Jahr erschütterte die Französische Revolution Europa und strahlte bald bis Bayern aus. Die Törringer hielten sich freilich auf Seefeld, ja stiegen im neuen Königreich nochmals zu höchsten Ehren auf. Hans Veit III. von Törring-Seefeld heiratete 1898 auf dem Schloss Sophie von Bayern aus der herzoglichen Linie der Wittelsbacher. Dazu hatte er kurz vorher noch Gabriel von Seidl, den berühmten Architekten des Münchner Lenbachhauses und des Bayerischen Nationalmuseums, beauftragt, den Südteil des Schlosses neu zu gestalten. Seidl löste dieses Problem, indem er eine **Loggia mit neun offenen Arkaden** im dezenten Neo-Renaissancestil einfügte, die seitdem den Parkblick auf das Schloss bestimmt.

1978 leitete das Bayerische Landesamt für Denkmalpflege umfangreiche Restaurierungs- und Sanierungsmaßnahmen ein. Doch erst 1986 gelang es dem Staat in harten Verhandlungen, das Baudenkmal der Öffentlichkeit zugänglich zu machen. Zuerst als Dependance des Museums für Völkerkunde, seit 2000 als Zweigmuseum der Ägyptischen Staatssammlungen, erfreut sich Schloss Seefeld seitdem eines wachsenden Zuspruchs.

Lohnend ist eine Wanderung durch den weitläufigen ehemaligen Schlosspark von Seefeld hinüber nach Widdersberg. Vom Plattenstein in Widdersberg erscheint Kloster Andechs wie eine Fata Morgana in greifbarer Nähe. Dort stand einst die Hauptburg der Grafen von Andechs, in deren Einflussgebiet auch Seefeld entstanden ist.

Schloss Seefeld: 82229 Seefeld · ℅ 08152/06 52 und 79 494
Ostern–November (Di–So): 10.00–17.00 Uhr
· Zweigmuseum der Ägyptischen Staatssammlungen, verschiedene Ausstellungen
· Vorhof und Park frei zugänglich
· Kulturprogramm: www.kultur-schloss-seefeld.de · ℅ 08152/98 08 97
· Bräustüberl im Schlosshof

SCHLOSSMUSEUM MURNAU AM STAFFELSEE

In Murnau scheint sich eine allseitige Idealvorstellung realisiert zu haben: Die Burg, bis 1981 ein düsterer, verwahrloster Kasten, wurde bauhistorisch untersucht und nach wissenschaftlichen Kriterien aufwändig renoviert. Dies freut Architekten und amtliche Denkmalschützer. Im Inneren wurde nicht nur ein Museum installiert, sondern sieben Sammlungen zu diversen Interessensgebieten: Geographie, Historie, Volkskunde, Malerei und Literaturgeschichte – ein gelungenes Cross-over, das Kulturinteressierte verschiedener Richtungen anzieht. *(Abb. Seite 35)*

Grabungen und baugeschichtliche Untersuchungen von 1991 führen die Ursprünge der Burg in das frühe 13. Jahrhundert zurück. Urkundlich ist die Burg für den Zeitraum zwischen 1230 und 1253 als Sitz eines wittelsbachisch-herzoglichen Richters (*iudex*) bezeugt. Nach den Baubefunden hat es sich um einen mächtigen Wohnturm gehandelt. Der Markt hingegen war bischöflich-augsburgisch, ging aber unter Kaiser Ludwig dem Bayern um 1322 an das Herzogtum über und wurde 1332 an das vom Kaiser neugegründete Kloster Ettal übergeben. Bis zur Aufhebung der geistlichen Herrschaft 1803/1804 diente Murnau den Ettaler Mönchen als ökonomische Basis. Ein vom Ettaler Abt bestallter Pfleger amtete in der Burg, zog die Abgaben der Untertanen ein und übte die Gerichtsbarkeit aus.

Die Bauhistoriker haben an der Burg deutliche Spuren einer Brandkatastrophe festgestellt, die sie um das Jahr 1400 datieren. Im 16. Jahrhundert wurde das Turmhaus in den noch bestehenden behäbigen Verwaltungsbau umgewandelt, woran noch eine Inschrift von 1539 erinnert. Die für die Spätgotik typische Zierform des gezinnten Giebels dürfte etwas früher angebracht worden sein. Den noch aus staufischer Zeit stammenden Bergfried missbrauchte man als Gefängnis für Hexen und andere Malefiz-Personen. 1805 wurde er abgerissen. Eine moderne Tafel weist auf den „Falkenturm" hin. Während des Spanischen Erbfolgekriegs litt der Ort schwer unter den Einfällen der Tiroler Freischaren. 1703 verwüsteten die Österreicher den Markt und raubten das Schloss völlig aus.

Davon ist heute nichts mehr zu bemerken, denn innerhalb der weißgekalkten Wände des Schlossbaus wurden ein originelles Szenelokal und Museumsräume eingerichtet. Das 1993 eingerichtete **Murnauer Schlossmuseum** unterrichtet anschaulich über die Geschichte der Gegend. Wir stoßen dabei auf Fundgegenstände aus dem nahe gelegenen Moosberg, einer Kuppe im Murnauer Moos, die in spätrömischer Zeit um das 4. nachchristliche Jahrhundert eine bedeutende befestigte Siedlung trug. Sie wurde in den 30er Jahren des vergangenen Jahrhunderts wegen Kiesabbaus bedenkenlos abgeräumt. Im Südflügel ist eine umfangreiche Sammlung von Hinterglasbildern untergebracht. Im zweiten (dem historischen vierten) Obergeschoß des Wohnturms haben sich aus der Entstehungszeit der Burg noch zwei Fenster mit Teilen der Holzrahmen in Rundbogennischen erhalten. Einmalig für Bayern sind die Vorrichtungen für Schiebefenster.

In der obersten Etage erwarten uns Reminiszenzen an die **Murnauer Malerschule**. Wichtigste Vertreter waren Wassily Kandinsky und Gabriele Münter, die sich 1908 in Murnau niederließen. Die Künstler Münter, Kandinsky, Alexej Jawlensky, Franz Marc und August Macke vollzogen zwischen 1908 und 1914 den revolutionären Umbruch zum Expressionismus. Nicht zuletzt wurden sie dazu durch die Murnauer Voralpenlandschaft angeregt. Gabriele Münter (1877–1962) ist im Schloss mit 38 Gemälden und zahlreichen Graphiken vertreten. Wer sich für diese eigenständige Künstlerpersönlichkeit mehr interessiert, und das kann beim Betrachten ihrer Bilder kaum ausbleiben, muss ins unweit gelegene „Münterhaus" pilgern. Mit Kandinsky lebte sie dort bis 1914 zusammen, dann allein, aber stets tätig, bis zu ihrem Tode 1962. Im Dachgeschoß des Südflügels des Schlosses finden wir einen Gedenkraum an den Schriftsteller Ödön von Horváth (1901–1938), der von 1924 bis 1933 seinen Wohnsitz in Murnau hatte. Horváth war der Spross einer begüterten ungarischen Diplomatenfamilie, die sich Murnau zur Sommerfrische auserkoren hatte. Im Kontakt mit der einheimischen Bevölkerung hat er die Ausbreitung des Nationalsozialismus miterlebt und in Dramen und Prosa niedergeschrieben.

Besucher aus München seien daran erinnert, dass Murnau eine Bahnstation ist und stündlich von München angefahren und verlassen werden kann. Alle Sehenswürdigkeiten der Stadt befinden sich vom Bahnhof in Fußnähe.

Murnau, Schlossmuseum: 82418 Murnau · ℂ 08841/47 62 07
www.schlossmuseum-murnau.de
Di–So: 10.00–17.00 Uhr (Juli–September auch Sa u. So: 17.00–18.00 Uhr) · Sonderausstellungen und Events
Münterhaus: Kottmüllerallee 6, 82418 Murnau · ℂ 08841/62 88 80
Di–So: 14.00–18.00 Uhr. Sondervereinbarungen möglich.

Wohnturm Haag: Ein emporgerecktes Machtsymbol

Markant reckt sich der Burgturm von Haag übers Land und kontrolliert die Kreuzung der Salzstraße von Mühldorf nach München mit der Reichsstraße von Regensburg über Rosenheim ins Inntal (heute die Bundesstraßen 12 und 15). In zweierlei Hinsicht ist der mächtige Turm bemerkenswert: baugeschichtlich, weil er eines der wenigen Beispiele eines Donjons – eines Wohnturms – in Deutschland darstellt, und historisch, weil von hier aus im 16. Jahrhundert ein Potentat versucht hat, eine souveräne kleine Landesherrschaft zu gründen und die Reformation einzuführen. *(Abb. Seite 38)*

Über sechs Geschoße ragt der quadratische Wohnturm 25 Meter auf – bis zur Dachspitze sind es gar 42 Meter. Die Mauerstärke beträgt im Erdgeschoß drei Meter und verjüngt sich bis ins 5. Obergeschoß auf 1,70 Meter. Zwei tonnengewölbte, ehedem stockfinstere Räume im Erdgeschoß werden, wie meist in solchen Fällen, als Verlies gedeutet, dienten aber eher als Vorratsräume. Der ursprüngliche Eingang zum Turm lag in 7 Meter Höhe zum 2. Obergeschoß und war nur über eine wackelige Balkenkonstruktion erreichbar.

Die Entstehungszeit des Haager Turms fällt ins frühe 13. Jahrhundert. Das oberste Stockwerk mit einer Geschützplattform und dem charakteristischen steilen Helmdach und den gotischen Erkertürmchen wurde erst Ende des 15. Jahrhunderts aufgesetzt. Hochmittelalterlich ist heute noch seine freistehende Lage inmitten der ovalen Ringmauer. Kamine und schön gestaltete romanische Fensterbänke im Inneren des Turms weisen auf seine Funktion als repräsentative, gleichwohl wehrhafte Wohnung der gräflichen Familie der Fraunberger hin. Je 140 Quadratmeter Wohnfläche im zweiten und vierten Stockwerk erlaubte großzügiges Residieren. Dies ist durchaus ungewöhnlich, war die hochmittelalterliche deutsche Adelsburg doch in der Regel geschieden in einen unbewohnten Wehrturm, den Bergfried, und einen reinen Wohnbau, den Palas. Wohntürme wie Haag sind daher in Deutschland selten, wir treffen sie aber häufig, *Donjons* genannt, in Großbritannien und Frankreich.

Erbauer waren die Edelfreien **„Gurren"** von Haag, die von 1150 bis 1245 bezeugt sind. „Gurre" ist eine mittelhochdeutsche Bezeichnung für Pferd. Das „Gurrenwappen" mit einem springenden Schimmel auf rotem Grund prangt heute noch weithin sichtbar auf allen vier Seiten des

Burgturms. 1245 folgten die **Fraunberger**, die auf historisch höchst unsichere Weise vom Hohenstaufenkaiser Friedrich II. in den Stand von Reichsgrafen erhoben wurden. Doch erst im Laufe des 15. Jahrhunderts gelang es ihnen, sich diese Rangerhöhung von den Habsburgerkaisern bestätigen zu lassen. Sie bedeutete nichts weniger als die Unabhängigkeit vom bayerischen Herzogtum. Die kleine Herrschaft Haag, die sich kreisförmig um die Burg erstreckte und mit 100 Kilometern Umfang an einem Tag umritten werden konnte, war damit zu einem Reichslehen, das nur dem Kaiser unterstand, aufgestiegen. Freilich haben die bayerischen Herzöge die Privilegien und Reichsgrafenrechte der Fraunberger auf Haag ständig in Zweifel gezogen und pochten energisch auf die Landeshoheit über Haag. Fehden und Scharmützel waren damit programmiert. Doch die Fraunberger, die bald mit dem alten bayerischen Turnieradel versippt waren, erwiesen sich als wackere Streiter. Nicht nur mit den Wittelsbachern, auch mit den Salzburger Bischöfen und den Törringern auf Stein (→ S. 54) schlugen sie sich herum. Ein besonderes „Schnäppchen" gelang ihnen mit dem Erwerb der Burg Prunn im Altmühltal (→ S. 218). Das „Gurrenwappen", das die Fraunberger übernommen hatten, prangt heute noch an der Burgfassade von Prunn.

Gegen Ende des 15. Jahrhunderts dokumentierten die Fraunberger auf Haag ihre Machtstellung auch architektonisch mit dem Ausbau der Burg zu einer ausgedehnten gotischen Residenz. Um die Kernburg (Oberes Schloss) legten sie mehrere Vorburgen und das Unterschloss mit Wirtschafts- und Verwaltungsgebäuden an. Der **Hauptturm** erhielt um 1480 sein heutiges Antlitz mit den vier Pfefferbüchsen oder Lugerkern. Die Grafen verließen ihn und bezogen schön getäfelte Gemächer im Grafenstock, der leider 1804 abgebrochen wurde (seine Stelle nimmt gegenwärtig ein Wasserreservoir ein). In dieselbe Zeit fällt die Aufstockung des Torturms oder „Kleinen Schlossturms" zu seiner ungewöhnlich schlanken Form. Haag wurde damit zu einer der größten gotischen Burgen Bayerns. Unter dem letzten Fraunberger auf Haag, **Reichsgraf Ladislaus** (1505–1566), erreichte die Geschichte der Grafschaft ihren Höhepunkt und gleichzeitig ihren Absturz. Ladislaus, auf bayerisch „Graf Laßla" genannt, war schon eine Herrscherpersönlichkeit der frühen Neuzeit. Ruhmsüchtig, skrupellos und abgehoben von seinen Untertanen, dabei aber doch auf das Wohl seines unabhängigen Territoriums und seiner Einkünfte bedacht. 1540 führte er die Reformation ein, ob aus echten religiösen Gründen oder als Affront gegen seine tiefkatholischen Widersacher, die frommen Herzöge Wilhelm IV. und Albrecht V., sei dahingestellt. Die Spannungen verschärften sich daraufhin und Ladislaus verproviantierte seine Burg, kaufte in Nürnberg Feuerrohre, Hakenbüchsen und Feldgeschütze mit Munition und bestellte in Augsburg Harnische und 602 Langspieße. Nicht alle diese Waffen kamen auch in Haag an, denn die Bayern beschlagnahmten viele der auf Planwägen transportierten Rüstungsgüter und blockierten die Grenze zur Grafschaft. Auf kaiserlich-habsburgische Hilfe durfte der „Ketzerfreund" nicht mehr hoffen. So nahm das Verhängnis seinen Lauf.

Das Schlimmste aber war, dass der Reichsgraf kinderlos blieb. Denn wenn kein legitimer Erbe vorhanden war, fiel die Grafschaft zurück an den Kaiser – und der hatte sie den Bayern versprochen. Da dem hochfahrenden Laßla die bayerischen Adelsfräulein offenbar zu wenig standesgemäß waren, begab sich der 50-jährige Witwer 1555 noch auf Brautschau ins Welschland (Italien), um den geforderten Erben zu zeugen. In Ferrara wurde er allerdings nach Strich und Faden ausgenommen und konnte sich nach einem Jahr nur mühevoll mit heiler Haut nach Hause retten. Am Münchner Hof galt er nicht zuletzt deshalb als *„Mann seltzsamen Kopffs"*. Noch in seinem Todesjahr 1566 besetzten bayerische Truppen kampflos Land und Burg. Die Haager Selbstständigkeit war zu Ende. Die riesige Burg sank zu einem Verwaltungsbau herzoglicher Beamter herab. Im 18. Jahrhundert nutzten sie die Kurfürsten noch ein paar Mal als Jagdschloss, doch das nüchterne 19. Jahrhundert hatte keine Verwendung mehr für die hinfälligen Baumassen und verwendete sie als Steinbruch. 1804 erfolgte der Abriss der meisten Gebäude in der Hauptburg – bis auf den imposanten Turm, dessen Abtragung als zu riskant erschien. Auch Ringmauer und Torturm blieben bestehen. Ironischerweise reflektiert die bis heute erhaltene Anlage damit die ursprüngliche Burg des hohen Mittelalters.

Das Untere Schloss dient seit dem 19. Jahrhundert als Schulgebäude. Von 1983 bis 1989 wurden der Wohnturm und die Außenanlagen des Oberen Schlosses gründlich saniert. 1993 öffnete das **„Museum des Haager Landes"** seine Pforte im Turm. Es erstreckt sich über alle Stockwerke und vermittelt einen hervorragenden Überblick über die Geschichte des Haager Landes und seiner Burg.

Geschichtsverein Grafschaft Haag e.V.: Kirchdorferstraße 17, 83527 Haag · ✆ 08072/87 39 oder 84 89 · Hervorragende Internetpräsenz: www.museum-haag.de
Museum der Grafschaft Haag im Burgturm:
Pfingstmontag–Anfang Oktober Sa: 13.00–17.00 Uhr
während der Sommerferien eventuell auch So: 13.00–17.00 Uhr und nach Vereinbarung
· Zahlreiche Sonderveranstaltungen, z. B. Weinfest im Burghof jeweils 2. Augustwochenende
· Gasthof Hofgarten unterhalb des Burgturms, Hofgartenstraße 1

Stadt und Schloss Wasserburg am Inn

Pittoresk in einer engen Flussschleife gelegen und fast allseits vom Inn umflossen, hat sich Wasserburg sein spätmittelalterliches Stadtbild bis heute bewahrt. Von der „Schönen Aussicht" auf dem hohen Steiluferrand aus erschließt sich dem Betrachter zu seinen Füßen die „Perle am Inn", ein spätgotisches Gesamtkunstwerk. *(Abb. Seite 40)*

Mitte des 12. Jahrhunderts ließen sich die **Hallgrafen** an dieser strategisch günstigen Stelle nieder. Die Hall-(Salz-)Grafen überwachten die erste Wegetappe des bayerischen Salzes von Reichenhall nach München und richteten genau in der Schlinge des reißenden Gebirgsflusses eine Brücke und eine Mautstation ein. Der Salzstraße verdankte der im Schatten der Burg rasch aufstrebende Ort die Marktrechte (1201) und die Erhebung zur Stadt unter Kaiser Ludwig dem Bayern 1334. Bis 1506 besaß die Wasserburger **„Rote Brücke"** das alleinige Monopol des Salzzuges über den Inn. Stadt und Bürger profitierten davon. Die Burg wurde am höchsten Punkt des Stadtgeländes direkt über dem Inn errichtet. Gegen die Bürgerstadt war sie durch Tor und Graben abgeteilt. Vor ihr gegen Westen lag der „Hals", die engste Stelle zwischen den Inn-Armen. Sie war im Mittelalter nicht über 100 Meter breit. Nur hier war die Stadt „trockenen Fußes" zu betreten. Entsprechend schwer war der „Hals" befestigt. Ludwig der Bärtige ließ hier zwischen 1415 und 1420 ein mächtiges Vorwerk errichten.

Die Wasserburger Hallgrafen waren eines derjenigen Dynastengeschlechter, die den Wittelsbachern nach ihrer Einsetzung als bayerische Herzöge (1180) bewaffneten Widerstand entgegensetzten. 1247/48 stürmte Herzog Otto II. die Wasserburg, konnte sie aber erst nach 119 Tagen einnehmen. 1392 kam die Stadt an die Ingolstädter Linie des Herzogshauses. Im Bairischen Hausstreit von 1422 hielt sie den Geschossen der Widersacher stand: Von der Hofkammer genau abgezählte 1360 steinerne Kugeln prasselten aus Mörsern, Grobbüchsen und Katapulten auf Burg und Stadt Wasserburg nieder – vergebens. Nach monatelanger Belagerung zogen die Landshuter und Münchner Heerhaufen im Herbst 1422 unverrichteter Dinge ab. Die umfangreiche Neubefestigung der Stadt am Inn durch den Ingolstädter Herzog Ludwig den Bärtigen und der Einsatz der Bürger hatte sich gelohnt.

Im Landshuter Erbfolgekrieg öffnete man Ruprecht von der Pfalz 1504 die Tore. Das war der Falsche, denn Sieger des Ringens wurde bekanntlich Herzog Albrecht der Weise von München. Wasserburg musste hinfort auf das Brückenmonopol verzichten, das auf das flussaufwärts gelegene Rosenheim überging. Der Fernhandel ging daher drastisch zurück. Die Lage am Inn sicherte der Stadt aber noch ihre verkehrstechnische Bedeutung. Denn hier pflegte sich der Münchner Hof einzuschiffen, wenn es ins Passauische, Österreichische oder in die Kaiserstadt Wien ging. Inn und Donau bildeten eine der wichtigsten Wasserstraßen Europas. Wasserburg fungierte quasi als „Hafenort" für die Residenzstadt München.

Um den reiselustigen Hofstaat standesgemäß unterzubringen, ließ Herzog Wilhelm IV. die alte Burg von 1526 bis 1540 zu einem **„Fürstlichen Schloss"** umwandeln. Inmitten der älteren Befestigungen entstand der noch erhaltene spätgotische Kastenbau mit Stufengiebeln. Der ältere Bergfried bestimmte noch lange das Stadtbild. 1779 wurde er wegen Einsturzgefahr abgerissen. 1809 legte man die Spitzhacke auch an die Tore, verfüllte die Gräben und legte einen breiten Boulevard („Auf der Burg") quer durchs Burgareal.

Wegen des durchgehenden Straßenverlaufs durch den Vorhof und am Fürstlichen Schloss vorbei ist der ehemalige Zustand des geschlossenen Hofes gestört. Betreten wir die Stadt von der Landseite her, passieren wir zuerst auf der Innseite den herzoglichen Zehentkasten mit seinen Zinnengiebeln. Laut Inschrift wurde er 1526 erbaut, geht aber noch auf die Zeit Ludwigs des Bärtigen um 1420 zurück. In der gegenüberliegenden Häuserzeile fällt das heutige Vermessungsamt ins Auge. Beim Noderhaus hat sich noch ein Stück stadtseitiger Ringmauer mit gemauertem Wehrgang auf Wandpfeilern und ein Wehrturm erhalten. Die **Burgkapelle Sankt Ägidien** schließt sich an den Zehentstadel an. Sie ist gotisch, ihr spitzbehelmter Turm wurde 1475 vollendet. Das fürstliche Schloss ging 1932 an den Orden Maria Stern, der hier ein Senioren- und Pflegeheim einrichtete. Die Außenanlagen, darunter die schön gestaltete Terrasse über dem Fluss, können besichtigt werden. Das schmale hohe Gebäude an der stadtzugewandten Seite des ehemaligen Burggrabens ist die Michaelskapelle, eine gotische Doppelstockkirche von 1502. Im Gasthof Goldener Stern nahebei pflegte Familie Mozart auf ihren Reisen zwischen Salzburg und München zu übernachten. Wasserburg war Wechselstelle für Postpferde. Der steile Treppenabgang zur Stadtpfarrkirche hinab bringt uns zu Bewusstsein, dass die Burg auf der Hochkante liegt, von wo sich die ganze Stadt überblicken ließ.

Mittelalterliche Salzzüge rollten über die Rote Brücke durchs **Brucktor** in die Stadt. Seine heutige repräsentative Bauform erhielt es im 16. Jahrhundert. An der Innfront prangt unter der Uhr eine prachtvolle Renaissance-Wandmalerei: zwei Geharnischte mit dem bayerischen Landeswappen und dem Wasserburger Stadtwappen, darüber Jupiter auf einem Adler mit Szepter und Blitzen. Einmal in der Stadt, galt es im „Alten Mauthaus", gleich links hinter der Tordurchfahrt, Zoll zu berappen. Ein fein geschmückter Renaissance-Erker kennzeichnet das Haus. Später wurde die Mautstelle ein paar Schritte Richtung Marktplatz verlegt. Auch das „Neue Mauthaus" besticht durch einen Eckerker.

In den schöngewölbten Sälen des ehemaligen **Heilig-Geist-Spitals** unmittelbar neben dem Brucktor ist das „Imaginäre Museum" untergebracht, eine einmalige Privatsammlung von 500 Repliken bekannter Meisterwerke aus Graphik und Malerei von der Renaissance bis zur klassischen Moderne.

Der Weg zur „Schönen Aussicht" am südlichen Hochufer lässt sich verlängern zu einem Besuch des **Schlösschens Weikertsham**. Der auffällig turmartige Bau mit hohem Satteldach wurde im 16. Jahrhundert als Patriziersitz erbaut. Hohe Fenster und reiche Fassadenmalereien erwecken einen außerordentlich freundlichen Eindruck. Das vorbildlich renovierte Landschloss birgt einen Antiquitätenladen und bietet – sehr originell – *bed & breakfast*.

Stadt Wasserburg: Fremdenverkehrsamt Salzsiederzeile, 83512 Wasserburg ·
℡ 08071/10 522 www.wasserburg.de
Erstes Imaginäres Museum im Heilig-Geist-Spital:
Bruckgasse 2, 83512 Wasserburg · ℡ 08072/1 062
Di–So 13.00–17.00 Uhr
Städtisches Museum Heimathaus: Herrengasse 15, 83512 Wasserburg ·
℡ 08071/92 52 90
1. Mai–30. September außer Mo täglich: 10.00–12.00 Uhr; 13.00–16.00 Uhr
                              Sa, So: 11.00–16.00 Uhr
1. Oktober–30. April   Di–Fr: 13.00–16.00 Uhr
                              Sa, So: 13.00–15.00 Uhr
16. Dezember–31. Januar: geschlossen
Schloss Weikertsham: 83512 Wasserburg · ℡ 08071/51 338
                              Do–Fr: 14.00–18.00 Uhr
                              Sa: 11.00–16.00 Uhr
                              So: 14.00–16.00 Uhr

Die Burg in der Felswand: Höhlenburg Stein an der Traun

Die düstere Burg im Inneren der Felswand musste doch geradezu die Phantasie des Volkes herausfordern! Hier im feuchten Bauch des Nagelfluhgesteins über der Traun konnten nur Raubritter ihr Unwesen getrieben haben, lichtscheue Unholde, die sich mit ihrer Beute in die Dunkelheit der Höhle zurückzogen, um dort ihren Lastern zu frönen. *(Abb. Seite 40)*

Die Burgführer und Burgführerinnen von Burg Stein haben sichtlich ihren Spaß an all den Schauergeschichten, bezeichnen simple Kellergewölbe als *„Verliese störrischer Jungfern"* und raunen – während brennendes Zeitungspapier den 21 Meter tiefen Burgbrunnen hinabgleitet –, *„dass hier lästige Gefangene hinabgestürzt"* worden seien. Der Schluss der Führung ist zugleich der Höhepunkt. Über 80 beklemmende Meter windet sich ein rabenschwarzer Stollen hinauf, bis man endlich wieder im Tageslicht steht, droben auf dem Hochufer, neben sich den Turm der Oberen Burg und in der Ferne die Chiemgauer Berge.

Gruselgeschichten dieser Art sind ein typisches Produkt des bürgerlichen 19. Jahrhunderts, als man den Adel und das Feudalzeitalter endlich abgeschüttelt hatte und sich über mittelalterliche Raubritter, adelige Schnapphähne und Strauchdiebe lustig machte. Der Fall Heinz von Stein reicht aber noch weiter zurück. Standen nicht die ersten Steiner Burgherren in einem jahrhundertelangen Streit mit der Kirche und den umliegenden Klöstern?

Nach 1200 tauchten neue Burgbesitzer auf, die Herren von Törring. Aber auch sie setzten die klosterfeindliche Politik ihrer Vorgänger fort. Einer dieser Törringer hieß tatsächlich Heinrich, also Heinz. Die Steiner und die ersten Törringer waren skrupellos und mögen sich mit dem blanken Schwert kurzfristig ihr Recht erkämpft haben. Doch die Kleriker verfügten über die spitze Schreibfeder, und sie waren es, welche die Geschichte schrieben und die Tradition fortsetzten. Haben sie sich gerächt, indem sie ihre Gegner der Nachwelt exemplarisch als einziges Monster namens **„Heinz von Stein, der Wilde genannt"** präsentierten?

Die historische Realität ist weniger spektakulär. Natürliche Höhlen und vorspringende Felsdächer hat sich der Mensch schon früh als Schutz und Wohnstätte zunutze gemacht. Im Mittelalter waren Höhlenburgen – das heißt im Inneren wohnlich gestaltete, nach außen abgemauerte natürliche Felsengrotten – gar nicht so selten. Die Alpenländer liefern uns zahlreiche Beispiele. Im Voralpenland finden sich Höhlen in tief eingeschnittenen Flusstälern, wie hier in Stein im 50 Meter hohen Felsüberhang, der über der Traun aufragt. In der Mitte der Felswand ist eine massive Wehrmauer von 2,5 Meter Stärke eingelassen, die nur von dunklen Fenster- und Schießluken unterbrochen wird. Dahinter verbirgt sich ein **Labyrinth von Höhlen**, künstlich geschaffenen Gängen und Kammern. Über drei Etagen erstrecken sich die Gemächer, die in die Höhle hineingebaut oder direkt aus dem Fels herausgehauen sind.

Wer nun diese „archaisch" anmutende Burganlage irgendwie den finsteren Tiefen des frühen Mittelalters zuzuordnen glaubt, täuscht sich: Denn so wie sich die Höhlenburg und das darüber liegende „Obere Schloss" heute präsentierten, sind sie Bauwerke des 15. Jahrhunderts, also des ausgehenden Mittelalters. Auch waren befestigte Höhlen keineswegs Sitze von ärmeren Adeligen oder gar Strauchrittern und Räuberbanden. Ganz im Gegenteil, in Stein an der Traun residierten über 500 Jahre die **Törringer**, ein hochangesehenes urbayerisches Adelsgeschlecht. Wir sollten uns auch durch die heute kahlen und feuchten Wände nicht irritieren lassen. Durch Verputz, Holzvertäfelung und dicke Gobelins konnten auch Felsenkammern ansprechend gestaltet werden. Ein ausgeklügeltes System von Kaminen und Schächten sorgte für Luftzirkulation und Rauchabzug. Man bewertete den unschätzbaren Vorteil der Höhlenburg, nämlich im Belagerungsfall nur eine Seite verteidigen zu müssen, offenbar höher als den Wohnwert.

Burg Stein besteht aus drei voneinander topographisch abgesetzten Bau-Ensembles: Unteres Schloss, Höhlenburg und Oberes Schloss. Das **Untere** oder **Neue Schloss** ist aus der mittelalterlichen Vorburg hervorgegangen. Aus der Mitte des 16. Jahrhunderts stammen die hübsch bemalten Renaissancebauten, von denen sich die „romantischen" Gebäude im englischen Stil der Tudorgotik von 1885/1886 deutlich unterscheiden. Seit 1948 ist in dem ganzen weitläufigen Komplex eine Privatschule untergebracht, weswegen man zwar die Höfe durchstreichen, aber nicht die Räume betreten darf.

Die gotische **Schlosskapelle** steht direkt am Fuß der Felswand (Schlüssel in der Schule oder beim Führer). 1457 wurde sie in der heutigen Form geweiht, 1522 erneuert. Neuerdings freigelegte Fresken weisen auf ein höheres Alter hin. Hinter der Kirche ragt, an die Felswand angelehnt, ein Rundturm aus 2 Meter starkem Quaderwerk auf, der die Funktion des Bergfrieds übernahm. Über den Dächern des Unterschlosses erhebt sich die graue, 25 Meter hohe und 35 Meter breite Frontmauer der Höhlenburg unter einem schmalen Pultdach, etwas aufgelockert durch eine farbige Sonnenuhr.

Der Zugang zum **dreistöckigen Höhlensystem** erfolgt vom Innenhof des Unteren Schlosses aus über eine hölzerne, vier Meter hoch steigende Treppe. Ein enger Wendelgang führt weiter hinauf ins erste Stockwerk und in einen Wehrgang hinein. Drei Schießkammern mit paarweise angeordneten Schlüsselscharten weisen auf Hakenbüchsen des späten 15. Jahrhunderts hin. Darüber erstreckt sich das eigentliche Wohngeschoß, das **„Felsenschloss"**, das aus sechs verschieden großen, durch Zwischenmauern getrennten Kammern und „Sälen" besteht. Der Brunnenschacht am nördlichen Ende des Wohntrakts reichte bis zur Sohle der Traun hinab.

Auf dem Plateau über dem Felsenschloss und mit diesem durch den schon genannten Felsengang verbunden, steht das **Obere Schloss** oder **„Hochschloss"**, ein dreistöckiges Turmhaus mit angebautem gleich hohen Rundturm und spätgotisch eingewölbten Innenräumen. Interessant sind zwei Walzenscharten am Rundbau, Schießscharten mit eingebauter drehbarer Holzwalze, durch deren Öffnung der Lauf einer Haken- oder Wallbüchse gesteckt werden konnte (um 1500). Ein mächtiger Erdwall mit vorgelagertem Graben umgibt das Hochschloss halbkreisförmig gegen die Hochebene. Er zeugt von der ursprünglichen hochmittelalterlichen Burganlage um 1100. Die seltsamen Rundtürmchen im äußeren Burghof des Oberschlosses sind übrigens neuere Entlüftungsschächte für die darunter liegenden Bierkeller der **Brauerei Stein**, in deren Eigentum sich das gesamte Areal der Höhlenburg und des Oberen Schlosses befindet.

Den ersten historischen Hinweis auf die Burg in der Höhle liefert ein Codex aus dem Jahr 1170. Hier wird ein *„Dominus Walchoun de in Staine"* genannt, also ein Herr namens Walchoun von im Stein. Und wir können diese erste, hochmittelalterliche Höhlenburg im Komplex des heutigen Felsenschlosses sogar noch lokalisieren. Es handelt sich um die innersten zwei Räume, die von einer eigenen Wehrmauer mit romanischem Rundportal abgetrennt sind. Im Schein der Taschenlampen erkennt man eine dicke Ruß- und Brandschicht an ihren Wänden. Kein Wunder, wurde diese erste Höhlenburg doch in einer Fehde der Törringer mit den Reichsfreiherren von Haag 1435 erstürmt und „ausgebrannt". Im 13. und 14. Jahrhundert traten schwere Querelen zwischen dem Herzogtum Bayern und dem mächtigen Erzstift Salzburg auf, die gegenseitig Anspruch auf den Chiemgau erhoben und vor Waffengängen nicht zurückschreckten. Schließlich wurde das Land entlang der Alz geteilt, doch blieben zahlreiche Unklarheiten bestehen.

Höhlenburg Stein

Für Stein ergab sich die merkwürdige Rechtskonstruktion, dass das Felsen- und Hochschloss salzburgisch war, die untere Burg jedoch bayerisch. Bis zur Mitte des 15. Jahrhunderts bestand diese Grenzlage, erst seitdem ist auch das Territorium entlang der Traun bayerisch.

In der zweiten Hälfte des 15. Jahrhunderts erfolgte dann der Ausbau der Höhlenburg in ihrer heutigen Dimension. Auch das Hochschloss wurde in dieser Zeit gotisch umgebaut. Schon kurz nach der Fertigstellung der Mauern erfolgte die erste Bewährungsprobe im bayerisch-pfälzischen Erbfolgekrieg. Im Oktober 1504 schloss das kaiserliche Heer Stein ein und forderte die Übergabe der Burg. Doch die Törringer weigerten sich, obwohl die gesamte Untere Burg in Flammen aufging, ja sie „*trompeteten stolzmütig*", wie eine zeitgenössische Chronik berichtet, „*und schossen in hohem Bogen Kanonenkugeln heraus*". Die Nuss war zu hart: Nach zwölf Tagen zogen die Belagerer ab.

Adam II., der in den Freiherrenstand aufstieg, erbaute das Untere Schloss im Stil der Renaissance neu und ließ 1565 noch einmal die Höhlenburg und das Hochschloss renovieren (Jahreszahl unter der Sonnenuhr). Fraglich ist, ob das Felsenschloss damals wirklich noch ganzjährig bewohnt war oder ob es nicht bereits hauptsächlich als gut gesichertes Lager und Speicher diente. Für diese Funktion wurde es bis ins 19. Jahrhundert hinein immer notdürftig in Schuss gehalten. Seit dem 17. Jahrhundert residierten die Schlossherren vorwiegend im neuen Unterschloss. Die Obere Burg wurde wegen Baufälligkeit verlassen. Auf die Herrschaft der Törringer folgten ab 1666 die Grafen Fugger von Kirchberg und die Barone von Lösch. Brauerei und Poststation – heute Gasthof Post – garantierten einen gewissen Wohlstand der Hofmark Stein.

Das Hochschloss wurde 1986–1988 renoviert und wird seitdem für kommunale und kulturelle Zwecke genutzt. Bis 1993 zog sich die Sanierung der Höhlenburg hin. Frostrisse und Wassereinbrüche stellten die Denkmalpfleger vor schwierige technische Probleme, die jedoch gelöst wurden, so dass die größte Höhlenburg Deutschlands von Interessierten besucht werden kann.

Stein an der Traun: Verkehrsamt 83301 Traunreut · ✆ 08669/857-101
Führungen (1 h) ab 10 Personen an der Tordurchfahrt zum Unteren Schloss:
Ostern–31. Mai außer Mo: 13.30 Uhr
1. Juni–30. September: 13.30 und 15.00 Uhr
Oktober: Di, Do, Sa u. So: 13.30 Uhr
· Gasthof zur Post in Stein
· Bräustübl im Kloster Baumburg

GIPFELBURG HOHENASCHAU UNTER DER KAMPENWAND

Im 12. Jahrhundert, der hohen Zeit des Mittelalters, beobachten wir ein besonderes Phänomen: Burgen werden nun zunehmend auf hohen Bergen und fast unzugänglichen Felszacken gebaut, fernab von Städten und dörflichen Siedlungen. Ein neues adeliges Selbstbewusstsein kam damit zum Tragen, nämlich „Darüberstehen", „Sehen-und-gesehen-Werden". Strategische Überlegungen spielten demgegenüber eine untergeordnete Rolle. Wichtiger war das Prestige, oben zu sein, „abgehoben" über Bauern und Bürgern. Für diesen Status nahmen Grafen, Edelfreie und der neue Ritterstand viel in Kauf: steile Wege, Wind und Wetter und abgestandenes Regenwasser aus Zisternen. *(Abb. Seite 40)*

Hohenaschau ist das Idealbild einer Gipfelburg. Sie krönt einen allseitig steil abfallenden Kalkkegel, der unvermittelt aus dem Talboden der Prien emporsteigt. Doch seine bloß 200 Höhenmeter ermöglichten einerseits die Versorgung der Burg ohne übertriebene Schwierigkeiten, garantierten andererseits eine repräsentative „hochherrschaftliche" Lage mit weitem Blick. Die Burg ist daher auch seit ihrer Entstehung im 12. Jahrhundert bis heute durchgehend bewohnt geblieben, während allzu kühn auf Bergeshöhen angelegte Bauten zwar einen dramatischen Anblick boten, jedoch spätestens im 15. oder 16. Jahrhundert zugunsten bequemerer Wohnstätten im Tal verlassen wurden und verfielen.
Seit dem 10. Jahrhundert festigten die Salzburger Bischöfe ihre Herrschaft im Chiemgau und im Priental und beauftragten ihre weltlichen Vasallen, darunter die Herren von Aschau, Burgen zum Schutz ihres Herrschaftsgebiets zu errichten. In diesem Zusammenhang entstand die Burg über dem älteren Ort Aschau in der zweiten Hälfte des 12. Jahrhunderts. Die alte Burganlage ist im Grundplan noch gut zu erkennen. Die ovale Ringmauer folgte dem natürlichen Gipfelplateau und umschloss einen 50 Meter langen Burghof. Der quadratische **Bergfried** war eher ein Wohnturm. Mit 10 Metern Seitenlänge und 2,10 Metern Mauerstärke zählt er zu den mächtigsten Burgtürmen des deutschen Mittelalters. Im Jahre 1251, also gut 100 Jahre nach der Erbauung, wird Hohenaschau als wittelsbachisches Lehen bezeichnet, ist also in den Lehensverband des bayerischen Herzogtums übergegangen. Auf dem Erbweg gelangten 1383 die **schwäbischen Freiherren (später Grafen) von Freyberg** in den Besitz der Burg. Für die nächsten 250 Jahre sollte dieses aufrührerische

Rittergeschlecht die Geschicke der Burg und ihrer Umgebung bestimmen. Den Herzögen dienten die Freyberger auf Hohenaschau als Pfleger, Richter, Forstmeister und Heerführer. Der berühmteste ihrer Vertreter war **Pankraz von Freyberg**, der die Herrschaft von 1535 bis 1565 ausübte. Er war ein moderner Renaissance-Fürst, der neben der Kunst die Wirtschaft und den Handel förderte, die Brauerei gründete und Märkte abhielt. Auf seine weitblickende Initiative hin wurde am Hammerbach 1546 eine **Eisenhütte** errichtet, die aus den umliegenden Bergwerken mit Erz beschickt wurde. Für drei Jahrhunderte war die Aschauer Eisenhütte das bedeutendste Metall verarbeitende Werk im Herzogtum Bayern und lieferte Eisenöfen, Sensenblätter, Werkzeuge, Nägel und Beschläge. Nicht nur die Schlossherren profitierten von dieser frühen Industrialisierung, sondern auch die Bevölkerung, die in Lohn und Brot gesetzt wurde. Bis 1879 wurde die Produktion aufrechterhalten.

Pankraz steckte die Gewinne der Montanindustrie in den kunstvollen Aus- und Umbau seiner Burg und beschäftigte damit für Jahrzehnte Hunderte von Taglöhnern und Steinbrechern und Dutzende von Facharbeitern, Maurern, Malern und Zimmerleuten. Bis zu seiner Zeit war Hohenaschau eine mittelalterliche Burg gewesen, jetzt wandelte es sich zum repräsentativen Hochschloss. Der berühmte Münchner Baumeister Wilhelm Egkl gestaltete die Wohntrakte, die sich an die alte Ringmauer anlehnten, im Stil der Renaissance neu und legte im Vorfeld Rondelle für schwere Geschütze und 1561 das „Rittertor" an.

1610 ging die Herrschaft Aschau an die **Barone von Preysing** über, eines der bayerischen Uradelsgeschlechter. Sie waren loyale Gefolgsleute der Kurfürsten und stellten auch viele geistliche Würdenträger. Unter ihnen entstand die **Schlosskirche zur Heiligsten Dreifaltigkeit** im Stil des gegenreformatorischen Jesuiten-Barocco. Nachdem sie 1664 in den Reichsgrafenstand aufgenommen worden waren, ließ Johann Max II. die Burg von 1672 bis 1686 aufwändig im neuen Gewand barockisieren. Als sichtbares Zeichen der Standeserhöhung erfuhr der alte Bergfried noch eine Erhöhung um 12 Meter und wurde neu bedacht. Die Bauleitung übertrug der Schlossherr dem berühmten Baumeister Enrico Zuccalli, der auch den schönen Ahnensaal mit seinen lebensgroßen Figuren gestaltete. Der helle Festsaal, der heute für Konzerte genutzt wird, stellt ein hervorragendes Zeugnis barocker Kultur und Lebensfülle dar.

Das nächste, das 18. Jahrhundert, brachte jedoch Unheil. Während des Spanischen Erbfolgekriegs drangen im Sommer 1704 österreichisch-habsburgische Truppen über die tirolischen Alpenpässe nach Bayern ein. Gnadenlos beschossen sie eine Woche lang die hoch gelegene Burg mit schweren Kalibern und räumten sie nach der Kapitulation vollständig aus. Die Preysing verließen daraufhin ihr Schloss im Priental und zogen in das 1730 fertig gestellte Preysing-Palais in München um, das heute der HypoVereinsbank als Hauptverwaltung dient. Während des österreichischen Aufstands gegen Napoleon und die mit ihm verbündeten Bayern 1809 plünderten tirolische Freischaren Hohenaschau aus und verwüsteten die Inneneinrichtung.

So war es ein Glücksfall, dass das arg mitgenommene Schloss im Jahr 1875 in die Hände der **Großindustriellen-Familie Cramer-Klett** überging. Als erfolgreiche Gründer der Maschinenfabrik Augsburg-Nürnberg (MAN) verfügten sie über ausreichende Mittel, das Schloss 1905 bis 1908 umfassend wieder herzurichten. Ein technisches Denkmal ist die elektrische Drahtseilbahn, die seitdem vom Tal hinauf zum neu geschaffenen Kavaliersbau führt. Auch der hydraulisch betriebene Fahrstuhl, den die Cramer-Kletts einbauen ließen, war zu dieser Zeit ein einmaliges Zeichen des technischen Fortschritts. Seit 1942 Staatsbesitz, wird die Burg heute als Ferienwohnheim der Bundesfinanzverwaltung genutzt. Besonderer Beliebtheit, wie man denken könnte, erfreut sich die Burg bei den Finanzern übrigens nicht. Kein Wunder, sind die Zimmer doch recht spartanisch eingerichtet und herrscht Selbstversorgung in der Gemeinschaftsküche!

1988 öffnete das **Prientalmuseum** in der Vorburg seine Pforten. Es zeigt die Entwicklung der Herrschaft Hohenaschau unter besonderer Berücksichtigung der Montanindustrie. Nostalgisch wirkt das „Burglad'l", ein origineller Kramerladen aus dem Jahr 1900. Führungen ermöglichen den Zugang zu den Hauptsehenswürdigkeiten der Burg. Ein Geheimtipp sei noch verraten: Den umfassendsten Blick auf den gesamten Burgkomplex bietet eine Fahrt mit der Seilschwebebahn von Aschau hinauf zur Kampenwand. Man braucht diese 1668 Meter hohen Felszacken nicht unbedingt zu ersteigen, sagt doch der Bayer: „*I gang so gern auf d'Kampenwand, wann I mit meiner Wampen kann't*".

Aschau: Kurverwaltung, 83229 Aschau im Chiemgau · ℅ 08052/90 49 937
Führungszeiten durch die Burg:
April und Oktober: nur Donnerstag 9.30; 10.30; 11.30 Uhr
Mai–September: Di bis Fr, selbe Zeiten
Achtung: Am Wochenende generell kein Zugang!
Prientalmuseum und Burglad'l: auch am So von 13.30–17.00 Uhr geöffnet

DIE KÖNIGSSCHLÖSSER VON HERRENCHIEMSEE: EINE VISION VON VERSAILLES

Der Chiemsee am Fuß der Alpen ist Bayerns größter See. 80 Quadratkilometer dehnt sich die Fläche des „Bayerischen Meeres" aus, 74 Meter misst seine grösste Tiefe. Seine Umgebung ist eine Ideallandschaft aus Bergen, Seen, Hügeln und Ried. Kelten, Römer und Bajuwaren siedelten hier, und im Mittelalter entstand an seinen Gestaden eine Fülle von sakralen und profanen Kunstdenkmälern. Hohe Anziehungskraft übten die zwei Inseln aus: die Fraueninsel, benannt nach dem dortigen Nonnenkloster, und die größere Herreninsel mit dem Augustiner-Chorherrenstift. König Ludwig II. wählte die „Herrenwörth" aus für seinen Prachtbau, das „Bayerische Versailles" Herrenchiemsee. *(Abb. Seite 76/77)*

Der Klosterbau und die Basilika der **Augustiner-Chorherren** entstanden um 1130. Unterstellt waren sie dem salzburgischen Erzbistum, doch die weltliche Vogtei übten die bayerischen Herzöge aus. Im Laufe der Jahrhunderte entstand ein weitläufiger Klosterkomplex, der im 15. Jahrhundert im Stil der Gotik und im 17. Jahrhundert barock umgestaltet wurde. Das barbarische Ende kam mit der Säkularisation 1803. Die Domkirche wurde zum Bräuhaus umfunktioniert, Türme und Seitenkapellen niedergerissen, die Gruft als Bierkeller verwendet. Nur vor dem Ostflügel des Klostertrakts, der im 17. Jahrhundert barock umgebaut worden war, machte die Spitzhacke Halt. Beschönigend nannte man den Baurest „Schloss", um ihn weiter an Bierbrauer und Holzhändler verscherbeln zu können. Immerhin blieben wenigstens der 1700 ausgeschmückte Kaisersaal und der Bibliothekssaal mit frühem Rokokodekor bestehen.

1873 erwarb **König Ludwig II.** die gesamte Insel mit den ehemaligen Klostergebäuden und ließ sich dort Privaträume einrichten. Schwermut und der Drang nach Einsamkeit, aber auch der Wunsch, dem weiteren Raubbau an der Insel Einhalt zu gebieten, hatten ihn dazu bewogen. Und dazu kam ein anderer Gedanke: der Bau eines „Neuen Schlosses". Seit 1878 liefen die Bauarbeiten dazu, das frühere Kloster heißt seither **„Altes Schloss"**.

Im königlichen Speisesaal im Konventstock des Alten Schlosses tagte im August 1948 der Verfassungskonvent zur Vorbereitung des Grundgesetzes der Bundesrepublik Deutschland (Inschriftafel an der Ostseite). Die Baulichkeiten sind als Museum zugänglich. Das 1737 bis 1740 erbaute

Klosterseminar überlebte bis 1900 als Getreidespeicher. Heute befindet sich dort das Schloss-Restaurant mit schöner Terrasse, das sich direkt über dem Landungssteg erhebt.

Etwa im Mittelpunkt der Insel ließ Ludwig II. sein **Neues Schloss** Herrenchiemsee errichten. Die Bauarbeiten zogen sich von 1878 bis 1885 hin. Fasziniert vom absoluten Herrschertum des französischen Sonnenkönigs Ludwig XIV. (1643–1715) sollte Schloss Versailles als das große Vorbild für den bayerischen Monarchen dienen. Zwei Mal, 1867 und 1874, hatte er selbst diese gewaltige barocke Schlossanlage nahe Paris studiert. Nach mehrfachen Projekten und Planungsänderungen wurde im Mai 1878 der Grundstein gelegt. Der Bau sollte Versailles nicht detailgetreu kopieren, sondern „in Anlehnung" daran entstehen.

Der Gedanke, ältere Baustile nachzuahmen, war dem industrialisierten 19. Jahrhundert keineswegs fremd. Auf den Klassizismus der Napoleon-Ära folgten in der Architektur Romantik und Historismus. Romanik und Gotik feierten als Neo-Romanik und Neugotik in Domen und Kirchen fröhliche Wiederkehr. Reiche Bürger bauten ihre Villen im Neo-Renaissance-Stil und Fabriken wurden als altdeutsche Ritterburgen verkleidet. Künstler und Architekten vermengten alle möglichen Stilelemente. König Ludwigs „historizistische" Bauwerke wie das neubarocke Herrenchiemsee fielen also nicht aus dem Rahmen des zeitgenössischen Kunstempfindens. Nach Neuschwanstein (begonnen 1869) und Linderhof (1870) sollte Herrenchiemsee die Krönung der **Schlösser-Trilogie** bilden. Wie alle seine Bauvorhaben dienten sie nicht der Hofhaltung, sondern der Staffage, ja als Bühne seiner eigenen Person. Möglichst weit von den realen politischen Alltagsgeschäften entfernt, versuchte der König in die Scheinwelt der absoluten Monarchie, die seit 150 Jahren nicht mehr bestand, zu entfliehen.

Trotz der Schwierigkeiten des Transportweges über den See und schwankender Fundamente war bereits 1883 der Rohbau fertig gestellt. Ludwig unternahm dazu nächtliche Inspektionstouren per Gondel. Auch der Innenausbau ging zunächst zügig vorwärts. In vier Jahren wurden das Treppenhaus, die Parade- und die Wohnräume kostbar ausgestattet. Die gesamte Anlage konzentrierte sich, wie in Versailles, auf das allerhöchste Schlafzimmer hin.

Dahinter dehnt sich der 98 Meter lange **Spiegelsaal** aus, in den Dimensionen größer als sein Vorbild, die *Galerie des Glaces* in Versailles. 17 großformatige Spiegel warfen das Licht von 1848 Kerzen auf 44 Kandelabern und 33 Lüstern in den Raum und durch die Fensterfront. In mancher Hinsicht wurde das französische Königsschloss sogar noch weiter übertroffen: So ist vieles, was in Versailles bereits zerstört oder verloren war, nach alten Stichen und Gemälden rekonstruiert worden, wie die *Escalier des Ambassadeurs* (die Gesandtentreppe).

Auch das **Paradeschlafzimmer** fiel weitaus prächtiger aus als das des Sonnenkönigs. Das 3 mal 2,6 Meter messende Bett unter dem Baldachin aus rotem Samt, der verschnörkelte Waschtisch und die Toilettengarnitur waren übrigens nie für den realen Zweck konzipiert worden, sondern sollten das französische Hofzeremoniell symbolisieren. Für sich selbst ließ Ludwig ein „blaues Appartement" als Ruheraum herrichten. Es gleicht einer Art Einliegerwohnung innerhalb der Prunk- und Schauräume.

Eingelegte Fußböden, geschnitzte Vertäfelungen, Stuckverkleidungen, Vergoldungen, Wand- und Deckengemälde, Skulpturen und Möbel zeugen von der verschwenderischen Prunkliebe des bayerischen „Märchenkönigs", zu der er die besten Kunsthandwerker seiner Zeit heranzog. Zur Anwendung kamen, wie in Neuschwanstein, auch modernste Techniken, wie das Glasdach mit Stahlkonstruktion über dem Gala-Treppengang und das beheizbare runde Badebecken. 1885 sperrte die Regierung dem Monarchen die Kabinettskasse, woraufhin die Arbeiten abrupt eingestellt wurden. Der tragische Tod des Königs im nächsten Jahr bedeutete das endgültige Ende für das gewaltige Bauunternehmen. Lediglich eine Woche, vom 7. bis zum 16. September 1885, hatte der König in diesem seinem prächtigsten Palast verbracht. Von zwei Seitenflügeln wurde einer, der im Rohbau stand, 1907 abgerissen. Das Schloss ist also ein Torso geblieben.

Bereits 1888 wurden Schloss und Park der Öffentlichkeit freigegeben. Die 20 fertig gestellten Räume sind zugänglich. 70 waren geplant. Alle anderen Räumlichkeiten wurden im Rohbauzustand belassen. Das Prachttreppenhaus führt in die im 1. Obergeschoß befindlichen **Paraderäume** mit Vorzimmern, ins allerhöchste Schlafzimmer, die Beratungsräume unter einem Monumentalgemälde Ludwigs XIV., in die Spiegelgalerie und den Kriegs- und Friedenssaal. Der Ochsenaugensaal wird bestimmt von der Reiterstatuette des Sonnenkönigs mit Marschallstab auf sich aufbäumendem Pferd. Im Speisezimmer steht – wie in den anderen Königsschlössern Ludwigs – das „Tischleindeckdich", der versenkbare Tisch, auf dem ihm die Speisen gereicht wurden, ohne dass der menschenscheue König seiner Lakaien ansichtig werden musste. Der König unterhielt sich bei Tisch imaginär mit Ludwig XIV. und seinem Kreis. Ein mit 108 Lichtern beladener Lüster aus Kristallen und Porzellan sollte diese bizarre Szene beleuchten.

Im unausgebauten Erdgeschoß ist seit 1986 das originelle **König-Ludwig-Museum** untergebracht. Es verfolgt den Lebensweg des Königs und zeigt Gegenstände aus seinem privaten Nachlass (darunter die Totenmaske des Ertrunkenen), Möbel, Modelle, Sonderanfertigungen aus Meissener Porzellan sowie Graphiken und Pläne zu den ausgeführten und noch geplanten Schlossbauten des Königs.

Die neubarocke Parkanlage sollte sich ursprünglich über die gesamten 230 Hektar der Insel erstrecken, aber nur die direkte Sichtschneise vom Schlafzimmer und vom Spiegelsaal aus orientieren sich noch an Versailles. Hier sind Rasenflächen, Wege, Fontänen, Hecken und Blumenrabatten streng geometrisch angeordnet. Vom See führt der gerade Kanal zum **Latona-Brunnen**, dessen Wasserspiele seit 1994 wieder im Turnus von 15 Minuten in Betrieb sind. Die übrige Insel ist ein Naturpark mit Mischwaldbeständen, Viehweiden und Obstwiesen, der von schönen Wanderwegen durchzogen ist. Mindestens zwei Stunden sollte man dazu veranschlagen. Radfahren ist übrigens untersagt. Wer tief in die Geschichte eintauchen will, entdeckt am Steilufer im Süden der Insel noch ausgedehnte keltische Ringwälle.

Schloss und Gartenverwaltung Herrenchiemsee:
83209 Herrenchiemsee · ℂ 08051/68 87-0 und 0851/30 69
Altes Schloss:
1. April–3. Oktober: 9.00–18.00 Uhr
4. Oktober–31. Oktober: 10.00–17.00 Uhr
1. November–31. März: 10.00–16.00 Uhr
Mitte April–Oktober Kutschfahrten zum Neuen Schloss (15 Min.), zu Fuß 20 Min.
Neues Schloss: Führungen (30 Min.):
1. April–3. Oktober: 9.00–17.15 Uhr
4. Oktober–31. Oktober: 9.40–16.40 Uhr
1. November–31. März: 9.40–15.40 Uhr
König-Ludwig-Museum:
1. April–3. Oktober: 9.00–18.00 Uhr
4. Oktober–31. Oktober: 10.00–17.45 Uhr
1, November–31. März: 10.00–16.45 Uhr
Wasserspiele im Park: 1. Mai–3. Oktober im 15-Minuten Takt
· Hotel-Restaurant Altes Schloss
· Café Ludwig im Neuen Schloss
· Festspiele
· Konzerte

Ein „gemütlicher" Edelsitz: Amerang im Chiemgau

Vor der Kulisse der Chiemgauer Berge inmitten einer sanft gewellten Moränenlandschaft gelegen, umgeben von Wäldern, Wiesen und kleinen Seen, bietet das Landschloss Amerang das Bild eines typischen altbayerischen Edelsitzes.

Doch mit der Idylle wäre es beinahe vorbei gewesen, als sich 1992 Sprünge und Risse im Mauerwerk dramatisch verbreiterten und Schlossteile buchstäblich den Hang hinabzurutschen drohten. Durch zügig eingeleitete denkmalpflegerische Schritte konnte das Bauwerk gesichert und wieder der Öffentlichkeit zugänglich gemacht werden. *(Abb. Seite 75)*

Auf dem steilwandigen Schotterkegel, der auf drei Seiten durch natürliche Bachschluchten geschützt ist, erhob sich bereits im 11. Jahrhundert eine Burg. Vermutlich war dies eine einfache Holz-Erde-Konstruktion, die durch den erst vor 100 Jahren zugeschütteten Halsgraben vom Hügelrücken abgetrennt war.

Archäologische Sondierungen weisen auf eine erste steinerne Bauphase im späten 12. und im 13. Jahrhundert hin. Damals umschloss bereits die Ringmauer das kleine Areal auf dem Hügelsporn. Ein ergrabenes romanisches Portal und das Fundament des Bergfrieds weisen in diese Zeit. Das Gewölbe und zwei Geschoße dieses Turms stecken noch im Osttrakt. Ursprünglich ragte er hoch über den Hof und das Umland hinaus, wurde aber im 19. Jahrhundert auf die Höhe der ihn umgebenden Wohngebäude abgetragen.

Im 14. Jahrhundert folgte das Geschlecht der **Laiminger** als Schlossherren und Besitzer der Hofmark Amerang. Sie wandelten die alte Burg gegen Ende des 15. Jahrhunderts in einen spätgotischen Wohn- und Wehrbau um. Da die Umfassungsmauern dem unregelmäßigen, natürlichen Rand des Hügelplateaus folgen, existiert, wie die Burgführer betonen, im gesamten Gebäudekomplex mit den 40 Innenräumen kein rechter Winkel. An der Nordseite befindet sich über einem Gewölbe mit Mittelpfeiler die gotische **St.-Georgs-Kapelle**. Der Altarraum geht in einen Außenerker über, der auf zwei behauenen Granitblöcken ruht. Die Kapelle wurde 1513 neu eingeweiht, die heutige Ausstattung ist barock. Aus gotischer Zeit stammen auch die Kellergewölbe aus behauenem Tuffstein, die „Drei-Säulenhalle" und der „Alte Tiefkeller", die gastronomisch genutzt werden.

1497 war die Schlossherrschaft durch Heirat auf Hans della Scala übergegangen. Die **Familie der Scala** oder der **Scaliger** stammte aus Oberitalien und stellte im 14. Jahrhundert die mächtigen und kunstsinnigen Stadtherren von Verona. Nach schweren Kämpfen mit den Mailänder Visconti und Venedig zog sich der übrig gebliebene Teil der Scaliger nach Bayern zurück und erlangte dort hohe Ämter. In Deutschland nannten sie sich „von der Layter" und führten eine Leiter (ital. scala) in ihrem Wappen. Hans Warmund von der Layter (1544–1592) schuf den reizvollen **Arkadenhof**, für den Amerang berühmt ist. Im Erdgeschoß wurde ein Laubengang vorgesetzt und auf diesen dann zweigeschoßige Arkaden aufgestockt, die den Hof dreiseitig in einem unregelmäßigen Trapez umgeben. Dadurch verkleinerte sich die Freifläche des Innenhofs auf intime 170 Quadratmeter. Den Hof bestimmt ein malerisches Erkertürmchen mit achteckiger Zwiebel. Der Laubengang besteht aus Kreuzgewölben, die auf kräftigen Säulen mit nachgeahmten romanischen Würfelkapitellen ruhen. Die Säulen der Obergeschoße leuchten in rotem Marmor. Diese Baumaßnahmen dürften um 1570 erfolgt sein. Auf jeden Fall handelt es sich beim **Ameranger Loggienhof** um einen der ersten offenen Renaissance-Innenhöfe nördlich der Alpen.

Die nächsten Besitzer waren die niederösterreichischen Grafen Lamberg, die trotz ihres Reichtums nur wenig im Schloss veränderten. Auf ihre Initiative geht das Glockentürmchen auf dem Ostdach zurück.

Seit 1821 bewohnen die **Reichsfreiherren von Crailsheim** Schloss Amerang, ein im Fränkischen seit 1221 beurkundetes Adelsgeschlecht. Sie betreiben eine moderne Land- und Forstwirtschaft und verwandelten das Schloss zu einem Kulturzentrum.

Seit 1964 finden im Loggienhof stimmungsvolle Sommerkonzerte statt. Die Akustik wird gerühmt. Gut auch zu wissen, dass der Hof regensicher abgedeckt werden kann! Interessierte werden durch die Salons und den mit Jagdtrophäen geschmückten Rittersaal geführt. Am Südhang des Schlossberges hat der vormalige Besitzer Krafft von Crailsheim vor 50 Jahren den Grundstock zum **„Arboretum"** gelegt, einer hochinteressanten Sammlung von Bäumen aus allen Erdteilen.

In unmittelbarer Nähe des Schlosses befinden sich noch zwei weitere Museen: Das vom Bezirk Oberbayern betriebene Bauernhofmuseum Amerang und das Automobilmuseum, das 220 deutsche Kraftfahrzeug-Klassiker seit 1886 zeigt.

Schloss Amerang: 83123 Amerang · ℂ 08075/91 92-0
Führungen:
Pfingsten-September (Di–So): 11.00; 12.00; 14.00; 15.00; evtl. 16.00 Uhr

Erst Kloster, dann königlicher Sommersitz: Schloss Tegernsee

Eingerahmt von Bergen, mit herausgeputzten Orten am Ufer, ist der Tegernsee ein landschaftliches Juwel im bayerischen Oberland. Vom Schiff aus erschließt sich auch die kulturelle Bedeutung des Tegernseer Tals. Über 1000 Jahre lang war dies die Terra Benedictina, das Land der Benediktiner. Im 19. Jahrhundert folgten die bayerischen Könige, und mit ihnen entstand ein blühender Fremdenverkehr. Das herzogliche Brauhaus hat verdientermaßen seinen Anteil daran. *(Abb. Seite 73)*

Im 8. Jahrhundert übernahmen die aus St. Gallen kommenden **Benediktiner** die Missionierung und Kultivierung des seenreichen bayerischen Alpenvorlandes, wo sich bis dahin Wölfe, Füchse und Bären gute Nacht gesagt hatten. Schon bald reichte der Einfluss ihrer Abtei weit über den bayerischen Raum hinaus. So ist das Kloster St. Pölten eine tegernseeische Gründung.
Die erste Steinkirche wurde 1041 geweiht. Sie dürfte zu den größten Sakralbauten der damaligen Zeit gezählt haben. 1193 erlangte Tegernsee den Status eines unmittelbaren Reichsklosters. Der Tegernseer Abt stand damit allen altbayerischen Benediktinerklöstern vor. Im späten Mittelalter hingegen waren die Zeichen des Verfalls nicht mehr zu übersehen. „Unwürdige Äbte" und disziplinlose Mönche ließen die Regeln des heiligen Benedikt in Vergessenheit geraten. Erst Ende des 15. Jahrhunderts war die Krise zu Ende. Unter Abt Konrad Airinschmalz wurde die Stiftskirche um 1480 gotisch umgebaut. Im Jahr 1500 rühmte sich das Kloster der größten Bibliothek Europas und zog von überall her adelige und bürgerliche Schüler an.
Ihre heutige Barockgestaltung erhielt die **Klosterkirche** von 1684 bis 1688. Hans Georg Asam stuckierte den Bau und versah ihn mit Fresken. Seine Söhne, die später hochberühmten Gebrüder Egid Quirin und Cosmas Damian Asam schickte der Tegernseer Abt zur Ausbildung nach Rom. In der Barockzeit bestand das Kloster aus zwei umfangreichen vierflügeligen Baukomplexen, die einem Idealplan Enrico Zuccallis folgten. Den Rekreationssaal (heute „Barocksaal") schmückte Johann Baptist Zimmermann aus.
1803 war es mit der Prälatenherrlichkeit vorbei, als die Säkularisation hereinbrach. Gebäude, Liegenschaften und das bewegliche Inventar ka-

men unter den Hammer. Kloster und Kirche wurden zu einem Preis verscherbelt, den allein das Kupfer der Dächer wettmachte. 15 Mönche legten zusammen und erwarben das westliche Gebäudegeviert, das sie noch bis zum Tod des letzten, des 63., Abtes im Jahr 1810 bewohnten. Dann wurde dieser Gebäudeteil auf Abbruch verkauft. Erhalten hat sich der Brauereiflügel des 17. Jahrhunderts und der Konventsbau (heute Schule). Die Kirche bildet genau die Mittelachse zwischen den zwei beiden Binnenhöfen.

1817 entsann sich Königin Karoline von Bayern, die Gemahlin Max' I. Josef, früherer Aufenthalte im Tegernseer Tal und veranlasste den Ankauf des desolaten ehemaligen Klosterareals. Der 61-jährige König, der erste Wittelsbacher auf dem Königsthron, tat dies umso lieber, als er – fern von der Landeshauptstadt München, mit 50 Kilometern Entfernung aber doch nicht ganz aus der Welt – beabsichtigte, dort, wie man heute noch sagt, „seine königlich-bayerische Ruah" (Ruhe) zu pflegen.

Die Umwandlung zum **Sommerschloss** übernahm Leo von Klenze. Er ließ den „ungereimten und lächerlichen Zierrat" der Rokokozeit abschlagen und die Fassaden in der „edlen Simplizität" des Klassizismus neu gestalten. Auch die Kirchenfront erhielt ein neues Gesicht. Die Doppeltürme wurden erniedrigt und mit den noch augenscheinlichen Spitzdächern versehen. Erst 1824 war das Schloss bezugsfertig, der Ort wurde aber von **Max I.** und der gesamten wittelsbachischen Familie schon vorher häufig besucht.

Im Oktober 1822 erlebte Tegernsee seinen ersten gesellschaftlichen Höhepunkt, als Zar Alexander I. von Russland und Kaiser Franz I. von Österreich mit Gemahlinnen und einem Gefolge von 257 Menschen, Pferden und Kutschen ihren Besuch auf der Durchreise zum Kongress in Verona ankündigten. Man wollte allerhöchst den so oft gerühmten Tegernsee kennen lernen und ließ sich von Hinweisen auf das noch nicht ganz fertig gestellte Schloss nicht abhalten. Obwohl Max wegen der Aufregung wie vom Schlag gerührt umsank (dank Aderlass aber wieder aufstand), wurde der Besuch ein voller Erfolg. Gespeist wurde im wittelsbachischen Mustergut Kaltenbrunn am Nordende des Sees, woran sich eine Bootspartie anschloss. Besonderes Aufsehen erregten riesige, bis nach München sichtbare Höhenfeuer in den Initialen der beteiligten Monarchen – A für Alexander, F für Franz und M für Max.

Als ökonomische Grundlage führte man die 1000-jährige klösterliche **Brauereitradition** weiter. Auf dem Gelände der abgerissenen Klostergebäude gegen den See hin legte Hofgartenintendant von Sckell eine englische Parkanlage und die Uferpromenade an.

Mit den königlichen Herrschaften kamen Hofschranzen, Dichter, Maler und Künstler jeder Art, dazu eingeladene Theaterleut', Primadonnen und ausländische Diplomaten. Bald war es auch beim Münchner Bürgertum angesagt, sich in Tegernsee im Glanz der Monarchie zu sonnen, zumal der alte „Vater Max" ein leutseliger Herr war, der auch für Kleinbauern und Stallmägde Audienz hielt. Königin Karoline überlebte ihn nach seinem Tod 1825 um 16 Jahre, die sie zu einem guten Teil am Tegernsee verbrachte. Ein Denkmal am See erinnert an sie. Das hiesige Braunbier erfreute sich bald solcher Beliebtheit, dass 1838 im Erdgeschoß des Brauereitrakts ein neuer Sommerbier-Lagerkeller eingerichtet werden musste. 1875 ging Tegernsee in den Besitz der herzoglichen Linie in Bayern über. Herzog Karl Theodor, ein Augenarzt, richtete dort eine Klinik ein.

Die vier geräumigen und überwölbten Säle des Sommerkellers wandelte er zum „Herzoglichen Bräustüberl" um und ermöglichte den öffentlichen Ausschank im Freien. Somit ist der Zugang zum Schloss zumindest gastronomisch möglich. Den größten Teil der Schlossgebäude nimmt ein Gymnasium ein. Im Festsaal ist das barocke Dekor restauriert worden. Das Deckengemälde zeigt das Porträt eines Abtes mit dem schönen Namen Gregor Plaichshirn, umhuldigt vom klassischen Olymp. Hier finden wöchentlich mehrfach Konzerte, Lesungen sowie Volksmusik- und Brauchtumsabende statt. Möglichst noch vor dem Besuch des Herzoglichen Bräustüberls sollte man das Museum des Tegernseer Tals nahe beim Schloss aufsuchen. Es informiert über die Zeit der Äbte, Könige und Herzöge. Da man im Bräustüberl ganz bestimmt eine Maß zuviel erwischt, empfiehlt sich die Anreise von München aus mit der Oberland-Bahn. Seit 1902 fährt diese Privatbahn quer durchs abwechslungsreiche Voralpenland zur Endstation Tegernsee.

Schloss Tegernsee: 83684 Tegernsee · © 08022/41 41
· Herzogliches Bräustüberl
Veranstaltungen im Barocksaal des Schlosses:
Kuramt, 83684 Tegernsee · © 08022/18 01 40
Museum Tegernseer Tal: Seestraße 17, 83684 Tegernsee · © 08022/49 78
Juni bis Anfang Oktober: 14.00–17.00 Uhr

ALPENKÖNIG UND MENSCHENFEIND: SCHLOSS LINDERHOF UND BERGSITZ SCHACHEN

Wie bei allen Königsschlössern Ludwigs II. besticht auch in Linderhof zuerst die großartige landschaftliche Lage. Obgleich von hohen Bergspitzen gefasst, ist das wasserdurchrauschte Graswangtal hell und lichtdurchflutet. Seit alten Zeiten jagten hier die wittelsbachischen Herrschaften. In Ludwig II. aber evozierte die damals noch weltenferne Bergeseinsamkeit ganz besondere Visionen. Verwirklicht wurde schließlich die Königliche Villa Linderhof, ein selbst unter den exzentrischen Königsschlössern noch herausragendes Bauwerk. *(Abb. Seite 74)*

Zuerst schwärmte der König von einem „byzantinischen Palast", einer Nachbildung der oströmischen Kaiserresidenz zu Konstantinopel. Doch seit seinem Besuch im französischen Königsschloss Versailles 1867 ließ ihn die Idee eines neuen Versailles nicht mehr los. „Meicost" Ettal sollte es heißen, ein Anagramm, hinter dem sich die absolutistische Devise des Sonnenkönigs Ludwigs XIV. „*L'État, c'est moi*" – der Staat bin ich – verbarg. Der Hinweis auf Kloster Ettal verdeutlichte die Lage des neuen Schlosses in der Nähe dieser „Gralsburg".

Das neue Versailles entstand schließlich ab 1873 auf Herrenchiemsee, für das Graswangtal sah der Monarch in ungewohnter Bescheidenheit „nur" einen Salon vor, der an das bereits bestehende hölzerne „Königshäuschen" seines Vaters angefügt werden sollte. Natürlich blieb es nicht dabei. Bis 1874 entstand das prunkvolle Schloss mit seiner reich gegliederten Fassade und der Freitreppe. Vorbild war das Schloss Petit Trianon im Park zu Versailles. Die Inneneinrichtung wurde bis 1878 im Stil des „Zweiten Rokoko" fertig gestellt und trägt die Handschrift berühmter zeitgenössischer Innenarchitekten und Theaterdekorateure. Baumaterialien und Gegenstände wurden bis Weilheim per Eisenbahn verfrachtet und von dort mit Pferdewagen und Schlitten zu dem immerhin 940 Meter hoch gelegenen Bauplatz geschafft. Vestibül, Treppenaufgang, Spiegelsaal und Gobelinzimmer wurden reich ausgeschmückt. Im Audienzzimmer und im Paradeschlafraum wollte der König – wie immer allein – das französische Hofzeremoniell nachempfinden.

Um das Schlossgebäude herum ließ Hofgartendirektor Carl von Effner einen weitläufigen **Park** von 100 Tagwerk (58 Hektar) anlegen. Den Kern bildet ein streng strukturierter „architektonischer Landschaftsgarten" französischer und italienischer Prägung, der durch barocke Wasserbassins, Kaskaden, Figurengruppen, Spaliere und Terrassen symmetrisch gegliedert ist. 22 Meter steigt die Fontäne aus dem großen Becken auf. Im West- und Ostparterre prangen ornamentale Blumenrabatten. Ein in der Sichtachse des Schlosses liegender Theaterbau kam nicht zur Ausführung. An seiner Stelle erhebt sich der Venustempel mit der überlebensgroßen Marmorstatue der Liebesgöttin.

Im Park und an verwunschenen Orten in den umliegenden Waldgebieten ließ sich der König verschiedene „poetische Zufluchtsorte" errichten, wo er in einsamer Kontemplation seinen Traumwelten nachhängen wollte.

Der **„Maurische Kiosk"** oberhalb des Schlosses kündet von Ludwigs Begeisterung für den Orient und die Welt von Tausendundeiner Nacht. Schon 1870 hatte er sich im hoch gelegenen **Jagdschloss Schachen** bei Partenkirchen einen Maurischen Saal einbauen lassen. Die Hofdame Luise von Kobell beschrieb das dortige Zeremoniell so: *„Ludwig saß in türkischer Tracht, lesend, während der Tross seiner Dienerschaft als Moslems gekleidet auf Teppichen und Kissen herumlagerte, Tabak rauchend und Mokka schlürfend, wie der königliche Herr befohlen hatte ..."* 1876 kaufte er den „Kiosk", der 1867 als preußischer Beitrag für die Weltausstellung in Paris geschaffen worden war, und ließ ihn im Schlosspark Linderhof aufstellen. Das ganz aus Gusseisen gefertigte Bauwerk, das Modell einer Moschee, ist auch ein einmaliges technisches Denkmal, das elektrisch farbig illuminiert wurde. Im Innern prunkt der Pfauenthron aus emailliertem Bronzeguss und ein Marmorbrunnen.

Die daneben liegende **„Grotte"** ist eine originelle Melange der „Blauen Grotte von Capri" mit dem Inneren des „Venusberges", wie ihn Richard Wagner im ersten Akt seiner Oper „Tannhäuser" beschrieben hat. Der Landschaftsplastiker August Dirigl schuf aus Metallgeflecht und Gips eine täuschend echte Tropfsteinhöhle, aus der ein Wasserfall in einen künstlichen See plätschert. Elektrische Bogenlampen tauchten die künstliche Grotte in geheimnisvolles Licht. Den Strom dazu lieferten 24 dampfgetriebene Generatoren der Firma Siemens-Schuckerth aus einem eigens angelegten Elektrizitätswerk, einem der Ersten in ganz Bayern. Industrieller Fortschritt und romantische Rückwärtsgewandtheit liegen in Ludwigs Königsschlössern eng beieinander. Je nach Stimmung des Monarchen konnten die Kulissen entweder rot als Venushöhle oder blau als *Grotta azurra* beleuchtet werden. Ludwig ließ sich dann auf einem vergoldeten muschelförmigen Kahn über den beheizten (!) See zum Königssitz oder Loreleyfelsen rudern.

Die anderen Kleinarchitekturen, die den Park beleben, standen ursprünglich inmitten des Ammergauer Bergwaldes in der weiteren Umgebung Linderhofs und wurden erst nach 1950 in den Bereich des Schlosses integriert. Dazu gehören die Hundinghütte und das hölzerne „Marokkanische Haus". Die **Hundinghütte** spiegelt den ersten Aufzug der Wagner-Oper „Die Walküre" aus dem „Ring der Nibelungen" wider. Ursprünglich lag sie in stiller Waldeseinsamkeit unterhalb der Kreuzspitze. Ludwig lagerte dort, während sich sein Gefolge in germanischer Gewandung auf Bärenfellen an Met zu delektieren hatte.

Das aus einem hölzernen Bausatz bestehende **„Marokkanische Haus"** war ein Ausstellungspavillon der Pariser Weltausstellung 1878. Ludwig erwarb ihn und ließ ihn auf einer Alpe an der nahen österreichischen Grenze aufstellen. 1998 wurde er nach Linderhof versetzt. Zuletzt, im Jahr 2000, wurde noch die „Einsiedelei des Gurnemanz" rekonstruiert, eine Reminiszenz an die Wagner-Oper „Parzival".

Neben all diesen Repliken verfügt Linderhof auch über ein paar „echte" Natur- und Kunstdenkmäler, so die etwa 300-jährige Linde nahe beim Schloss, die dem Ort den Namen gegeben haben soll, und die kleine Kapelle, die bereits seit 1684 hier steht. Auch das „Königshäuschen", das alte Jagdhaus der Wittelsbacher, existiert noch. Es stand früher an der Stelle des heutigen Schlossbaus. Ludwig ließ es über 300 Meter in den Westteil des Parks versetzen.

Linderhof ist König Ludwigs kleinstes Schloss, das gegen Herrenchiemsee und Neuschwanstein fast intimen Charakter trägt. Es ist auch der einzige Schlossbau, der zu Lebzeiten des Königs fertig gestellt wurde und wo er nachweislich über längere Zeit hinweg Quartier bezogen hat. Bis heute beschäftigen seine nächtlichen Ausritte und Schlittenpartien die Phantasie des Volkes.

Linderhof: Staatliche Verwaltung Schloss Linderhof, 82488 Ettal-Linderhof ·
℅ 08822/92 03-0 www.linderhof.de/ www.schloesser.bayern.de/ (Linderhof)
Öffnungszeiten: Park und Schloss
April–September: 9.00–18.00 Uhr
Oktober–März: 10.00–16.00 Uhr (Außenobjekte im Winter geschlossen)
Weihnachten u. 31. Dezember, 1. Januar und Faschingsdienstag geschlossen
· Schloss nur mit Führung (25 Min.)
· Schlosshotel und Restaurant Linderhof · ℅ 08822/790
Jagdschloss Schachen im Wettersteingebirge (1876 m):
· Nur zu Fuß von Garmisch-Partenkirchen/Elmau in 3- bis 4-stündiger
  Bergwanderung zu erreichen
Geöffnet je nach Wetter Mai bis Anfang Oktober.
Führungen 11.00 und 14.00 Uhr
Berggasthof Schachen · ℅ 0172/87 68 868

Schloss Tegernsee, ehem. Benediktinerkloster (S. 67)

Schloss Linderhof im Graswangtal (S. 70)

Ruine Falkenstein im Inntal (S. 81)

Schloss Amerang, Innenhof mit Arkadengang (S. 65)

Herrenchiemsee, Latona-Brunnen vor dem Neuen Schloss (S. 61)

Tittmoning an der Salzach (S. 91)

Berchtesgaden, Schlossplatz mit der ehem. Stiftskirche (S. 95)

Burghausen vom österreichischen Salzachufer (S. 86)

Burghausen, Burgkapelle St. Hedwig (S. 86)

Wittelsbacherschloss Dachau (S. 99)

Vohburg, Tor zur ehemaligen Burg (S. 108)

Burgen im Inntal: Neubeuern, Falkenstein, Oberaudorf

Zehn feste Burgen bewachten einst den engen Taldurchgang im unteren Inntal zwischen Rosenheim und Kufstein. Kein Wunder, verlief hier doch die römisch-deutsche Königs- und Kaiserstraße vom Norden über die Alpen nach Italien. Heerzüge, Händler, Kaufleute, fahrendes Volk und Rompilger waren unterwegs. Auf den schmalen Ufern beiderseits des Inn drängte sich eine endlose Kette von Kriegstross, Planwägen und Fuhrwerken, und auf dem Fluss selbst waren Zillen und Flöße unterwegs. *(Abb. Seite 75)*

Den Taleingang beherrscht auf der östlichen Seite **Burg Neubeuern**. Die umfangreiche Burganlage auf dem Inselberg inmitten des Tals zeigt heute noch deutlich ihren mittelalterlichen Grundplan, obwohl die meisten Bauten erst 1895 bis 1905 im historistischen Stil errichtet worden sind.

Aus dem Gebäude-Ensemble, das seit 1925 ein bekanntes Internat beherbergt, ragt der sechsgeschoßige, quadratische Bergfried empor. Er stammt noch aus der Erbauungszeit der Burg durch die Grafen von Megling-Frontenhausen Ende des 12. Jahrhunderts. Innerhalb der ersten Burganlage stand er frei und war nur durch einen noch kenntlichen romanischen Rundbogen im Obergeschoß erreichbar.

Die Burg war von 1226 bis 1388 im Besitz des Hochstifts Regensburg, das sie von Vögten verwalten ließ. Einer war der streitbare Konrad von Wasserburg, der vergeblich den Aufstieg der Wittelsbacher bekämpfte. Auf seine Initiative dürfte die weiträumige Ummauerung des kuppelförmigen Burgberges zurückzuführen sein. 1247 musste er allerdings vor dem neuen Herzogshaus kapitulieren. 1393 erhielt die Siedlung am Fuß der Burg das Marktrecht und wurde mit Mauern und Türmen umgeben. Zwei Torbauten und ein Rondell sind noch erhalten.

Die Burg kam unter verschiedene Besitzer und erfuhr eine komplexe Baugeschichte. Während des Österreichischen Erbfolgekriegs besetzten die Österreicher Burg und Markt. Bei ihrem Abzug im Jahr 1743 hinterließen sie nur ausgebrannte Ruinen. Ein barocker Wiederaufbau erfolgte unter den begüterten Grafen Preysing, doch mit dem Kauf des Schlosses durch den Freiherrn von Wendelstadt begann 1881 ein völlig neues Kapitel.

Der Münchner Architekt **Gabriel von Seidl** (1848–1913), der Erbauer des Lenbachhauses und des Bayerischen Nationalmuseums, gestaltete von 1885 bis 1905 das alte Gemäuer völlig um. Damals erhielt Neubeuern das Antlitz der so genannten „neudeutschen Renaissance" und wurde im Innern weiträumig und modern gestaltet, wenn auch mit Zutaten „historischen Stils". Die Frauen der Familie Wendelstadt luden berühmte Künstler und Literaten nach Neubeuern ein. Von 1906 bis 1928 war Hugo von Hofmannsthal ein häufiger Gast.

Wegen des Schul- und Internatsbetriebs ist eine Führung durch den Seidl-Bau, den „Alten Turm" und die Kapelle nur nach Voranmeldung möglich. Aber auch eine Außenbesichtigung und ein Blick in den Innenhof vermitteln einen guten Eindruck von der Komplexität der Anlage.

Neubeuern am Inn, Verkehrsverein: Marktplatz 4, 83115 Neubeuern ·
℡ 08035/21 65 www.neubeuern.de
Schloss Neubeuern: Voranmeldung · ℡ 08035/90 620 www.schloss-neubeuern.de
(mit virtueller Burgführung)
· Konzerte im Festsaal
· Café Burgdacherl am Marktplatz

Das Hochmittelalter über herrschten die Grafen von Falkenstein in diesem wichtigen Durchgangsgebiet. Im 13. Jahrhundert folgten die bayerischen Landesherren, die vom 16. bis ins 18. Jahrhundert in gefährliche Konfrontation mit den Habsburgern in Tirol gerieten. In Sichtverbindung mit Neubeuern standen die **Falkensteiner Burgen**.

Jenseits des Inn lugt auf der Westseite der graue Turm der Burg Falkenstein mit seinem schönen Zinnenkranz aus dem Bergwald empor. Ein Karrenweg führt uns von Flintsbach zur Burg hinauf. Historisch gesehen ist dies die Burg Neu-Falkenstein, denn die ursprüngliche Burg der Falkensteiner Grafen lag höher an der so genannten Rachelwand. Wer also genauer in die Geschichte der Falkensteiner einsteigen will, muss dem schönen Wanderweg in Serpentinen weiter folgen bis zur „Rachelburg", inmitten eines Hochmoores. Dies ist die Burg **Alt-Falkenstein**, von welcher freilich nur mehr spärliche Grundmauerreste zu sehen sind. 1120 wurde sie zum ersten Mal erwähnt und im Falkensteiner Codex, einem gräflichen Besitzinventar von 1166, sogar abgebildet. 1247 starb das gräfliche Geschlecht aus und die Wittelsbacher Herzöge traten an ihre Stelle. In einer ihrer zahlreichen Fehden wurde Alt-Falkenstein 1296 zerstört und nicht mehr besiedelt.

Wir dürfen uns ihre Lage für damals übrigens nicht so abgelegen vorstellen wie heute. Erst im späten 13. Jahrhundert wurden feste Straßen durchs versumpfte und jahreszeitlich überflutete Inntal gelegt. Bis dahin lief der Verkehr über Saumpfade entlang der Berghänge. Einer führte an Alt-Falkenstein und am etwas höher gelegenen **Kloster Petersberg** vorbei.

Noch ein paar Schlenker hinauf und wir erreichen auch diese Kostbarkeit auf dem Kleinen Madron (847 m), einem Felskopf hoch über dem Inntal. Die schmale romanische Kirche ist im 17. Jahrhundert nur wenig verändert worden. Das rundbogige Stufenportal mit Widder- und Stierköpfen und das Petrusrelief darüber weisen ins 12. Jahrhundert. Ausgrabungen brachten Fundamente eines massiven Steingebäudes ans Tageslicht, das bis ins 10. Jahrhundert zurückdatiert wird. Noch ist nicht entschieden, ob es sich um eine Burganlage oder um das im Falkensteiner Codex bezeugte Kloster Petersberg handelt. Der Blick vom Petersberg hinab auf das bayerische Oberland zählt zu den schönsten Aussichten in den bayerischen Voralpen.

Erst nach der Zerstörung der „Rachelburg" beginnt die Baugeschichte der Burg **Neu-Falkenstein** am unteren Talrand.

Kurz nach 1300 erlaubte der bayerische Herzog seinem Pfleger im Inntal, an Stelle der verlassenen Burg hoch droben eine neue, vom Tal aus bequemer erreichbare Burg zu errichten, die den alten Namen Falkenstein weiterführen sollte. Aus dieser Zeit stammt der quadratische, 20 Meter hohe Turm, der früher nur durch einen Einstieg in halber Höhe an der Südseite zu betreten war. Im späten Mittelalter stiegen die Ansprüche der herzoglichen Beamten und so wurde die Burg zwischen 1400 und 1480 im spätgotischen Stil erweitert. Zeugen davon sind die Ruinen des Palas, des Wohntraktes an der Talseite. Das Gebäude mit der Brücköffnung über dem Bach diente als Kasten und nahm die Naturalabgaben der Untertanen auf. Zwei dem Inn zugewandte Flankierungstürme sind trotz ihrer martialischen Kanonenscharten „Wehrzierformen" des 16. Jahrhunderts. Mitte des 18. Jahrhunderts war es mit dem adligen Leben auf Falkenstein vorbei. Nachdem die Grafen Preysing ihren Hofmarkssitz nach Brannenburg verlegt hatten, verfiel die Burg rasch. Zwei Brände verwandelten sie in eine Ruine. Der Turm wurde im 19. Jahrhundert wieder bewohnbar gemacht und befindet sich seitdem in Privatbesitz. Vom Weg zum Petersberg aus lässt sich die Burganlage aber in ihrer Gesamtheit gut überblicken.

Flintsbach, Verkehrsverein: Kirchstraße 9, 83126 Flintsbach · ✆ 08034/30 660
www.flintsbach.de
Burg Neu-Falkenstein ist vom Wanderweg Flintsbach-Petersberg gut einzusehen. Die höher gelegene Rachelburg (Wegweiser) erreicht man auf demselben Weg.
Wallfahrtskirche Petersberg mit Wirtshaus im Propsteigebäude, Mittwoch Ruhetag · ✆ 08034/420. Etwa 50 Min. Fußweg von Flintsbach

Folgen wir der Bundesstraße von Flintsbach innaufwärts, so starren uns schon auf dem nächsten Bergsporn, der weit ins Tal vorstößt, die leeren Fensterhöhlen der **Burg Kirnstein** entgegen. Auf dem Fahrweg, der zum Wildbarren emporführt, ist die Ruine ohne größere Anstrengung zu erreichen. Von dem rechteckigen Turmhaus des späten Mittelalters ist aber nur noch ein „hohler Zahn" übrig geblieben.

Die Gründung der Burg Kirnstein wird ins 12. Jahrhundert datiert. Im Bayerischen Hausstreit der Wittelsbacher Herzöge ging sie zwischen 1420 und 1430 in Flammen auf und wurde um 1470 in den noch sichtbaren Baulinien wieder aufgebaut. Ihr Ende kam im Landshuter Erbfolgekrieg. Nach der Einnahme Kufsteins im Herbst 1504 wälzte sich der Heerbann Kaiser Maximilians I. innabwärts und verwüstete alles, was ihm in die Quere kam. Kirnstein bekam dabei mehrere Treffer aus schweren Geschützen ab und stürzte zusammen. Fast glaubt man, die Breschen von damals noch im Mauerwerk zu erkennen. Den „Großen Kehrab" nannte der bayerische Chronist Aventinus dieses kaiserliche Burgenbrechen treffend.

Der Feldzug Maximilians, des „letzten Ritters", hat sich gelohnt. Der Kaiser verhalf damit zwar Albrecht dem Weisen von München zur unangefochtenen Herrschaft über Bayern, ließ sich seine Unterstützung aber teuer bezahlen: Kufstein, Rattenberg und Kitzbühel, ehedem bayerisch, fielen an die Habsburger. Ganz Tirol war somit seit 1505 österreichisch. Und der bayerische Rest des Unterinntals wandelte sich zur Grenzlandschaft, die in allen folgenden wittelsbachisch-habsburgischen Konflikten schwer zu leiden hatte.

Ruine Kirnstein: Zwischen Fischbach am Inn und Niederaudorf; über Almweg Richtung Wildbarren frei zugänglich.
Originelle Webseite: www.kirnsteyner-ritterbund.de/

Der Hauch rauer und kriegerischer Zeiten weht uns auf dem Burgberg über Oberaudorf entgegen. Ein hoher Mauerrest und jüngst freigelegte Fundamente künden noch von der landesherrlichen **Auerburg**. Der Burgplatz der ehedem stark befestigten Anlage ist auf dem Felskegel noch deutlich zu erkennen. Ausgrabungen brachten Mauerspuren des 12. Jahrhunderts zum Vorschein, doch historisch ist die Burg nicht vor dem 14. Jahrhundert sicher belegt. Ihre große Zeit kam Ende des 15. Jahrhunderts, als die bayerischen Herzöge ihre Anwartschaft auf Tirol an die Habsburger verloren hatten. Damals wurde die Auerburg zu einer starken Feste ausgebaut.

Doch der Kriegstechnik des 18. Jahrhunderts hatte die alte Burg nichts mehr entgegenzusetzen. Im Spanischen Erbfolgekrieg wurde sie von den Österreichern 1704 in Brand geschossen. Im Frieden von Füssen wurde 1745 bestimmt, dass alle bayerischen Festungen an der Grenze zu Tirol gesprengt werden müssten. Die ausgebrannte Ruine der Auerburg wurde daraufhin von Tiroler Bergknappen nach allen Regeln der Kunst mit Unmengen von Schwarzpulver in die Luft gejagt. Die Ausgrabungen von 1992–1997 legten eine bis fünf Meter starke Schicht von Sprengschutt frei.

Über eine 1994 neu aufgebaute Brücke, die den in den Felsen geschlagenen Halsgraben überwindet, gelangt man heute ins Burgareal. Schautafeln informieren über die 1992 bis 1998 freigelegten Mauerzüge. Vorher hat freilich jeder Besucher der Burg den „Amtshausbogen" am Fuß des Burgfelsens passiert. Es handelt sich dabei um eine befestigte Mautstelle, die trotz ihres populären Namens **„Burgtor"** mit der Burg in keinem Zusammenhang steht. Hier wurde Wegezoll kassiert, der an der viel frequentierten Kaiserstraße nach Süden beträchtlich gewesen sein muss. Das heutige Bauwerk mit tonnengewölbter Tordurchfahrt stammt laut Inschrift aus dem Jahr 1489. Der Torbau diente auch als Sitz des Gerichtamtmannes und verfügt in dieser Eigenschaft über mehrere „Keuchen" (enge Gefängniszellen).

1991 wurde die Wegsperre restauriert und beherbergt seitdem ein historisch und volkskundlich interessantes Heimatmuseum. Ein eigener Raum informiert über die Auerburg und präsentiert Ausgrabungsgegenstände vom Burgberg.

Gleich daneben liegt der kleine Luegsteinsee mit einer idyllischen Badeanstalt. Schroff ragt darüber die Luegsteinwand auf, in der sich Reste einer kleinen Höhlenburg erhalten haben. Funde weisen auf das 12. Jahrhundert hin. Vermutlich hat es sich um die Vorgängerburg zur Auerburg gehandelt. Der luftige Burgplatz in einer natürlichen Grotte heißt heute „Grafenloch". Die letzten Meter müssen auf einer ächzenden Holzleiter überwunden werden – man wird dann aber mit einer prächtigen Schau auf den Wilden Kaiser belohnt.

Auerburg über Oberaudorf, frei zugänglich. Gemeinde Oberaudorf, Kufsteiner Str. 6, 83080 Oberaudorf · © 08033/30 10 www.oberaudorf.de
Museum im Burgtor: Mai–Oktober (Di u. Fr): 14.00–18.00 Uhr u. nach Vereinbarung
Gasthof Auerburg, Mo Ruhetag
Luegstein: steiler Aufstieg vom Luegsteinsee (Gastwirtschaft Grafenburg, Mo Ruhetag) in ca. 40 Min.

BURGHAUSEN: EUROPAS „LÄNGSTE" BURGANLAGE

Die längste oder die größte? Noch immer müssen die Burghauser ihre alte Burg über der Salzach verteidigen. Gibt es doch Zeitgenossen, die behaupten, dass Windsor Castle in England oder Marienburg im ehemaligen Ostpreußen der Superlativ der „größten Burganlage Europas" zukomme. Und zuletzt haben gar noch die Salzburger – die historischen Rivalen Burghausens – ihre Feste Hohensalzburg listig als „größte noch bewohnte Burg Europas" deklariert. Das mag ja alles stimmen, eines jedoch trifft zu: Burghausen repräsentiert mit genau abgeschrittenen 1043 Metern Länge ohne jeden Zweifel die „längste" Burg unseres Kontinents. *(Abb. Seite 79)*

Über einen Kilometer lang erstrecken sich ihre Mauern, Türme, Basteien, Wehr- und Wohnbauten auf dem schmalen Felsrücken zwischen der Salzach und dem Wöhrsee, einem ehemaligen Flussarm. Diese außerordentliche Längenausdehnung hat die Burg ihrer einzigartigen topographischen Lage auf der nach drei Seiten steil abfallenden Bergzunge zu verdanken, die andererseits auch für die Enge der gesamten Burganlage verantwortlich ist, denn an manchen Stellen rücken die Wehrgänge auf knappe 60 Meter zusammen.

Die von der Natur begünstigte Lage hat sicher schon in der Frühzeit Menschen angezogen, doch genauere Nachrichten erreichen uns erst zu Beginn des 12. Jahrhunderts mit den **Grafen von Burghausen**. 1130 sagten sie dem Salzburger Erzbischof Zollfreiheit für seine mit Salz beladenen Schiffe „bei der Burg Burghausen" zu. Bis ins 19. Jahrhundert wurde das in den Sudstätten von Hallein und Bad Reichenhall gewonnene „weiße Gold" über die Flüsse Salzach, Inn und Donau verfrachtet und hat die Wirtschaft und Gesellschaft entlang dieser Flüsse entscheidend geprägt. Nach dem Aussterben der Burghauser Grafen fiel 1164 ihre Herrschaft an den bayerischen Herzog Heinrich den Löwen, der seine Skrupellosigkeit schon bei der Gründung Münchens bewiesen hatte. Er verlangte Zölle von den Salzburger Plätten und ließ zum Nachdruck die Burg und die zu ihren Füßen liegende Siedlung ausbauen und befestigen.

Der Kampf um ungehinderte Durchfahrt, um Mautgebühren, Stapel- und Vorkaufsrechte trübte bis ins 16. Jahrhundert das gegenseitige Verhältnis des Erzbistums und des Herzogtums. Denn auch die neuen Wittelsbacher Landesherren übernahmen 1180 die Konfrontation mit den Salzburger

Fürstbischöfen. Burghausen diente als bayerischer Sperrriegel und als Grenzfeste gegenüber dem seit dem 13. Jahrhundert salzburgischen Rupertiwinkel mit den Hauptorten Tittmoning (➤ S. 91) und Laufen.

Nach der ersten Teilung Bayerns 1255 stieg die Burg an der Salzach zur – nach Landshut – zweiten Residenz des „Unteren oder Niederen Bayern" auf. Unter **Herzog Heinrich XIII.** entstanden bis 1290 auf dem äußersten Bergsporn der Fürstenbau, die Elisabethkapelle und der Dürnitz, der Aufenthaltssaal für die Besatzung. Im nächsten Jahrhundert folgte zur Wöhr hin der Frauenzimmerstock (Kemenate). Bis Ende des 14. Jahrhunderts hatte die gesamte Burganlage bereits die heutige Ausdehnung erreicht. Es hieß nämlich auf der Hut zu sein vor den Salzburgern, mit denen die Konflikte zu erbitterten Waffengängen eskaliert waren. Mit den Salzburger Fürstbischöfen war nicht zu spaßen, wenn es um das Salz ging, das auf hölzernen Plätten über Salzach und Inn verschifft wurde.

Auf solchen nachgebauten Salzplätten kann man sich übrigens heute von Tittmoning aus am Kloster Raitenhaslach vorbei bis Burghausen treiben lassen – ein unvergessliches anderthalbstündiges Erlebnis quer durch die ruhige Naturlandschaft des Weilharter Forstes. Auch die bayerischen Landesherren wollten vom einträglichen Salzhandel profitieren und legten eigene Zoll- und Abgabeverordnungen fest.

Als die Salzburger im nur 27 Kilometer südlich gelegenen Tittmoning eine mächtige Burg errichteten, mussten die Herzöge gleichziehen und türmten über Burghausen ihre gewaltige bayerische Landesfestung auf. Das 15. Jahrhunderts war die Zeit der drei **„Reichen Herzöge von Niederbayern"**, Heinrich, Ludwig und Georg. Sie richteten eine neuzeitliche Verwaltung ein, förderten Handel und Wirtschaft und bemühten sich zum ersten Mal in Bayern um eine geregelte Buchführung. Ihren legendären Schatz verwahrten sie in einer noch heute sichtbaren Tresorkammer in der Inneren Burg.

Sechs Vorhöfe reihen sich hintereinander, in denen sich früher das tägliche Leben der Burgbewohner abspielte. Heute tummelt sich dort ein buntes Leben um Kunst- und Fotogalerien, die Theaterakademie und mehrere originelle Kleinmuseen. Im 15. Jahrhundert waren sechs schwer befestigte Tore zu durchschreiten, um in die eigentliche Herzogsburg auf dem äußersten Bergsporn zu gelangen. Drei Torbauten sind noch erhalten, darunter das wappenverzierte **Georgstor**, ein imposantes Beispiel spätgotischer Befestigungskunst, das uns in die weitläufige herrschaftliche Vorburg führt. Erst von dort eröffnet sich uns der Weg durch die drei Meter starke Schildmauer hindurch in den Hof der inneren Burg. In den herzoglichen Gemächern ist die Staatliche Sammlung spätmittelalterlicher Tafelmalerei untergebracht. Altstadt und Burg bilden ein geschlossenes und wohlerhaltenes Ensemble spätmittelalterlicher Urbanität. Adalbert Stifters Ausspruch, Burghausen komme ihm vor „*wie aus einem altdeutschen Gemälde herausgeschnitten und hierher gestellt*", darf auch heute noch gelten. Im Kemenatenbau der Burg ist eine Replik des berühmten hölzernen Sandtner'schen Stadtmodells aus dem Jahr 1574 ausgestellt. Wenn wir mit den Augen dort spazieren gehen, stellen wir überrascht fest, wie wenig sich in den vergangenen Jahrhunderten an der architektonischen Struktur geändert hat.

Mitte des 15. Jahrhunderts war die große Zeit Burghausens vorbei. Das Hofleben spielte sich unter den „Reichen Herzögen" in den prachtvollen Renaissancebauten Landshuts ab. Auch die strategische Bedeutung der Burg war geschwunden, nachdem man sich mit dem Erzstift gütlich geeinigt hatte. Dem Burggemäuer über der Salzach kam derweil die wenig ritterliche Aufgabe zu, als Wohn- und Verbannungsort für alternde Herzoginnen und ihre Kammerzofen zu dienen. Auch Herzogin Hedwig, die schöne Braut der Landshuter Hochzeit von 1475, verlebte hier bis 1502 ihre letzten 20 Lebensjahre.

Und doch erfolgte gerade jetzt, im Ausklang des 15. Jahrhunderts, der gewaltige Ausbau der Burg. Aber warum diese mächtigen Wehrmauern, die Zugbrücken, all die Zinnen, Schießscharten und Geschützpforten, die drohend vom Pulverturm über den Wöhrsee herüberstarren? So wie sich die Burg in ihrer monumentalen Dimension dem heutigen Betrachter präsentiert, ist sie ein Werk fürstlichen Verfolgungswahns.

Denn als Georg, der letzte der Landshuter „Reichen Herzöge", das Ende seiner Dynastie voraussah, ließ er Burghausen von 1479 bis zu seinem Tod 1503 zu einem schier unüberwindlichen Bollwerk ausbauen, aus Angst, sein Münchner Vetter Albrecht – einer der wenigen Fürsten, die den Beinamen „der Weise" zu Recht tragen – könne ihn beerben. Auf Georg geht die 20 Meter hohe und 3 Meter starke Schildmauer zurück, welche die gesamte Innere Burg abdeckt. Weitere Baumaßnahmen waren der runde Bergfried, die Verstärkung der Tore und der Neubau des Georgstores (1494). Zeughäuser, Getreidekästen, Ökonomie- und Speicherbauten in den Vorhöfen sollten die Burg autark machen. Jenseits des Wöhrsees erhebt sich seitdem auf dem Eckenberg der imposante runde Pulver- und Batterieturm, der mit 10 „Feuerschlünden" bestückt war.

Aber auch ein freundlicheres Kleinod entstand damals inmitten der Wehrmauern, die kleine **Hedwigskapelle** im vierten Burghof mit reizvoller spätgotischer Ausstattung. Sie wurde 1489 geweiht und diente Georgs vernachlässigter Gemahlin Herzogin Hedwig als privater Andachtsraum.

Ungeachtet all der dicken Mauern und waffenstarrenden Arsenale vermochte Georg der Reiche jedoch nicht den Übergang Niederbayerns an die oberbayerische Linie zu verhindern. Den Landshuter Erbfolgekrieg entschied der oberbayerische Herzog Albrecht der Weise 1504 für sich. Die Burg öffnete kampflos ihre Tore. 1506 waren Ober- und Niederbayern wieder zu einem Fürstentum mit der alleinigen Hauptstadt München vereinigt. Burghausen lag nun an der Peripherie des Bayerlandes, das sich immer mehr zu einem Zentralstaat entwickelte. Lediglich die Funktion als Sitz eines Rentamts sicherte Burg und Stadt noch eine gewisse überörtliche Bedeutung. Bauliche Veränderungen unterblieben. Dies hat den Vorteil, dass sich in Burghausen noch eine nahezu originale Burganlage des späten Mittelalters erhalten hat.

Erst im 18. Jahrhundert, als ihre Befestigungen längst nicht mehr zeitgemäß waren, wurde sie im Österreichischen Erbfolgekrieg auf eine ernsthafte Probe gestellt. Im Jahre 1742 bereiteten ihr österreichische Kanonenkugeln eine späte Feuertaufe.

Der Bayerische Erbfolgekrieg ging 1778 glimpflich an der Burg vorbei. „Kartoffelkrieg" hieß er bei den Bayern, „Zwetschgenrummel" bei den Österreichern, weil die Soldaten mangels Feindberührung hauptsächlich zur weitaus sinnvolleren Erntearbeit eingesetzt wurden. Im Frieden von Teschen musste Bayern 1779 allerdings das gesamte seit jeher bayerische Innviertel mit Schärding, Ried und Braunau an die Habsburger abtreten.

Für Burghausen bedeutete das den Verlust seines ganzen rechtsufrigen Hinterlandes und eine weitere Randlage. Kaiser Joseph II. hätte freilich am liebsten das ganze Kurfürstentum eingeheimst. Gerettet hat Bayern ausgerechnet der Einspruch eines Preußen, nämlich Friedrichs II., des Alten Fritz'.

Auch Napoleon kam während einer seiner Kampagnen in Burghausen vorbei. Als er 1809 zusammen mit seinem Verbündeten, Kronprinz Ludwig (später Ludwig I.) von Bayern von der Burg aus das jenseitige oberösterreichische Ufer inspizierte, rief er überrascht aus: *„Voilà la ville souterraine!"* Als gelernter Artillerie-Offizier erkannte er, dass ein Teil der alten Befestigungen doch noch einem möglichen Gegner feste Stützpunkte bieten konnte. So ließ er z. B. den „Schüttkasten", eine haushohe Befestigung, welche die Burg nach außen abriegelte (an der Stelle des heutigen Burgparkplatzes), einebnen. Bonapartes Misstrauen gegenüber seinem bayerischen Alliierten hat ihn nicht getäuscht. Als sein Stern sank, ging das von ihm neu geschaffene Königreich Bayern mit fliegenden Fahnen zu seinen Gegnern über.

Die romantischen Dichter des 19. Jahrhunderts wanderten gerne durch die verwinkelten Gassen und efeuüberzogenen Mauern und ließen sich von der in Schönheit verarmten Spitzweg-Idylle inspirieren. Rainer Maria Rilke beabsichtigte gar, *„sich durch die Stiftung eines Baumes mit der merkwürdigen Stadt dauernd zu verbinden."* Allein, die Tat scheiterte, weil sich der Poet mit seiner damaligen Geliebten, Fräulein Mattanch, nicht auf eine Linde oder Föhre zu einigen vermochte.

Mit dem Aufbau der Wacker-Chemie-Werke, gnädigerweise weit außerhalb des historischen Stadtkerns gelegen, beginnt 1915 die industrielle Erfolgsstory des modernen Burghausen, die bis heute anhält. Durch sie ist die Salzachstadt zu einer „gewappelten" Kommune geworden. Der Besucher merkt das nicht nur angesichts der aufwändig sanierten und vorbildlich verkehrsberuhigten Altstadt und der restaurierten Burgmauern, sondern auch an dem anspruchsvollen Kulturprogramm der Stadt.

Der Fürstenbau beherbergt eine **Zweiggalerie der Staatlichen Gemäldesammlungen**. Gezeigt werden spätgotische Tafelbilder. Der Gang ins Museum lohnt sich aber auch wegen des Besuchs der Kapelle und der herzoglichen Wohnung, die mit Mobiliar und Wirkteppichen ausgestattet ist. Im **Dürnitzbau** entsteht bis 2004 ein modernes Informationszentrum. Die 30 Räume des Kemenatenstocks enthalten die reichen Sammlungen des Stadtmuseums. Drei weitere originelle Museen sind über die Vorhöfe verstreut: Im äußersten Burghof trifft man auf das städtische „Haus der Fotografie", unweit davon auf die Galerie der Künstlergruppe „Die Burg" und im vierten Vorhof droht der reichlich groteske „Folterturm".

Ein Tipp für Fotografen: Das beste Panorama auf Burg und Altstadt bietet sich vom jenseitigen, oberösterreichischen Hochufer aus.

Burg Burghausen: ✆ 08677/56 59
Staatliche Sammlungen:
April–September: 9.00–18.00 Uhr, Do auch bis 20.00 Uhr
Oktober–März: 10.00–16.00 Uhr
Ab 2004: Besucherzentrum in der Dürnitz; in Planung auch ein Burgcafé
Stadtmuseum (Kemenatenbau): ✆ 08677/65 198
15. März–30. April: 10.00–16.30 Uhr
1. Mai–30. September: 9.00–18.30 Uhr
1. Oktober–1. November: 10.00–16.30 Uhr
Geschlossen: von 2. November–14. März
Führungen, Plättenfahrten: Stadt-Information, Stadtplatz 112,
84489 Burghausen · ✆ 08677/887-140 / 141
· Außenanlagen ganzjährig zugänglich
· Burgfest im August

SALZBURGER MACHTWORT: BURG TITTMONING

Burg Tittmoning als „bayerische Burg" zu bezeichnen ist schon reichlich vermessen. Denn über 700 Jahre stand sie im Besitz der Salzburger Erzbischöfe. Das Fürstbistum Salzburg war ein gleichrangig souveräner Staat innerhalb des Römischen Reiches Deutscher Nation wie Bayern und Österreich. *(Abb. Seite 78)*

Und die Salzburger geistlichen Herren geboten seit dem 13. Jahrhundert auch über die links der Salzach liegenden Landgerichte Laufen, Tittmoning und Staufeneck, für die später der Name „Rupertiwinkel" aufkam. 1809 teilten sich Österreich und Bayern das säkularisierte Fürstbistum: Die Hauptstadt Salzburg und der gesamte Teil rechts der Salzach ist seitdem österreichisch, während in den Rupertiwinkel der bayerische Löwe hineintapse.

Um das nach schweren Kämpfen gegen die bayerischen Herzöge erworbene Territorium westlich der Salzach abzusichern, kaufte **Erzbischof Eberhard II.** 1234 die bereits bestehende Burg über Tittmoning und ließ den Ort mit Wehrmauern umziehen und zur Stadt erheben. Die Salzach war die wichtigste Verkehrsader für die Verschiffung des „weißen Goldes" aus den Alpen hinauf ins Bayerische und Böhmische. Schiffe, Plätten und Flöße transportierten die kostbare Fracht.

Tittmoning und Laufen waren die wichtigsten salzburgischen Salzstapelplätze, deren Häfen einer besonderen Sicherung bedurften. Machtpolitik hieß im Mittelalter auch immer Burgenpolitik. Burgen entstanden zum Zeichen des Machtanspruchs auf ein bestimmtes Gebiet und wurden durch „Gegenburgen" konterkariert. So standen sich das herzoglich-bayerische Burghausen und das erzbischöflich-salzburgische Tittmoning gegenüber, zwar reichlich 20 Kilometer getrennt, aber durch die schnell fließende Salzach verbunden. Beide Burgen entwickelten sich zu bedeutenden Waffenplätzen und hielten sich lange die Waage.

1322 setzten die Fürstbischöfe jedoch aufs falsche Pferd und unterstützten im Streit um die Kaiserkrone den Habsburger Friedrich den Schönen gegen Ludwig den Bayern. Nach der für Österreicher und Salzburger verlorenen Schlacht bei Mühldorf (1322) besetzte eine bayerische Streitmacht Burg Tittmoning und erstattete sie erst fünf Jahre später gegen die Bezahlung eines enormen Lösegelds zurück. Diese Erfahrung bewog die geistlichen Herren zu einer neuen Befestigung von Burg und Stadt, die

1422 mit dem Ausbau der neuen Stadtmauern und Stadttore fertig gestellt war. Als Sitz des bischöflichen Pflegers, Richters, Mautners (Zolleintreibers) und Kastners (Verwahrers der Naturalabgaben) war die am Hochufer der Salzach gelegene Burg ein wichtiges Verwaltungszentrum des Salzburger Landes.

Schwer beunruhigt muss der erzbischöfliche Hof gewesen sein, als Herzog Georg der Reiche damit begann, Burghausen zur niederbayerischen Landesfestung zu erweitern. Im Gegenzug umgab man nun auch Tittmoning mit neuen Wehranlagen und passte sie der Befestigungskunst seiner bayerischen Rivalen-Burg an. Es scheint sogar, dass in Tittmoning zwischen 1490 und 1500 derselbe Baumeister Ulrich Pesnitzer, der auch in Burghausen zugange war, tätig geworden ist.

Eine Ironie der Geschichte ist es wohl, dass Burghausen gar nicht gegen Salzburg, sondern gegen die Münchner Herzöge so schwer befestigt worden ist. In dieser Zeit entstand die noch heute eindrucksvolle, wuchtige spätgotische Bauform Tittmonings, die tuffsteinverkleidete Ringmauer mit dem Wehrgang und die beiden je über eine Zugbrücke gesicherten Torbauten zur Stadt- und zur Landseite hin. 1571 legte ein Feuersturm die Stadt in Schutt und Asche. Die hoch gelegene Burg kam aber nicht zu Schaden.

Das heutige planmäßige Stadtbild Tittmonings spiegelt den aufwändigen Neuaufbau mit den charakteristischen steinernen, über die Dachfirste gezogenen Blendfassaden (**„Inn-Salzach-Bauweise"**) wider. 1590 war die Burg schon zum Teil von den Behörden zugunsten eines bequemer erreichbaren Pfleg- und Gerichtssitzes in der Stadt selbst verlassen worden. Zu Beginn des 17. Jahrhunderts entlud sich der seit Jahrhunderten schwelende Konflikt mit Bayern noch einmal auf kriegerische Weise. Hauptstreitpunkt war wieder der einträgliche Salzhandel. 1596 hatte der herzogliche Münchner Hof allein für sich das „Salzmonopol" erreicht und sämtliche Privilegien, Mauten und Gebühren auf sich vereinigt. Erzbischof Wolf Dietrich von Raitenau (1559–1617) wollte dies nicht anerkennen und provozierte 1611 mit dem Einmarsch in die unabhängige Fürstpropstei Berchtesgaden den bayerisch-salzburgischen **„Salzkrieg"**. Herzog Maximilian I. (der spätere Kurfürst) reagierte sofort und ließ seinen Feldherren Graf Tilly im Oktober 1611 ins Erzbistum einrücken. Nach eintägiger Bombardierung ergab sich die Besatzung der Burg Tittmoning, vier Tage später zog Maximilian in Salzburg ein und zwang den Raitenauer zur Abdankung. Erst 1614 konnte Wolf Dietrichs Nachfolger auf dem Bischofsthron, Marcus Sitticus von Hohenems, Burg und Stadt wieder auslösen. Sein Wappen prangt seitdem über dem der Stadt zugewandten Tor. Den nachfolgenden Baumaßnahmen nach zu schließen müssen die Schäden an der Burg beträchtlich gewesen sein, auch wenn die Wehrmauern standgehalten haben.

Von 1614 bis 1617 und 1621 wurden die innen an die Ringmauer angelehnten Gebäude – der den Geistlichen vorbehaltene Prälatenstock und der weltliche Cavalierstock – im neuen Stil des frühen Barock wohnlich und repräsentativ umgestaltet. An den Umbauten war die Bauhütte Santino Solaris, des berühmten Architekten des Salzburger Domes und des Schlosses Hellbrunn, beteiligt.

Tittmoning sollte zwar in der Folgezeit als Sommer- und Jagdschloss dienen, erlebte aber nur noch selten den Besuch höherer geistlicher und weltlicher Herrschaften. Von 1690 bis 1694 wurde noch die **Michaelskapelle** grundlegend barockisiert, dann trat Stille im Burghof ein. Umso turbulenter wurde es, als 1805 verbündete französische und bayerische Soldaten Quartier auf der Burg bezogen. Durch Unachtsamkeit brach ein Brand aus, der den Prälatenstock schwer in Mitleidenschaft zog und die seinerzeit berühmten barocken „Fürstenzimmer" vernichtete. Ein hoher Turm, der bis dahin die stadtseitige Front der Burg dominiert hatte, musste abgebrochen werden.

Die arg verwahrloste Burg wurde 1852 von der – mittlerweile bayerischen – Stadtgemeinde gekauft und in ein Armenhaus umgewandelt. Nach einer ersten Renovierung 1906–1911 eröffnete man im Cavalierstock ein Heimatmuseum. 1964 wurde es zum **„Heimathaus des Rupertiwinkels"** erweitert und präsentiert in 25 Sälen des Cavalier- und Prälatenstocks und im Getreidekasten historische und volkskundliche Exponate, darunter die größte Schützenscheibensammlung Bayerns.

Die strategisch günstig auf einem ins Flusstal vorspringenden Sporn gelegene Burg, etwa 100 Höhenmeter über dem Ort Tittmoning, begeistert den Burgenfreund in mehrerer Hinsicht. Schon der Aufstieg vom städtischen Herrenmarkt an der gotischen Lorenzkirche vorbei hinauf zum stadtseitigen Burgtor gleicht einem Gang durch die Geschichte. Der Torgraben wird auf einer Holzbrücke überquert. Die Querbalken auf den Brückenplanken sollten ehedem den Hufen der Pferde Halt geben. Am inneren Torbogen hängt noch der mit Eisen beschlagene Torflügel. Das enge „Mannloch" gewährte in Gefahrenzeiten nur immer einer Person Durchschlupf. Dann geraten im Burghof der Prälaten- und der Cavalierstock ins Blickfeld, die heute das Museum beherbergen. Um die Hoflinde herum finden im Sommer Serenaden statt.

Das markanteste und zugleich merkwürdigste Bauwerk ist der massige 26 Meter hoch aufragende **„Traidkasten"**, dessen viertes Obergeschoß und das ausladende Schopfwalmdach die Ringmauer überragt. Dem Namen nach diente das voluminöse Bauwerk als Getreidespeicher, in dem die Naturalabgaben der Untertanen eingelagert wurden. Urkundlich erwähnt wird der Kasten erst 1553, seine Architekturmerkmale weisen aber ins 15. Jahrhundert.

Den imponierendsten Eindruck vermittelt die Burganlage von der Hangseite, zu der man über die Schlossstraße gelangt, wo man auch mit dem Auto einen kleinen Aussichtsplatz erreichen kann. Von hier zeigt sich die **Ringmauer** in bezwingender Abwehrkraft. Die Wehrmauer ist noch in ihrer ursprünglichen Höhe von stattlichen 10 Metern erhalten. Den tief eingeschnittenen, auf 20 Metern Breite ausgeschachteten Halsgraben überwindet eine Holzbrücke, die auf zwei gemauerten Pfeilern ruht. Zuerst führt der Weg durch die Barbakane (Lat. *barba canis* „Hundsbart"), ein kleines Außenwerk, das dem eigentlichen Burgtor vorgelagert ist. Über der Toröffnung droht ein auf Konsolen angebrachter Erker mit drei Guss- oder Wurföffnungen („*Machiculi*"). Die Wehrmauer erreicht hier die eindrucksvolle Stärke von 2,80 Metern.

Im späten 15. Jahrhundert wurde ihr der bedachte Wehrgang aufgesetzt, der um die ganze Burganlage herumlief. Heute ist er immerhin noch zur Hälfte erhalten und kann im Rahmen der Burgführung begangen werden. Nach außen öffnen sich Schlüsselscharten und Schießscharten für Armbrüste in der typischen Dreiecksform (Maulscharten). Und in der Ferne erblickt man die Stadt Salzburg und die Feste Hohensalzburg, die einstige Metropole des Rupertiwinkels.

Burg Tittmoning im Rupertiwinkel: 84529 Tittmoning · ℂ 08683/70 07-10
Burghof zugänglich; Gebäude nur mit Führung:
1. Mai–30. September (täglich außer Do): 14.00 Uhr (ca. 1 1/2 Stunden)
                Sonderführungen für größere Gruppen möglich
· Cafés und Wirtshäuser am Herrenmarkt (städtischer Hauptplatz)
· Konzerte und Burgfeste

Die Berchtesgadener Schlösser: Fürstpropstei, St. Bartolomä

Über 700 Jahre lang war die Stiftspropstei Berchtesgaden ein freies geistliches Territorium. Im 15. Jahrhundert erlangte sie sogar den Status eines reichsunmittelbaren Fürstentums, einer Fürstpropstei. Zwar warfen das Herzogtum Bayern und das Hochstift Salzburg begehrliche Blicke auf das Ländchen, doch keiner gönnte dem anderen die Vereinnahmung der Propstei. Nicht zuletzt deshalb vermochte Berchtesgaden seine Unabhängigkeit so lange zu bewahren. Erst 1809 legte der bayerische Löwe seine Pranke auf Watzmann, Königssee und die Ramsau. *(Abb. Seite 78)*

Wo früher auf steilen Bergeshöhen *„gar schröckliches Gethier, Lindwürm und Lufftdrachen"* ihr Unwesen trieben, rodeten Augustiner-Chorherren im 12. und 13. Jahrhundert den Urwald und vergaben bäuerlichen Grundbesitz als Lehen. Zwar blieben die karstigen, wasserlosen Ödflächen hoch droben unbewohnt, doch Holzeinschlag und Salzgewinnung machten das kleine Gebirgsländchen wohlhabend.
Herrschaftliches Zentrum war das Chorherrenstift in der Ortsmitte von Berchtesgaden, eine umfangreiche Klosterresidenz, die nach und nach um das dreischiffige romanische Münster (12./13. Jahrhundert) mit dem berühmten Kreuzgang herumgebaut wurde. Chorherren konnten übrigens nur Adelige werden. Die erhaltenen Sakral- und Profanbauten stammen aus dem 12. bis 19. Jahrhundert. 1803 wurde das Stift im „Reichsdeputationshauptschluss" säkularisiert und 1810 fiel das Stiftsgebäude an den bayerischen Staat.
1830 richteten die Wittelsbacher sich hier eine **Sommerresidenz** ein. Berchtesgaden und der Königssee waren häufiges Ziel der jagdbegeisterten königlichen Familie, namentlich Prinzregent Luitpolds (1886–1912) und König Ludwigs III. (1913–1918). Die Trophäe des „stärksten bayerischen Hirschs" mit 18,3 kg Geweihgewicht kündet davon. Aber erst nach dem Ende der bayerischen Monarchie (1918) wurde Berchtesgaden zum ständigen Wohnsitz der Wittelsbacher, als Kronprinz Ruprecht hier von 1922 bis 1933 seinen Wohnsitz bezog. Er stattete das ehemalige Klostergebäude mit Kunstwerken aus, die er geerbt oder in einem langen Sammlerleben erworben hatte, und verwandelte das Schloss in ein öffentlich zugängliches Museum.

Eine architektonische Besonderheit Berchtesgadens ist es, dass die Augustiner Klosterherren bei notwendig gewordenen Neu- und Erweiterungsbauten die alten Gebäude weitgehend unverändert stehen ließen. Dies führte zwar mit der Zeit zu einem Konglomerat von Gebäuden, Trakten und Höfen unterschiedlicher Stilepochen, ermöglicht aber dem heutigen Besucher einen Streifzug durch die Kunstgeschichte von der Romanik bis ins Biedermeier.

Im Langhaus der Stiftskirche treten die romanischen Bauformen des 12. und 13. Jahrhunderts noch deutlich zum Vorschein. Die Doppeltürme und die Fassade zum Schlossplatz entstanden 1866 neu. Die Anlage des **Kreuzgangs** wird auf 1200 datiert. Säulen mit reichem Pflanzen- und Figurenschmuck stützen die Kreuzgewölbe. Als Blickfang ist im Ostflügel vor dem Eingang zum Museum ein großer romanischer Löwe aufgestellt, der ein Portal flankiert hat. Zwei kleinere Löwen bewachen den nördlichen Gang.

Der heute „**Schloss**" genannte Bau ist die ehemalige fürstbischöfliche Residenz, die in einem Geviert den Kreuzgang umschließt. Der Konventsbau gegen Westen wurde Mitte des 16. Jahrhunderts neu im Stil der Renaissance errichtet, seine Fassade zum Schlossplatz hin schmücken Stuckereien von 1725. Der Residenzbau hatte unter den Pröpsten als Kanzlei gedient. Seine Fassade zum Schlossplatz erhielt um 1780 ein Rokoko-Antlitz. Bauteile im Erdgeschoß gehen noch auf die Entstehungszeit der Propstei im 12. Jahrhundert zurück. Die zweischiffige gotische Halle im Obergeschoß des Ostflügels entstand um 1400 und diente den Mönchen als Dormitorium (Schlafsaal). Von hoher Eleganz sind die herabgezogenen Joche auf schlanken, achteckigen Säulen aus rotem Marmor. In der Halle sind heute gotische und renaissance-zeitliche Skulpturen aus dem süddeutschen Raum ausgestellt, darunter Werke von Tilman Riemenschneider und die Verkündigungs-Madonna mit Buch von Veit Stoss. Im 16. Jahrhundert schmückten die Pröpste ihre Empfangs- und Repräsentationssäle des Konventsbaus im neuen Stil der italienischen Renaissance aus. Drei prächtige Portale mit Wappen, eines mit Marmorumrahmung, mögen zwar gut hierher passen, stammen aber von Schloss Neuburg an der Donau (➜ S. 110). Stilgerecht beinhalten die Räume heute italienisches Mobiliar und Tapisserien aus der Sammlung Kronprinz Ruprechts.

Die „Waffenkammern" erhielten ihren Namen erst durch die im 20. Jahrhundert hierher verlegten Museumsstücke des Hauses Wittelsbach. Aufsehen erregt der Prunkharnisch Herzog Albrechts V. von 1579. Solche aufwändig gestalteten Rüstungen dienten der hochherrschaftlichen Repräsentation und kamen weder im Turnier noch im Krieg zum Einsatz. Die Klosterküche strömt noch ganz die Aura des 16. Jahrhunderts aus. Der Südflügel enthält den ehemaligen Speisesaal, der heute mit wertvollen Porzellanen der Manufaktur Nymphenburg bestückt ist. Im dritten Stock weisen Biedermeier- und Empiremöbel auf die ehemaligen Wohnräume der Wittelsbacher hin. Über den Rosengarten auf der Hochterrasse und den Venusbrunnen schweift der Blick auf das Watzmann-Massiv, mit 2713 Höhenmetern der zweithöchste Gipfel der Bayerischen Alpen. Vorher bleiben die Augen freilich hängen an der hübschen Statue der nackten *Venus Anadyomene* (d. h. der sich kämmenden Venus), einer florentinischen Arbeit von 1550. Sie ist natürlich kein Relikt der geistlichen Herren, sondern entstammt genauso wie die Brunnenschale dem wittelsbachischen Kunst-Fundus.

Von der Terrasse sieht man herab auf den Priesterstein, eine Gartenanlage, die aber ihre ehemalige Funktion als Geschützbastion nicht verleugnen kann. Dort haben sich noch zwei Stiftsherrenhäuser erhalten, das Rehbachstöckl von 1721 und das Balbierhäuschen von 1733. Im 18. Jahrhundert lebten die adeligen Stiftskapitulare nicht mehr in mönchischer Gemeinschaft, sondern in derartig standesbewussten kleinen und eleganten Edelsitzen im Umkreis des Stifts. Der Schlossplatz wird begrenzt durch den Arkadenbau und den dahinter liegenden ehemaligen klösterlichen Getreidekasten von 1458. Zwei Torbauten, eines gegen Norden zum Rathausplatz hin, das andere gegen den Marktplatz im Westen, lassen noch die ehemalige, durchaus wehrhafte Anlage erahnen.

Ein weiteres fürstpröpstliches Bauwerk ist das 1614 erbaute **Schlösschen Adelsheim**. Es war der Sitz des letzten Fürstpropstes, Josef Conrad von Schroffenberg, der dem Ländchen von 1780 bis 1803 vorstand. In Adelsheim sind heute die reichen Sammlungen des Berchtesgadener Heimatmuseums untergebracht. Der Name des nahe gelegenen Königssees hat übrigens nichts mit königlichen Herrschaften zu tun, sondern bezieht sich auf Kuno von Rott, einen der Gründer des Augustiner-Chorherrenstifts im angehenden 12. Jahrhundert.

Auf dem halbkreisförmigen Landvorsprung inmitten des smaragdgrünen Königssees, der bis heute nur per Schiff erreichbar ist, bestand bereits 1134 eine Kirche. 1522 wird sie das erste Mal als dem heiligen Bartholomä(us) geweiht genannt. 1698 erfuhr sie eine barocke Umgestaltung und erhielt die charakteristischen Zwiebelhauben. Propst Erasmus Pretschlaipfer (1473–1486) ließ neben der Kirche ein zweistöckiges Sommerschlössl erbauen, das 1732 durch einen Rundbau mit der Kirche baulich verbunden wurde. Den bayerischen Königen, Prinzen und Prinzessinnen diente es als Jagdhaus und höchst beliebte Sommerfrische. Seit 1919 beherbergt es Gasträume.

Die denkmalgeschützte Gebäudegruppe **St. Bartholomä** aus Kirche, Jagdschloss und Fischerhaus am Fuße der von hier 1800 Meter auffahrenden Watzmann-Ostwand ist völlig zu Recht eines der meistfotografierten Motive der Welt.

Das ganze späte Mittelalter und die frühe Neuzeit zankten sich die bayerischen Herrscher und die Salzburger Erzbischöfe um das zwischen ihnen eingeklemmte Ländchen. Nach einem ersten Einfall bayerischer Heerhaufen 1194 befestigten die Augustiner-Chorherren das Stiftsland. Weil das hoch gelegene Berchtesgadener Becken allseits von hohen Bergmassiven umgeben ist, die als natürliche Festungsmauern wirken, mussten nur die zwei Pässe geschützt werden, die den Zugang ermöglichten. Von Salzburg aus ist dies der „Hangender-Stein-Pass" (500 m) und vom bayerischen Reichenhall der Haller Pass (694 m). An beiden Übergängen wurden Wehrtürme und Toranlagen (Klausen) errichtet.

Gegen Bayern hin sperrt der stiernackige **Hallthurm** den Zugang, der sich heute zwischen Bundesstraße und Eisenbahnlinie befindet. 1873 wurde er auf die heute noch bestehenden drei Stockwerke gekappt und zu einem Eisenbahnwärterhaus umgewandelt. Dagegen ist der Wachturm zu **Schellenberg**, von dem aus man den Eingang von Salzburg her überblickt, in voller Höhe erhalten. Der alte Hocheingang, ein romanisches Rundbogenportal ins erste Stockwerk, ist noch zu erkennen. Ein verwittertes Sühnekreuz neben dem Felsklotz, auf dem der Turm thront, erinnert an schwere Kämpfe, die 1382 hier zwischen dem Herzog von Niederbayern und den Salzburgern stattfanden. Am Hangenden Stein finden wir die berchtesgadische Inschrift von 1517 mit der schönen Inschrift: „*Pax intrantibus et inhabitantibus*" (Friede den Eintretenden und den Einwohnern). Das möge auch heute noch gelten!

Berchtesgaden, Schloss: 83471 Berchtesgaden · ℂ 08652/94 79 80
Führungen (50 Min.):
Pfingsten–15. Oktober: 10.00–12.00 Uhr; 14.00–16.00 Uhr
            (Achtung! Samstag geschlossen)
16. Oktober–Pfingsten: 11.00; 14.00 Uhr
            (Achtung! Samstag, Sonntag und Feiertage geschlossen)
Spezielle Abendführungen in der Wintersaison · Gruppenführungen nach Absprache
Heimatmuseum in Schloss Adelsheim: 83471 Berchtesgaden · ℂ 08652/44 10
Täglich außer Montag: 10.00–16.00 Uhr; Sonderführung 15.00 Uhr
November: geschlossen
Die **Wehrtürme von Hallthurm und Schellenberg** können von außen besichtigt werden.

AUFERSTANDEN AUS RUINEN: SCHLOSS DACHAU

Das hoch über der Amper liegende Schloss Dachau ist in mehrerer Hinsicht bemerkenswert. Es wurde bereits im 11. Jahrhundert als Sitz eines Grafengeschlechtes bezeugt und ging als eine der ersten Erwerbungen in die Hände der Wittelsbacher über, deren Stammland sich nördlich von Dachau ausbreitet. Im 16. Jahrhundert erlebte Dachau als eines der ersten deutschen Renaissance-Schlösser seine Blütezeit, litt aber dann stark unter den Kriegen des 17. und 18. Jahrhunderts. Ein besonderes Juwel ist der Ziergarten, von dessen Plateau der Blick weit über die Amperniederung bis zum Häusermeer Münchens und zu den Alpen reicht. *(Abb. Seite 80)*

Die mittelalterliche Burg war im 14. Jahrhundert in Verfall geraten. Die exponierte Lage im Schnittpunkt der sich befehdenden Teilherzogtümer München, Landshut und Ingolstadt hatte der Burg und der Marktsiedlung arg zugesetzt. Von 1403 an zog sich der Neubau hin, der erst 1435 unter Herzog Ernst fertig gestellt war.
Von 1546 ab widmete sich Herzog Wilhelm IV. dem Umbau der Burg, die er *„nahezu aus Ruinen neu erstehen"* ließ. Auch sein Nachfolger Albrecht V. schätzte Dachau wegen seiner Nähe zu München als Sommersitz. Unter ihm entstand von 1558 bis 1577 eine mächtige Vierflügelanlage im neuzeitlichen Renaissance-Stil. Viergeschoßige Trakte mit hohen Giebeln umschlossen einen viereckigen Innenhof. An den Ecken traten Türme hervor, die mit „welschen Hauben" bekrönt waren. Die Hofbaumeister Heinrich Schöttl und Wilhelm Egkl hatten ganze Arbeit geleistet. In Dachau war die erste **Sommerresidenz** der Landesherren entstanden. Eine mauerumzogene Gartenanlage, die sich über mehrere Terrassen zur Amper hinab erstreckte, erhöhte den Reiz.
Auch in der Folgezeit erfreute sich Dachau bei der Hofgesellschaft großer Beliebtheit, wenn sich auch bald herausstellte, dass der Bau bei weitem zu überdimensioniert geraten war und nur in seltenen Fällen ganz bezogen wurde. Die Folge war Vernachlässigung der leer stehenden Räume. Zerstörungen brachten im Dreißigjährigen Krieg plündernde Schweden genauso wie Einquartierungen „kaiserlicher Hilfsvölker". Nach 1648 waren die Schlossbauten weitgehend leergeräumt und unbewohnt.
Kurfürst Max Emanuel beabsichtigte in den Rahmen seiner Schlossbauten zu Schleißheim und Nymphenburg auch das dazwischen liegende

Dachau mit einzubeziehen. Zur Ausführung kam aber nur die Wiederherstellung des Westtrakts, für die Joseph Effner von 1715 bis 1717 verantwortlich war. Effner gab dem Festsaal ein „französisches" Gepräge und gestaltete die Fassade in barocken Formen um.

Doch Schloss Dachaus Glanzzeit war unwiederbringlich vorüber. Kurfürst und Hofstaat bevorzugten nun die neuen „Lustschlösser" Nymphenburg und Schleißheim. Den endgültigen Ruin führten französische, bayerische und österreichische Truppen herbei, die während der Napoleonischen Kriege (1797–1804) im Wechsel Dachau besetzten. Die Bausubstanz des Schlosses war dadurch so heruntergekommen, dass bis 1809 alle Gebäude bis auf Effners Saaltrakt abgerissen wurden. Dieser fristete fortan ein tristes Dasein als Lagerhalle und bekam während der Luftangriffe auf München 1944 mehrere Treffer ab.

Die Restaurierungsarbeiten des **Festsaalbaus** konnten nach siebenjähriger Arbeit im Jahre 1980 abgeschlossen werden. Ein wahres Schmuckstück ist entstanden und niemand dürfte heute auf den Gedanken kommen, dass es sich eigentlich nur um ein Viertel des ehemaligen Schlosskomplexes handelt. Der Festsaal erstrahlt seitdem in neuem Glanz. Ein besonderer Blickfang ist die prunkvolle wappengeschmückte hölzerne Kassettendecke, die in der Werkstatt des Münchner Kistlermeisters Hans Wisreutter von 1564 bis 1566 geschaffen wurde. 1868 hatte man sie abgebaut, zerlegt und in verschiedenen Depots eingelagert. Doch seit 1979 hängt sie wieder am alten Platz und verleiht dem Saal bei Konzerten eine besondere Akustik. Zusammen mit der Holzdecke im Fuggerschloss Kirchheim (➙ S. 228) gilt sie als die bedeutendste Renaissancedecke in Süddeutschland.

Restauriert wurde auch der 1567 entstandene Götterfries des Malers Hans Donauer, der die oberen Teile der Saalwände ziert. Dargestellt sind mythologische Szenen der griechisch-römischen Antike, die ganz im Geist der Renaissance mit den Herrschertugenden der wittelsbachischen Dynastie verbunden sind.

Auch der **Schlossgarten** erfuhr seine Wiedergeburt. Regelmäßig angeordnete Obstplantagen und Spalierwände, eine Lindenlaube und Rosenbeete zeugen von der Gartenkunst vergangener Epochen.

Schloss Dachau: Schlossberg, 85221 Dachau · ✆ 08131/87 923
April–September (Di–So): 9.00–18.00 Uhr
Oktober–März: 10.00–16.00 Uhr; So 15.00 Uhr Führung
 · Konzerte, Ausstellungen, Events
 · Hofgarten 9.00 Uhr bis Sonnenuntergang: Schlosscafé und Restaurant mit Terrasse

Am Ursprung Bayerns: Die ersten Burgen der Wittelsbacher

738 Jahre haben die Wittelsbacher Bayern regiert, von der Übertragung der Herzogswürde an Otto I. durch Kaiser Barbarossa im Jahr 1180 bis zur Abdankung König Ludwigs III. im November 1918. Sie zählen damit zu denjenigen europäischen Dynastien, die am längsten durchgehend auf dem Thron saßen. Ihre habsburgischen Rivalen z. B. kommen nur auf 645 Jahre.
Von 1180 bis 1632 stellten die Wittelsbacher die bayerischen Herzöge, 1623 wurde ihnen die Kurwürde verliehen und von 1803 bis 1918 nahmen sie den bayerischen Königsthron ein.

Die Anfänge des Geschlechts verlieren sich im frühen Mittelalter. Die Stätten ihrer Herkunft liegen im „Holzland" hinter Dachau an den Flüsschen Ilm, Glonn und Paar.
Erste gesicherte Nachrichten hören wir aus dem 12. Jahrhundert, als die Nachkommen der Grafen von Scheyern sich „von Wittelsbach" nannten.
1115 wird diese Burg *Vitilinesbac* zum ersten Mal urkundlich genannt, doch weisen die archäologischen Sondierungen auf eine wesentlich frühere Entstehungszeit hin. Der Burgplatz auf dem Geländesporn über der Hauptstraße von Augsburg nach Regensburg war gut gewählt und bot erheblich mehr Raum als die alte Grafenburg Scheyern.
In Wittelsbach hingegen entstanden um 1120 repräsentative Steinbauten und eine feste Ringmauer. Sie kündeten von der neuen Pfalzgrafenwürde Ottos von Wittelsbach, die diesem 1120 vom Kaiser übergeben wurde.
Die Burg, nach der sie sich nannten, traf ein verhängnisvolles Schicksal. Am 21. Juni 1208 erdolchte **Pfalzgraf Otto von Wittelsbach**, ein Vetter des regierenden Herzogs Ludwig, in Bamberg König Philipp von Schwaben. Der Mörder verfiel in Acht und Bann und wurde ein Jahr später bei Kelheim im Kampf geköpft. Sein Titel und seine Besitzungen gingen an seinen herzoglichen Vetter über. Die einzige Konzession, die man diesem abverlangte, war die Schleifung der Burg des Königsmörders, eben der Burg Wittelsbach, die ja auch seine eigene Stammburg gewesen war. Doch was bedeutete der Verlust dieses Platzes schon im Vergleich zu dem gewaltigen Zuwachs an Hausmacht und Land, den ihm der Totschlag seines jähzornigen Verwandten eingebracht hatte! So ließ er 1208 und 1209 die Burg Wittelsbach Stein für Stein abbrechen und von der

Erdoberfläche tilgen, um vor aller Augen die Schmach seiner Familie zu sühnen. Nur die Burgkapelle blieb stehen und wurde 1418 zur gotischen **Marienkirche** ausgebaut. Bis auf einen kurzen Besuch König Max' II. im Jahr 1857 mieden die Wittelsbacher den Platz. Er blieb leer und unbebaut, bis heute. Doch der eigentümlichen Spannung auf der baumumrauschten Burgstelle kann sich kein Besucher entziehen.

Wälle und Gräben sind noch gut zu erkennen. 1834 errichteten bayerische Patrioten das neugotisch verspielte **Wittelsbacher Denkmal** mit der reichlich übertriebenen Inschrift: „Dem 1200-jährigen Herrschergeschlechte". Schautafeln informieren über die intensiven Grabungskampagnen, die von 1978 bis 1980 stattfanden. Nach den archäologischen Befunden stand hier schon um 1000 eine kleine Burganlage auf dem äußersten Hügelsporn, die Mitte des 11. Jahrhunderts erneuert wurde. Von 1100 bis 1120 entstand die neue wittelsbachische Burg mit einem festen Palas aus Backstein. Ihre Ringmauer umfasste das gesamte Areal von 8000 Quadratmetern. Die Untersuchungen ergaben auch, dass die Burg sorgfältig Stein für Stein abgetragen wurde, ohne Hinzuziehung von Feuer. Der Überlieferung nach wurden die Quader und Ziegelsteine ins nahe gelegene Aichach transportiert und dort in der Stadtmauer verbaut.

Ausgrabungsgegenstände und Modelle der Burg sind im **Aichacher Wittelsbachermuseum** zu sehen. Das Zweigmuseum der Archäologischen Staatssammlung befindet sich im historischen Unteren Stadttor. Das **Wasserschloss Unterwittelsbach** in der Niederung der Paar repräsentiert ein behäbiges Landschlösschen des 17. Jahrhunderts. 1838 wurde es von Herzog Max in Bayern, wegen seiner Liebe zur Volksmusik „Zither-Maxl" genannt, erworben und restauriert. Seine Tochter Elisabeth (1837–1898), die spätere österreichische Kaiserin Sisi, verlebte hier bis zu ihrer Heirat mit dem österreichischen Kaiser Franz Joseph I. 1854 unbeschwerte Kindheits- und Jugendtage.

Schloss Dachau: Unteres Stadttor, 86551 Aichach
1. April–31. Oktober (außer Mo):   10.00–12.00 Uhr; 14.00–16.00 Uhr
1. November–31. März (Di und Do): 10.00–12.00 Uhr
             So und Feiertag: 14.00–16.00 Uhr
Burg Wittelsbach ist frei zugänglich: Wegweiser „Oberwittelsbach"
· Gaststätte Burghof
„Sisi-Schloss" Unterwittelsbach: Information: Stadt Aichach, Stadtplatz 1, 86551 Aichach · ✆ 08251/90 224 www.aichach.de
· Wechselnde Ausstellungen
Benediktinerabtei Scheyern: 85298 Scheyern · ✆ 08441/75 22 30
www.kloster-scheyern.de
Kloster- und Kirchenführung: So 15.00 Uhr und nach Vereinbarung

„Ingolstadt soll mich wehren": Bayerns Haupt-Defensions-Festung

Die strategische und handelspolitische Bedeutung des Ortes, wo die uralte Bernsteinstraße die Donau überquert, haben schon die Kelten des 4. Jahrhunderts v. Chr. erkannt. Ihr gewaltiges *oppidum* zu Manching südlich von Ingolstadt ist das erste urbane Zentrum nördlich der Alpen überhaupt. Von der keltischen Festungsstadt zeugen heute noch kilometerlange, bis vier Meter hohe Wälle. Noch vor dem Dreißigjährigen Krieg wurden Burg und Stadt zur bayerischen Landesfestung ausgebaut. Die Mauern Ingolstadts sollten die Residenz in München und die fruchtbaren Gefilde südlich der Donau schützen. Aus dieser Zeit stammt der bayerische Herrscher-Spruch: *„München soll mich nähren, Ingolstadt mich wehren."* (Abb. Seite 113)

Von der Donaubrücke (heute Konrad-Adenauer-Brücke) lässt sich das ganze Panorama Ingolstadts gut überblicken: Die Wehr- und Tortürme der Stadtmauer, die hohen Giebel der Bürgerhäuser, und alles überragt von den ziegelroten gotischen Türmen des Liebfrauenmünsters. Die Stadt hat noch viel alte Bausubstanz erhalten, wenn auch gerade die Donaufront mit dem modernen Theaterbau etwas aufgerissen wirkt. Aber so schweift der Blick immerhin frei auf die zwei mittelalterlichen Gebäude, die uns näher interessieren werden. Inmitten der Stadthäuser steht wuchtig der „Herzogskasten", ein durch schiere Größe und Schlichtheit beeindruckendes Bauwerk. Und links ins Bild, schon das Ende des Altstadtbereichs flussabwärts markierend, schieben sich die Türme des „Neuen Schlosses".

Der **Herzogskasten** nimmt die Stelle der ersten wittelsbachischen Stadtburg, des „Alten Schlosses", ein, das Herzog Ludwig der Strenge 1250 errichten ließ.
Ursprünglich lag die Burg an der Ecke der Stadtmauer und war von der Bürgerstadt wohl auch durch einen Graben abgetrennt. Doch als sich die Stadt weiter donauabwärts ausdehnte und bis 1430 neue Stadtmauern gezogen wurden, die ein größeres Areal umschlossen, lag die Burg mitten in der Stadt und verlor ihre repräsentative Bedeutung. Als Ersatz ließ Herzog Ludwig im Bart von 1418 bis 1447 das umfangreichere „Neue Schloss" erbauen. Es lag in vergleichbarer Lage wie die erste Burg an der Südostflanke der nun erweiterten Stadt und war wiederum durch

Mauer und Graben von den Bürgern geschieden. Nach dem Bezug des Neuen Schlosses wurde das Alte Schloss als Wohnbau aufgegeben und als Speicher und Lagerhaus (eben als „Kasten") genutzt. Ein spätgotischer Stufengiebel mit filigranen Zinnen und Eckerker deuteten an, dass es sich immerhin um einen herzoglichen Kasten handelte. Als profaner Zweckbau überlebte der Herzogskasten die Jahrhunderte, wurde jedoch im Inneren völlig ausgehöhlt und diente zuletzt als Mehllager der örtlichen Bäckerinnung.

1980 kaufte die durch Industrieansiedlung (Audi-Werke) wohlhabend gewordene Stadt den Bau und ließ ihn aufwändig renovieren. Über drei Stockwerke erstrecken sich heute auf Stahlkonstruktionen die Bestände und Leseplätze der Stadtbücherei. Wer sich für spätgotische Dachstühle interessiert, sollte das oberste Geschoß (Vortragsraum) besuchen.

Herzog Ludwig der Bärtige (1367–1447) steht an der Schwelle vom Mittelalter zur Neuzeit. Seine Jugend hatte er an der Seite seiner Schwester Elisabeth, als Isabeau de Bavière Gemahlin des französischen Königs Karl VI., in Paris und an der Loire verbracht und war dort mit den neuen Gedanken der Renaissance vertraut geworden. So versuchte er als Fürst ab 1413 sein kleines oberbayerisches Teilherzogtum nach neuzeitlichen Gesichtspunkten zu führen, ja trug sich schon mit dem Gedanken, als erster bayerischer Herrscher eine Universität zu gründen. Doch andererseits steckte er noch tief im ausgehenden Mittelalter, verstrickte sich in alle möglichen Ehrenhändel und zog sich selbst die Rüstung an, um sich mit seinen zahlreichen Gegnern nach Ritterart herumzuschlagen. Unter seiner Führung erreichte der Bayerische Erbfolgekrieg seinen Höhepunkt. Ingolstädter, Münchner und Landshuter – allesamt wittelsbachische Vettern – standen sich in wechselnden Koalitionen gegenüber. 1505 war die Zeit der Landesteilungen endlich vorbei. Die Herzogsstadt an der Donau verlor ihren Residenzcharakter und wurde fortan von München aus regiert. Die Universität und ihre Festungsmauern bewahrten die Stadt aber vor weiterem Bedeutungsverfall.

Der Bau des **Neuen Schlosses** nahm die gesamte Regierungszeit Ludwigs des Bärtigen (1413–1441) ein. Daneben war der Fürst noch mit vielen anderen Bauvorhaben beschäftigt, darunter mit dem Liebfrauenmünster, dessen Grundsteinlegung 1425 erfolgt war. Bei seinem Tod im fernen Burghausen 1447 war das Schloss jedenfalls noch unvollendet, bestand aber bereits aus dem kubischen, viergeschoßigen Hauptgebäude (Palas) und dem zur Flußseite angefügten „Großen Donauturm". Aus der Zeit Ludwigs stammen auch noch der weiträumige Dürnitz im Erdgeschoß des Hauptbaus, der „Schöne Saal" und der Tanzsaal im ersten

Stock und die schön bemalte Untere und Obere Kapelle sowie die herzoglichen Privatgemächer im Donauturm. Der gegen die Stadt hin liegende Burghof war von einem breiten Wassergraben umgeben, der von der Donau gespeist wurde und die gesamte Anlage in eine Wasserburg verwandelte. Auch den Palas selbst umgab ein noch erhaltener Graben, der auf einer Zugbrücke überwunden wurde.

Die barsche Abschirmung zur Stadt erinnert an zahllose herzogliche Streitereien mit der Bürgerschaft, die eine derartige Zitadelle an ihrer Südostecke nur ungern hinzunehmen bereit waren.

Vollendet wurde das Schloss erst unter den reichen niederbayerischen Herzögen, die sich an die Baupläne ihres Vorgängers hielten. Sie fügten die zwei übereck stehenden Rechtecktürme und den Fünfeck-Turm an den Palas an und errichteten den Getreidekasten (später Zeughaus) mit Rundturm zur Stadt hin. 1488 war das Schloss mit seinen charakteristischen steilen Walmdächern vollendet. Seine großzügigen gewölbten Hallen und mit reicher Steinmetzarbeit ausgezierten Säle wurden indessen von wenig Leben erfüllt, da die Herzöge es vorzogen, in Landshut und später in München Hof zu halten. Bald galten auch die gotischen Bauformen der Burg als überholt und antiquiert. Als Zeichen der neuen Zeit wurde zwischen 1572 und 1600 das stadtseitige Burgtor im Renaissancestil erbaut.

Im Dreißigjährigen Krieg bewährte sich der breite Festungsring, der im 16. Jahrhundert um die Stadt und das Schloss herum gelegt wurde (ihm folgt heute die Ringstraße). Zwischen mittelalterlicher Stadtmauer und neuzeitlicher Bastionierung erstreckte sich ein bis 300 Meter breites unbebautes, von Kanälen durchzogenes freies Feld, das Glacis, eine auch heute noch größtenteils unbebaute Grünfläche. Ingolstadt war zur stärksten Festung Süddeutschlands geworden – zur **„Landes-Haupt-Defension"**. 1632 musste König Gustav Adolf trotz schwerer Kanonade unverrichteter Dinge vor ihren Mauern abziehen.

Die österreichische Besatzung während des Österreichischen Erbfolgekriegs 1743–1745 hinterließ schwere Schäden im Schloss, die mit einigen Barockzutaten (u. a. der Glockenturm auf dem Burgtor) notdürftig behoben wurden. Dann dienten die leeren Hallen als Munitionsdepot und als Zucht- und Arbeitshaus. Napoleon ordnete während seiner siegreichen Donau-Kampagne die Schleifung der Festungsanlagen an. 1809 wurde der gotische Bauzierrat des Schlosses, seine Treppengiebel und Erker abgebrochen und der Donauturm um ein Stockwerk gekappt. Das Schloss füllte sich mit ausrangiertem Militärmaterial und ausgelagertem Gerümpel aus der Hauptstadt.

Unter **König Ludwig I.** aber setzte plötzlich wieder eine hektische Bautätigkeit ein, nicht am Schloss, sondern im Umfeld der Stadt. Der König hatte wieder die strategische Bedeutung Ingolstadts als Brückenkopf an der Donau im Sinn, als er 1826 in Auftrag gab, die Stadt mit modernen Fortifikationen zu umgeben. Nie mehr sollten die Franzosen so schnell nach Bayern durchbrechen wie unter Napoleon! Die Aufgabe übernahm der begnadete Baumeister **Leo von Klenze**, dem das Kunstwerk gelang, die martialischen Festungswerke mit einer eigentümlichen klassizistischen Ästhetik zu verbinden. Und so wirken die Bollwerke trotz all ihrer klafterdicken Baumasse und ihren Geschützluken fast wie backsteinrote Kunstwerke.

Dieser Eindruck wird noch verstärkt durch ihre Einbettung in gepflegte Grünanlagen. Am jenseitigen Donauufer liegen das halbmondförmige **Reduit Tilly**, flankiert von den Geschütztürmen Triva und Baur. Bizarr ist der Kontrast zwischen den hoch aufgerichteten, uneinheitlichen und spitzgiebeligen Formen des gotischen Schlosses und den niedrigen, breit dahingestreckten runden und regelmäßigen Baukörpern der ludovicianischen Festung. Jede Schussbahn zwischen den Artilleriestä̈nden ist geometrisch genau berechnet worden, so dass kein toter Winkel entstand. Um die Stadt legen sich mehrere Kavaliere (Geschützbatterien), welche die Glacis bestrichen. Die Besatzung wurde in Kasernenanlagen innerhalb des Stadtgebiets untergebracht. 1848 war die Bayerische Landesfestung vollendet, doch genügte sie schon nicht mehr den neuen Anforderungen der Waffentechnik. 1871 (nach dem Deutsch-Französischen Krieg) wurde daher Ingolstadt weiträumig von einem Dutzend kleiner, aber massiver Sperrforts umgeben.

Ins Neue Schloss zog erst 1925 wieder Leben ein, als man die Innenräume im Stil der Zeit restaurierte und die Sammlungen des Stadtmuseums unterbrachte. Schwere Zerstörungen brachten Luftangriffe in den letzten Monaten des Kriegsjahres 1945. Von 1962 bis 1972 wurde das gesamte Bauensemble des Neuen Schlosses umfassend nach alten Plänen restauriert. Seit 1972 beherbergt es die umfangreichen **Sammlungen des Bayerischen Armeemuseums**. Das Armeemuseum lag ursprünglich an der Stelle der heutigen Bayerischen Staatskanzlei am Münchner Hofgarten. 1944 wurde es total zerbombt.

Damit gelangte eine der bedeutendsten Waffen-, Bilder- und Uniformsammlungen von hohem kulturgeschichtlichen Wert in die Stadt an der Donau. Auch Pazifisten sollten die Ausstellungsstücke wertfrei betrachten, denn Kriegführung galt früher als eine Art Kunst. Davon zeugen prächtige Harnische des späten Mittelalters, kunstvoll verzierte Schwerter, punzierte Hellebarden und mit Elfenbein eingelegte Feuerwaffen. Und in der Tat waren die Menschenverluste in den Ritterschlachten des Mittelalters relativ gering.

Ein eigener Saal ist der Türkenbeute gewidmet, welche den Bayern unter Max Emanuel 1687 in Ungarn in die Hände fiel, darunter das Prunkzelt des osmanischen Großwesirs. Die farbigen Uniformen der napoleonischen Kriege und die eleganten Kostüme der königlich-bayerischen *Chevau-légers* täuschen freilich schon über die im 19. Jahrhundert einsetzenden Schrecken des modernen Krieges hinweg.

Gänzlich unromantisch und bedrückend, aber unheimlich informativ ist die Dokumentation über den Ersten Weltkrieg in den Kasematten des Reduit Tilly. Auch andere Festungswerke lassen sich im Rahmen eines Museumsbesuchs besichtigen. Im 1843 vollendeten **Kavalier Hepp** ist das Stadtmuseum und das Spielzeugmuseum untergebracht. Im **Kavalier Dallwigk** unweit des Neuen Schlosses wird das Museum für Konkrete Kunst und Design untergebracht und der **Turm Triva** soll ein multifunktionales Donaumuseum aufnehmen.

Inmitten der Glacis außerhalb der schön restaurierten Stadtmauer am Unteren Graben liegt der gläserne Kubus des Alf-Lechner-Museums mit eindrucksvollen modernen Stahlskulpturen. Gleich neben der Donaubrücke ist der Mitteltrakt der Donaukaserne am Tränktor zum **Museum für Konkrete Kunst** umfunktioniert worden. Ingolstadt verfügt damit über die ausgeprägteste städtische Museumslandschaft Bayerns.

Keltisch-Römisches Museum Manching: Rathaus, Ingolstädter Straße 2, 85077 Manching · Führungen nach Vereinbarung · ℂ 08459/850
Ingolstadt, Herzogskasten: Marie-Luise-Fleisser-Bibliothek, Städtische Bücherei, Hallstraße 2–4, 85049 Ingolstadt · ℂ 0841/305-18 39
www.ingolstadt.de/stadtbuecherei
Mo–Fr: 10.00–18.00 Uhr
Oktober–März auch Sa: 10.00–13.00 Uhr
· Zahlreiche Lesungen und Sonderveranstaltungen
Neues Schloss, Bayerisches Armeemuseum: Paradeplatz 4, 85017 Ingolstadt · ℂ 0841/93 770 www.bayerisches-armeemuseum.de
Täglich außer Mo: 9.00–16.30 Uhr
Reduit Tilly: wie Armeemuseum
Kavalier Hepp, Stadtmuseum: Auf der Schanz 45, 85049 Ingolstadt · ℂ 0841/305-18 85 www.ingolstadt.de/stadtmuseum
Täglich außer Mo: 10.00–17.00 Uhr
Kaserne am Tränktor, Museum für Moderne Kunst: Tränktorstraße 6, 85049 Ingolstadt · ℂ 0841/305-18 71 www.ingolstadt.de/museumfuerkonkretekunst
Täglich außer Mo: 11.00–18.00 Uhr
Kavalier Dallwigk und Turm Triva: Museumsprojekte (Stand 2003)

Vohburg: Wäre Agnes Bernauer doch dort geblieben!

Zugegeben: Die gewaltigen Röhrenwerke der Ölraffinerien bei Vohburg lassen manchen die Nase rümpfen. Doch das Donaustädtchen selbst entpuppt sich als putziger kleiner Marktflecken, der noch viel Nostalgisches birgt: ein stattliches Tor mit reich gegliedertem Treppengiebel und schöner Fassadenmalerei, behäbige Gasthöfe und viel Geschichte. Nicht weit von hier, bei Großmehring, ließ der Nibelungendichter die Burgunden mit König Gunther, mit Hagen, Giselher und Gernot über die Donau setzen auf ihrem Zug entlang der Donau in den Untergang an König Etzels und Kriemhilds Hof. Und über dem Ort, auf einem 80 Meter über der flachen Flussniederung aufsteigenden Inselberg, liegt eine der umfangreichsten Burgen Südbayerns. *(Abb. Seite 80)*

Der hoch gelegene, von zwei Donauarmen umflossene Platz hat sicher schon in der Vorgeschichte Siedler angezogen. Gesichert ist eine karolingische Burganlage (um 895), die als „Volksburg" das gesamte Hochplateau umfasste und im Notfall die Bevölkerung der Umgebung aufnehmen sollte. Denn zu dieser Zeit folgten die Magyaren (Ungarn) den großen Strömen und fielen ins Bayerland ein. Nahten die Reiter, zogen sich die Bauern hinter die Wälle der Fliehburgen zurück. Eine davon war **Vohburg**.

Im 15. Jahrhundert ließ Herzog Ernst von München 1414 den Palas erneuern und die Burg neu befestigen. In der renovierten gotischen Anlage schlug 1432 sein Sohn Albrecht seinen Wohnsitz auf – zusammen mit seiner heimlich angetrauten Gattin Agnes Bernauer. Von hier trat sie 1435 ihren letzten Gang nach Straubing an. 1477 bedrohten erneut innerwittelsbachische „Hausstreite" und „bairischer Unfried" das Land, so dass **Albrecht IV.** Vohburgs Burgmauern wieder erneuern ließ. So ausgebaut, als spätgotisches Burgschloss mit hoch aufragendem Bergfried, festem Palas, Toren und Türmen hat sie 1568 Philip Apian als *„magnificum in monte"* – großartig auf dem Berg, beschrieben. Doch als 1641 die Schweden unter ihren kriegserprobten Generälen Wrangel und Torstenson mit Kanonen anrückten, hatten die maroden mittelalterlichen Mauern und die schwache kurfürstliche Besatzung keine Chance. Die innere Burg, Bergfried und Palas sanken in Schutt und Asche.

Seltsamerweise blieben bei all diesen Angriffen, auch bei den vorhergehenden von 1316, die Umfassungsmauern der Burg verschont. Vermutlich waren sie zu weitläufig und daher ihr Abbruch zu kompliziert.
1721 wurde für den Pfleger ein „neues Pflegschloss" auf der Burghöhe eingerichtet. Auf seinem Fundament erhebt sich heute ein Seniorenheim. Mitte des 19. Jahrhunderts entsann man sich wieder der historischen Bedeutung der Burg, sicherte den **Burgbering** und bewahrte das gotische Burgtor vor weiterem Verfall.
1959 erfolgte mit dem Bau des **Wasserturms** in der Nordwestecke des Burgareals ein weit reichender Eingriff in die historische Landschaft. Die Gemeinde sah damals keine andere Möglichkeit, ihre Wasserversorgung zu sichern. Doch sollte man zugestehen, dass mit dem Bau des schlichten quadratischen Turmes immerhin versucht wurde, mittelalterlichen Stil zu wahren. Oberflächliche Burgbesucher und nicht wenige Einheimische halten ihn übrigens meist für den Bergfried der alten Burg. Doch dieser wurde 1641 niedergelegt und nicht wieder aufgebaut. Sein Standort ist unbekannt. Doch mittlerweile ist auch der Wasserturm Geschichte und beansprucht Schutz als technisches Denkmal.
Der **Torbau** mit spätromanischen Ornamenten zwischen zwei halbrunden Türmen stammt noch von der Burg des 13. Jahrhunderts. Der äußere Torbogen mit Mannpforte ist gotisch überblendet, in der Torhalle erkennt man noch die Rinne für das Fallgatter. Der hohe Giebelaufsatz wurde nach einem Brand 1891 erneuert. Die kleine, dem Tor vorgesetzte Barbakane entstand im 15. Jahrhundert. Im Inneren überrascht die große Fläche des Burgareals, die noch fast vollständig vom Bering umgeben ist. Die Sockelstärke der Ringmauer erreicht 2,30 Meter. Ein kleineres Mauerstück wurde mit einem hölzernen Wehrgang bedeckt und ist zugänglich. Zwei Türme, einer rund („Pulverturm"), einer eckig („Wachturm"), stammen von der gotischen Burg des 15. Jahrhunderts. Ausgrabungen brachten Fundamente des markgräflichen, später herzoglichen Palas ans Tageslicht, dem 1414 ein Anbau angefügt wurde. Das Gebäude fiel dem Dreißigjährigen Krieg zum Opfer.
Eine schöne Gelegenheit, Vohburg und seine Vergangenheit kennen zu lernen, bieten die **Agnes-Bernauer-Festspiele** im Freilichttheater auf dem Burgberg.

Vohburg: Stadtinformation Rathaus, 85088 Vohburg · ✆ 08457/92 92-22
www.agnes-bernauer.de
· Das Burgareal ist frei zugänglich
· Die nächsten Agnes-Bernauer-Festspiele finden 2005 statt

DIE PFALZBAYERISCHE RESIDENZ NEUBURG AN DER DONAU

Nachdem sich der Pulverdampf des Landshuter Erbfolgekriegs 1504 verzogen hatte, erhob sich Bayern als geeintes, fortan unteilbares Fürstentum aus den Ruinen. Als Kompensation aber musste die siegreiche Münchner Linie der Wittelsbacher der unterlegenen Partei, den wittelsbachischen „Pfalzgräflichen", ein kleines selbstständiges Herzogtum einräumen.

So wurde durch den Schiedsspruch Kaiser Maximilians I. 1509 das Fürstentum Pfalz-Neuburg an der Donau gegründet, „Junge" oder „Neue Pfalz" genannt. Die Donaustadt Neuburg erlebte als Residenz kulturelle Höhepunkte, denen die Schlossbauten der Renaissance und des Barock heute noch ihr Gepräge verleihen. *(Abb. Seite 114)*

Das neu geschaffene Hoheitsgebiet bildete kein einheitliches Territorium, sondern erstreckte sich in „Streubesitz" von der schwäbischen oberen Donau über Franken bis in die nördliche Oberpfalz. Hauptstadt war Neuburg. **Pfalzgraf Ottheinrich** (1502–1559) stattete seinen Herrschersitz verschwenderisch mit Kunstwerken – Gemälden, Gobelins, bibliophilen Büchern und Musikinstrumenten – aus. Berühmt ist die „Ottheinrichsbibel", eine Handschrift des 15. Jahrhunderts in deutscher Sprache, die der Herzog 1532 mit wundervollen Illustrationen ausschmücken ließ (heute in der Bayerischen Staatsbibliothek München). Seine Pilgerreise ins Heilige Land wurde auf zwei monumentalen Wandteppichen festgehalten. Als bekennender Protestant ließ er 1542 die **Neuburger Schlosskirche** zum ersten evangelischen Gotteshaus Bayerns weihen. Die Besetzung seiner Residenzstadt und die Plünderung durch Truppen Karls V. im Schmalkaldischen Krieg 1546/1547 zerstreute den Großteil der Kunstsammlungen über ganz Europa. Wertvolle Bilder und Tapisserien fanden auf diese nicht ganz feine Art ihren Weg in die Münchner Residenz. 1557 wurde Ottheinrich zum rheinischen Kurfürsten in Heidelberg gewählt und verließ sein Miniaturfürstentum. Auch am Rhein nagte der „Bauwurmb" in ihm weiter. Auf ihn geht der berühmte „Ottheinrichsbau" im Heidelberger Schloss zurück.

Unter seinen Nachfolgern hielt mit den Jesuiten die Gegenreformation Einzug. Ende des 16. und während des 17. Jahrhunderts erhielt das Schloss über der Donau seine imponierende Silhouette mit dickbauchigen Rundtürmen, Barockkuppeln und aufgesetzten Laternen, die heute noch das Städtchen dominieren.

Die auf einem sanft gewölbten Kalkrücken liegenden Kirchen, Konvente und Plätze der Oberstadt bilden mit dem breit über der Donau hingelagerten Schloss ein einheitliches Bau-Ensemble von seltener Harmonie. Das Residenzschloss wurde von 1527 bis 1545 im Stil der Früh-Renaissance errichtet. Unter Ottheinrich entstanden der Nordbau, der Westflügel mit tonnengewölbtem Durchgang zum Hof, die Schlosskirche und der südliche Küchenbau.

Der „**Neue Bau**" an der Donauseite wurde über dem „Nadelöhr", dem einzigen Zugang, der von der Donaulände durch das Untertor in die Oberstadt führte, errichtet. Das erklärt auch seine vom rechtwinkeligen Grundplan abweichende Lage. Der viergeschoßige, schön verputzte Bau war 1538 vollendet und diente als erstes Wohngebäude Ottheinrichs und seiner Gemahlin Susanna. Die ursprüngliche Dachterrasse wurde 1590 mit dem Satteldach und den Schweifgiebeln überdeckt. Der Rittersaal enthält noch die originale Holzkassettendecke und die umlaufende Holzvertäfelung des Jahres 1575.

Großen künstlerischen Anspruch verrät der **Ottheinrichsbau**, der den Schlosshof im Westen zur Stadt hin begrenzt. Dem stadtseitigen Eingangsportal ist ein zweigeschoßiger Altanvorbau mit Halbsäulen vorgesetzt. In der Torwölbung führt rechts ein Zugang in die Dürnitz, die zweischiffige Aufenthaltshalle der Bediensteten. Auf der linken Seite führt das Kirchenportal mit der Jahreszahl 1538 in die zweigeschoßige Hofkapelle. Das protestantische Bildprogramm (meist alttestamentarische Szenen) hatte der Salzburger Maler Hans Bocksberger 1543 vollendet. Im Hof sind die Arkaden auf zierlichen Marmorsäulen, die dem Parterre und ersten Stock vorgelegt sind, eine wahre Augenweide. Hinter den Bogengängen und Balustraden sind alle Wandflächen mit Sgraffito-Malereien überzogen, an denen bis 1555 der Flame Hans Schroer gearbeitet hatte. Die biblischen Szenen lässt man sich am besten während einer Führung erklären. Die Obergeschoße werden durch einen Treppenturm erschlossen, auf dem auch der Laie das Bildnis des Babylonischen Turms identifiziert. Leider wurde der Treppenturm 1824 gekappt, wie auch das oberste Stockwerk des Ottheinrichsbaus im 19. Jahrhundert eine unpassende Veränderung erfuhr (s. u.).

Einen eigenständigen Baukörper stellt der Osttrakt dar, der nach seinem Erbauer **Philipp-Wilhelm-Bau** genannt wird. Er entstand unter Kurfürst Philipp Wilhelm (1615–1690) in den Jahren 1664 bis 1668. In seinem monumentalen Barockstil unterscheidet er sich erheblich von den Renaissanceflügeln Ottheinrichs. Während sich der Philipp-Wilhelm-Bau von der Hofseite in Höhe und Baumasse gut einpasst, entwickelt er von der Unterstadt und der Donaulände eine ungeheure Fernwirkung und beherrscht das Stadtbild. Verantwortlich dafür sind die massigen, fünfgeschoßigen überkuppelten Rundtürme, die den Trakt einrahmen. Das erste Obergeschoß bewohnte der Fürst mit Leibdienerschaft, das zweite war der Fürstin und ihren Kammerzofen vorbehalten. Die Festsäle befanden sich in den Rondellen, dazwischen reihten sich Appartements, Chambres, Anti-Chambres und Salons verschiedener Funktion aneinander. Von der barocken Stuckierung und Ausmalung des 18. Jahrhunderts ist nicht mehr viel erhalten. Restaurierungen sind derzeit im Gange. Das Fürstenpaar Philipp Wilhelm und Elisabeth Amalie ließ sich übrigens in zwei lebensgroßen Skulpturen in der hofseitigen Loggia vor der Schlosskirche verewigen.

Eine Hommage an den zeitgenössischen Geschmack des Skurrilen ist die 1667 eingerichtete künstliche **Grottenanlage** im Erdgeschoß des Nordrondells. Unzählige Donaumuscheln und Bachkiesel sind in die mit grobem Tuffstein verkleideten Wände eingelassen. Die drei feuchten Höhlen erstrahlten in verschiedenen Farben und zeigen allerlei allegorisches Beiwerk.

Letzte Baumaßnahmen leitete **Herzogin Maria Amalia**, die Schwägerin König Max' I. Josephs ein, die Schloss Neuburg 1795 zum Witwensitz erkoren hatte. Unter ihrer Ägide wurde 1824 die oberste Etage des Ottheinrichbaus mit dem Fest- und Ahnensaal abgetragen und machte einer klassizistischen Neukonstruktion Platz, die einen Theatersaal aufnehmen sollte. Deshalb wirkt der obere Teil des Ottheinrichbaues irgendwie fremd und disharmonisch. Nach dem Tod Amalias 1831 diente das Neuburger Schloss als Staatsarchiv für Bayerisch-Schwaben, als Kaserne, Lazarett und nach 1945 als Flüchtlingslager. In den Räumen eingesetzte Behörden und Wirtschaftsbetriebe trugen wenig zum Erhalt der historischen Bausubstanz bei. Die kostbarsten Intarsienportale wurden ins Schloss Berchtesgaden (→ S. 95) verfrachtet. So kam der Baukomplex 1970 arg ramponiert in den Besitz der Staatlichen Bayerischen Schlösserverwaltung. Nach jahrzehntelanger gründlicher Renovierung erstrahlt die Residenz aber wieder in fürstlichem Gepränge. Schlossmuseum, Ausstellungen und allerlei historische Events bieten genügend Möglichkeiten zur Besichtigung.

Schon lange vor der Gründung des Herzogtums Pfalz-Neuburg wurde der Platz des Residenzschlosses von Befestigungen und Burgbauten einge-

Ingolstadt, Neues Schloss, heute Armeemuseum (S. 103)

Ingolstadt, Herzogskasten, heute Stadtbibliothek (S. 103)

Neuburg an der Donau, Schloss mit Hofkirche (S. 110)

Jagdschloss Grünau bei Neuburg (S. 122)

Eichstätt im Altmühltal, Willibaldsburg (S. 124)

Im Altmühltal: Burg Kipfenberg (oben), Ruine Arnsberg (unten links), Schloss Hirschberg (unten rechts) (S. 127)

Burg Fürsteneck über der Ilz (S. 134)

Passau, Burgruine Hals (S. 130)   *Schloss Wolfstein bei Freyung (S. 136)*

Schloss Englburg (S. 138)

Ruine Neunußberg (S. 143)

Ruine Weißenstein (S. 132)

Passau, Feste Oberhaus über der Donau (S. 148)

Passau, Neue Residenz (S. 148)

Obernzell an der Donau, Schloss (S. 162)

Neuburg an der Donau

nommen. Der Verkehrsweg und der über eine Brücke mögliche Donauübergang erforderte auf der erhöhten Lage eine Burg. Archäologische Grabungen stießen jüngst auf Reste einer frühmittelalterlichen Fliehburg aus dem 10. Jahrhundert. Romanische Mauerzüge weisen auf die hochmittelalterliche Burg hin, welche der Wittelsbacher Herzog Ludwig der Strenge im Jahr 1247 den Pappenheimer Grafen entriss. Eine Datierung ins 15. Jahrhundert erfuhren die gewaltigen, bis vier Meter breiten Fundamentmauern unter der Ost-Terrasse des heutigen Schlosses. Sie stammen aus der Zeit Herzog Ludwigs des Bärtigen von Ingolstadt, der die Stadt und die Burg von 1420 bis 1425 mit neuen Mauern und Toren versehen ließ. Nicht ganz umsonst – denn als er sich mit seinem Sohn Ludwig dem Buckligen 1439 überwarf, wich er ins wohlbefestigte Neuburg aus. Der „Bucklige" musste ihn dort 18 Monate lang belagern, bis sich der „Bärtige" 1443 endlich ergab. Genützt hat es dem aufmüpfigen Sohn wenig, da er schon 1445 das Zeitliche segnete. Sein Vater verbrachte seine letzten Lebensjahre im Gewahrsam seines Vetters und Rivalen Heinrich des Reichen in Burghausen (→ S. 86). Unter den Reichen Herzögen von Landshut gruppierten sich im 16. Jahrhundert bereits gotische und Renaissance-Gebäudetrakte um den rechteckigen Burghof. Auf dieser Grundlage erbaute Ottheinrich dann seine Residenz.

Ein weiterer Profanbau des Mittelalters ist der altersgraue **Münzturm** am Oberen (westlichen) Stadttor. Er diente vom 13. bis ins 15. Jahrhundert als Hauptturm der wittelsbachischen Burg. 1425 wurde er in den neuen Stadtmauerring mit einbezogen. 1530 entstand neben ihm die Münzstätte des neuen Fürstentums und eine Glocken- und Geschützgießerei. Originell ist das Giebelbild, das Ottheinrich und seinen Bruder Philipp als Kinder auf Steckenpferden reitend zeigt. Das anlehnende „Ritterhaus" wurde 1462 an Stelle des alten Amtshauses und Palas errichtet. Das von Rundtürmen flankierte Obere Tor am Fuß der Münze stammt aus der Zeit Ludwigs des Bärtigen 1420. Seine heutige Gestalt mit dem geschweiften Renaissance-Giebel erhielt es 1530.

Neuburg an der Donau: Gästeinformation Neuburg/Donau Residenzstraße A 65, 86663 Neuburg/Donau · ℂ 08431/55 240 / 41 www.neuburgdonau.de
· Verschiedene Themenführungen durch Stadt und Schloss
Schlossmuseum: Residenzstraße 2 · ℂ 08431/88 97
1. April–30. September (Di–So): 9.00–18.00 Uhr
1. Oktober–31. März (Di–So):   10.00–16.00 Uhr
Staatliches Archäologie-Museum im Prinz-Wilhelm-Bau: gleiche Öffnungszeiten · Schlossfest: Ende Juni/Anfang Juli, alle 2 Jahre (2003/2005 usw.)

Das Jagd- und Lustschloss Grünau

„Der Jagd und der Liebe" widmete Pfalzgraf Ottheinrich von Neuburg das Schlösschen Grünau, das er keine 10 Kilometer donauabwärts inmitten der einsamen Donauauen errichten ließ. Die Bauinschrift von 1530 widmet den Bau ausdrücklich seiner Gemahlin Susanna, mit der er – bei fürstlichen Familien eher unüblich – eine glückliche Ehe führte. *(Abb. Seite 114)*

Susanna war eine Tochter Herzog Albrechts des Weisen von München und damit eine gefragte Partie auf dem zeitgenössischen dynastischen Heiratsmarkt. 1518 wurde sie als 16-jährige mit dem 20 Jahre älteren Markgrafen Kasimir von Brandenburg verehelicht, dem sie in rascher Folge fünf Kinder gebar.

1527 starb Kasimir und Pfalzgraf Ottheinrich trat in Freiersfüße. Angeblich hatte er – der Gleichaltrige – sich schon viel früher in sie verliebt. 1529 vermählten sich die beiden in Neuburg und verbrachten viel Zeit bei Festmählern, galanten Turnieren, Jagden und *„nobler Kurzweyl"*. Politisch war die Verbindung von höchster Bedeutung, denn dadurch wurde das gespannte Verhältnis der bayerischen Herzöge zu den Pfalzgrafen entschärft. Die Ehe blieb indessen kinderlos, was bei der Zusammenstellung des schwergewichtigen Herrn und der auf Gemälden stets bleich und zierlich dargestellten Dame nicht überraschend erscheint. 1543 starb Susanna. Da sie sich bei aller Liebe zu ihrem protestantischen Gatten nicht vom katholischen Glauben abbringen ließ, fand sie ihre letzte Ruhestätte in der Münchner Frauenkirche.

Nur kurze Zeit, von 1531 bis 1543, diente Schloss Grünau als **pfalzgräfliches Lusthaus**. Auf schnurgerader Straße fuhren die Herrschaften in Kutschen von Neuburg ins grüne Donaumoos und gelangten nach kurzer Zeit zu dem auf einer Waldlichtung und inmitten breiter Abzugsgräben gelegenen Lustschloss. *„Sein Gnad nennt es die Grienau / dahin kommt mancher Herr und Frau / fürstlich Lust allda zu pflegen / der Herr geb in allem seinen Segen / dass man dabey sein nit vergess / sondern man jag, trinck oder ess"*, lesen wir auf einem Marmorstein in der Tafelstube. Im Gegensatz zu den von südlicher Leichtigkeit geprägten Renaissance-Bauten zu Neuburg kam in Grünau noch die altdeutsche Spätgotik zum Zuge.

Den Mittelpunkt bildet ein **dreigeschoßiges Herrenhaus** mit spätgotischen Treppengiebeln. Im Erdgeschoß zerwirkte das Gefolge das Wildbret in der Küche und ruhte sich in der Dürnitz aus. Im ersten Obergeschoß befindet sich eine kleine Hauskapelle sowie die Tafelstube. Kleine *Chambres Séparées* schließen sich an wie das „Prunftstüblein", *„allwo viel Hirsch und Reh gemalet"* und das „Zimmer Floh-Hatz Weyber-Tratz" *„darinnen unterschiedtlich klaidete und nackete Weyber gemalet, die auf mancherley Art und mancherley Orthen Flöh fangen"*. Das Phaetongemach präsentiert „Salomon und seine Kebsweiber", den alttestamentarischen König dabei inmitten praller, wenig verhüllter Frauenleiber. Die Innenausmalung entstand unter Jörg Bräu aus Augsburg bis 1537, wobei das frivole Bildprogramm über die „lässlichen Sünden des Fleisches" auf den lebenslustigen Pfalzgrafen zurückgeht. Im Stockwerk darüber logierten die Fürstlichkeiten. Da der beleibte Pfalzgraf keine steilen Treppen besteigen konnte, fügte man einen rechteckigen Turm an, in dem eine Stiege für Reitpferde nach oben führt.

Nach Susannas Tod 1543 wurde es still in Grünau. Der Sinn des von Schulden gedrückten und von Konfessionskämpfen geläuterten Fürsten war nicht mehr auf das den Freuden der Jagd und der Erotik gewidmete Lustschloss gerichtet. Doch der Bau wurde wie geplant weitergeführt. So entstand bis 1555 das schlichte Viereck der Umfassungsmauer und der lang gestreckte Torbau mit den zwei gedrungenen runden Seitentürmchen.

Ottheinrichs Nachfolger empfanden die amourösen Fresken anstößig und kamen nur gelegentlich zur Jagd in die Wildnis der Donauauen. So verfiel das einsame Grünau in einen Dornröschenschlaf. Nur Kurfürst Karl Theodor weilte hier um 1750 ein paar Mal zum „Lustjagen".

1923 wurde Grünau und der umliegende Forst dem Wittelsbacher Ausgleichsfonds übertragen. Seitdem werden die weiten Eichen- und Buchenwälder rund ums Schloss vorbildlich kultiviert. Das Schloss erfuhr von 1975 bis 1980 eine gründliche Renovierung und erstrahlt seitdem wieder in hellem Weiß auf grünem Plan. Ein besonderes Erlebnis ist eine Pferdewagenfahrt auf der Allee zwischen Neuburg und Grünau.

Grünau an der Donau:
- Außenbesichtigung (Waldrastplätze)
- Innenbesichtigung nach Voranmeldung: Wittelsbacher Ausgleichsfonds Gutsverwaltung, 86633 Neuburg Rohrenfels · ✆ 08431/83 28
- Kutschenfahrten von Neuburg (s. S. 110)

Krummstab und Schwert: Die Willibaldsburg über Eichstätt

In der Kunstlandschaft Bayerns bildet Eichstätt einen der absoluten Höhepunkte. Ein Ort von derart historischer und kunstgeschichtlicher Verdichtung ragt selbst im verwöhnten Süden Deutschlands heraus. Wir finden dort auf engem Raum eine profane Burg, eine sakrale Residenz und ein noch nahezu unverfälschtes barockes Stadtbild. *(Abb. Seite 115)*

Das Bistum Eichstätt geht auf das 8. Jahrhundert zurück. Der erste Bischof war Willibald, eine vermutlich legendäre Gestalt, die ein Benediktinerkloster ins Leben gerufen hatte. Bis ins 13. Jahrhundert geboten die Bischöfe zwar über ausgedehnte geistliche Sprengel, mussten aber als rein geistliche Herren die weltliche Macht immer von Schirmvögten verwalten lassen. Im 12. und 13. Jahrhundert waren dies die Grafen von Hirschberg. 1291 setzten die Grafen ihre bischöflichen Herren als Erben der Vogtei ein. Nach dem Tod des letzten legitimen Hirschbergers 1305 war es soweit. Eichstätt war damit ein Fürstbistum geworden, ein eigenständiges, „immunes", Staatswesen innerhalb des Römisch-Deutschen Reiches.

Wie viele solcher kleinen Territorien überlebte es als „Puffer" zwischen mehreren größeren Mächten. Da keiner der Nachbarn – weder das bayerische Herzogtum noch die reichsfreie Stadt Nürnberg – es wagte einzugreifen, ohne dass sich eine gegnerische Koalition gebildet hätte, überlebte das Fürstbistum Eichstätt fünf ganze Jahrhunderte bis 1802/1803.

Als Gegengewicht zu den Wittelsbachern erkoren sich die Eichstätter eine starke Hand, nämlich Bertold von Hohenzollern (1351–1365), zum geistlichen und weltlichen Oberherren. Bertold, vormals Burggraf zu Nürnberg, schritt sofort zur Tat und ließ die strategisch hervorragende Lage der Bergzunge innerhalb der Altmühlschleife befestigen.

Die **„Willibaldsburg"** war bis 1725 der Sitz der geistlichen und weltlichen Verwaltung des Fürstbistums. Fast jeder Eichstätter Fürstbischof ordnete auf der Burg neue Baumaßnahmen an.

Die entscheidende Bauphase, die bis heute das Gesicht der Willibaldsburg bestimmt, fand unter Konrad von Gemmingen (1593–1612) statt. Er holte den bedeutendsten Baumeister seiner Zeit, Elias Holl aus Augsburg, an den Eichstätter Bischofshof. Elias Holl verwandelte das gewachsene gotische Konglomerat aus Türmen, Mauern und Wohnhäusern in eine streng regelmäßig angeordnete Palastanlage. Der **Gemmingenbau** mit den zwei charakteristischen Türmen steht mit Elias Holls Augsburger Rathaus in einer Reihe der beeindruckendsten Bauten der Renaissance. Ein repräsentativer Hofgarten durfte nicht fehlen. Der mit botanischen Raritäten bepflanzte „*Hortus Eystettensis*" lag auf dem Hochplateau an der Südseite. Um das Fürstenschloss herum legte man 1609 einen weiträumigen Festungsgürtel mit Bastionen, tiefen Gräben und spitzwinkeligen Schanzen.

Mit Feuerwaffen versehen und ausreichend verproviantiert und bemannt, wären diese neuzeitlichen Festungsanlagen uneinnehmbar gewesen. Doch mit der Anwerbung von Söldnertruppen und Kriegsleuten tat sich das Bistum schwer. 1627 dezimierte die Pest die Bevölkerung. So war die Burgbesatzung 1633 viel zu schwach, als die Schweden unter Bernhard von Weimar und General Horn ihre Geschütze klarmachten. Die Drohung der Brandschatzung der ungeschützten Stadt genügte, um ihnen die Tore der Burg zu öffnen. Noch im selben Jahr rückten die Kaiserlichen ein. Doch im Februar 1634 kehrten die Schweden zurück und zerstörten die Stadt systematisch. Noch gegen Ende des 17. Jahrhunderts wurden auf der Willibaldsburg die gewaltigen Nord- und Ostbastionen zur Hochfläche und zum Tal hin vollendet.

Mit der Verlegung der bischöflichen Residenz hinunter in die Stadt unter Bischof Franz Ludwig Schenk von Kastell (1725–1736) begann die lange Zeit der Verödung. Die Baumassen ließen sich nicht mehr in Stand halten. In den Spitalbauten wurde ein Zucht- und Arbeitshaus eingerichtet.

1796 wiederholte sich die Situation von 1633. Die wenigen Soldaten konnte die riesigen Fortifikationen gar nicht besetzen. Sich gegen die napoleonischen Truppen zu wehren war zwecklos.

Nach der Aufhebung des Fürstbistums und der Säkularisation von 1803 wurde die gesamte Inneneinrichtung verkauft und verschleudert. Der bayerische Staat zweckentfremdete den Palastbau als Kaserne, verkaufte einzelne Teile an Private und kümmerte sich nicht weiter um Eichstätt, das mittlerweile fern aller wichtigen Verkehrswege lag. 1829 und 1870 wurden beträchtliche Teile der Schlossbauten abgetragen, darunter das Obergeschoß des Gemmingenbaus und die Zwiebelbedachungen der Türme. Die Zinnenkronen sind unhistorische Zutaten des 19. Jahrhunderts.

Seit 1962 läuft die Sanierung des gewaltigen Baukomplexes. Mit der Einrichtung des paläontologischen **Jura-Museums** im Nordflügel des Gemmingenbaus (mit dem **Original-Archaeopteryx**, dem Urvogel) und des **Ur- und Frühgeschichtlichen Museums** (Kelten- und Römerzeit) im Südflügel hat die alte fürstliche Residenz wieder eine adäquate Aufgabe gefunden. 1998 öffnete der hübsche **Bastionsgarten**, eine Rekonstruktion des *Hortus Eystettensis* des 17. Jahrhunderts, seine Pforte. Zusammen mit dem Biergarten in der Hauptburg ist er ein häufiges Ziel von Ausflügen.

Die Willibaldsburg liegt nicht direkt über der Innenstadt und fällt daher im Stadtbild nicht auf. Man erreicht sie von der Spitalbrücke in der Stadt auf einem mäßig, aber kontinuierlich steigenden Fahrweg (auch mit PKW). Die Torhalle des Burgtores besteht aus einem 63 Meter langen und 9 Meter hohen, schlauchartigen Tunnel vom Ende des 17. Jahrhunderts. Links und rechts springen Bastionen mit geschrägten Mauern vor. Eindrucksvoll ist die südliche Schellenbergbastion hoch über der Altmühl. Davor liegt der Spitalbau mit einer barocken Rundkapelle.

Auf dem Weg zum Hauptschloss passiert man den Schaumbergbau (um 1575), den einzig stehen gebliebenen Trakt einer ehedem vierflügeligen Anlage. Der runde Dirlitzturm markiert den Beginn des hochherrschaftlichen fürstbischöflichen Residenzbereichs. Die fünf Meter starke Schildmauer, die den Innenhof des Gemmingerbaus absperrt, ist der letzte Rest der spätmittelalterlichen Burg. Durch sie führt das neuzeitliche Tor in den von Elias Holl mit Arkaden, toskanischen Säulen und Renaissance-Portalen gestalteten Hof, der von drei Flügelbauten umgeben wird. Der Haupttrakt im Westen mit den beiden talseitigen Ecktürmen beherbergte bis 1725 die Wohn- und Repräsentationsräume des Fürstbischofs.

Zur Altmühlbiegung fällt das Gelände in Terrassen gestuft ab. Der ganze Burghügel ist rundherum abgemauert. Vom jenseitigen Hochufer aus gesehen, erhebt sich die Willibaldsburg auf einem monumentalen steinernen Sockel aus Stütz- und Festungsmauern. Für Fotografen erschließt sich von Blumenberg aus (hier wurde 1877 der Urvogel *Archaeopteryx* gefunden) der beste Blick auf die Renaissance-Frontfassade der Willibaldsburg.

Jura-Museum; Ur- und Frühgeschichtliches Museum:
Burgstraße 19, 85072 Eichstätt · ℂ 08421/29 56
1. April–30. September täglich außer Mo: 9.00–18.00 Uhr
1. Oktober–31. März täglich außer Mo: 10.00–16.00 Uhr
· Bastionsgarten
· Turmbesteigung
· Brunnenhaus
· Bewirtung im Innenhof (Mo Ruhetag)
Blumenberg, an der B 13, 3 km nach Eichstätt in Richtung Weissenburg

Burgen an der eichstättischen Altmühl: Hirschberg, Kirchenburg Kinding, Kipfenberg, Arnsberg

Drei außergewöhnliche Wehrbauten säumen den ehemaligen bischöflich-eichstättischen Abschnitt der Altmühl. Dies wären, direkt als Grenzburg zum bayerischen Herzogtum bzw. Kurfürstentum gelegen, die Burg Hirschberg, sodann stromaufwärts die Kirchenburg Kinding und, bereits weit innerhalb des bischöflichen Territoriums gelegen, die Burg Kipfenberg. *(Abb. Seite 116)*

In **Hirschberg** überrascht der Einklang des Gemäuers zweier fensterloser mittelalterlicher Wehrtürme aus wuchtigen Buckelquadern mit dem filigranen Mauerwerk eines Rokoko-Schlösschens. Wie ungeschlachte Torwächter aus dem 13. Jahrhundert flankieren die zwei Klötze den Eingang zum lang gestreckten Schlosshof und geben den Blick frei auf die freundliche, 1764 fertig gestellte Sommerresidenz des Eichstätter Bischofs Raymund Anton Strasoldo. Die markanten Treppengiebelhelme der Wehrtürme entstammen dem 16. Jahrhundert. Der rechte Turm diente, deutlich sichtbar, als Torturm. Nach dem Aussterben der Hirschberger Grafen 1305 war die hoch gelegene Burg in den Besitz des Hochstifts Eichstätt, das hier an das Herzogtum Bayern grenzte, gelangt. Heute dient Hirschberg als bischöfliches Bildungs- und Exerzitienhaus, weshalb ein spontaner Besuch nicht möglich ist. Der Burghof ist aber in der Regel geöffnet.

Schloss Hirschberg: 92335 Beilngries · © 08461/64 210
Führung nach Vereinbarung

Von Hirschberg führt die schnurgerade „Fürstenstraße" quer durch den Haunstetter Forst nach **Kinding**. Dort erwartet uns eine besondere Form des mittelalterlichen Befestigungswesens, nämlich eine **Kirchenburg**. Auch dörfliche Gemeinschaften nahmen im ausgehenden Mittelalter das Recht in Anspruch, feste Plätze gegen die allgegenwärtigen Fährnisse der Adelsfehden und der feindlichen Einfälle zu bilden. Was bot sich hier besser an als die zentral gelegene, allen Einwohnern vertraute Dorf- oder

Pfarrkirche? Während im frühen und hohen Mittelalter die Kirchen selbst befestigt waren und „Wehrkirchen" darstellten, wollte man später die künstlerische und einladende Art der Gotteshäuser nicht beeinträchtigen. So umgab man die Kirchen weiträumig mit Mauern und Türmen und bewehrte die Friedhöfe. Ein Beispiel dafür ist Kinding.
Die gotische Kirche Mariä Geburt wird von einer hohen Mauer umgeben. Die gefährdete Südseite sichern zwei mauergebundene Türme, in deren Mittelfeld der hohe Torturm steht. Im 16. Jahrhundert legte man noch einen Zwinger vor den Eingangsbereich. Kinding ist die besterhaltene Kirchenburg Bayerns.

> **Kinding:** Die Kirchenburg kann frei besichtigt werden. www.kinding.de

Wer die steinerne Baumasse der **Burg Kipfenberg** vom Tal aus betrachtet, wird kaum glauben, dass sie an Stelle einer traurigen Ruine erst im 20. Jahrhundert entstanden ist. 1301 hatte das Hochstift Eichstätt den Ritter Konrad Kropf dazu gebracht, die Burg fürderhin den Bischöfen zu überlassen, die dann hier ihre Pfleger einsetzten. Ausbauten im 14. Jahrhundert bewahrten Kipfenberg im Bauernkrieg von 1525 und selbst noch im Dreißigjährigen Krieg vor Angriffen. Gefährlicher erwies sich der Zahn der Zeit, der bis 1836 so weit genagt hatte, dass man die Burg auf Abbruch verkaufte. 1869 standen nur noch der Bergfried, der der Spitzhacke trotzte, und ein paar Außenmauern. Doch jetzt herrschte das Zeitalter „teutscher Burgenromantik", und einer Berliner Familie bot sich im Schicksalsjahr 1914 Kipfenberg an, ihren Rittertraum zu verwirklichen. Immerhin gewann sie dafür Bodo Ebhardt, den Leibburgenbaumeister Kaiser Wilhelms II., der die Pläne lieferte und den Wiederaufbau bis 1925 leitete. Das Ergebnis war eine Burg, die auch eingefleischte Burgenfreunde erst auf den zweiten Blick als „rekonstruiert" erkennen.

> **Burg Kipfenberg** ist Privatbesitz. Es empfiehlt sich aber der Besuch des Römer- und Bajuwaren-Museums im ehemaligen Wirtschaftshof der Vorburg. Von dort erschließt sich die Burganlage auch von außen. Das 1999 ins Leben gerufene Museum bietet hochmoderne interaktive Produkte zu den Themen Limes, Römer und Germanen.
> **Bajuwaren-Museum:** 85110 Kipfenberg · ✆ 08465/90 57 07
> www.bajuwaren-kipfenberg.de
> Täglich 10.00–16.00 Uhr; Sommer bis 18.00 Uhr

Schon nach dem nächsten Mäander der Altmühl folgt eine weitere Burg: **Arnsberg**. Ein Sträßchen quer durch die eigenartige Jura- und Heidelandschaft führt hinauf auf die kahle, von Kalkfelsen durchsetzte Hochfläche. Auf einem ins Tal vorspringenden Felssporn hat die Burg eine wahrhaft atemberaubende Lage. Ein sichelförmiger, in den Dolomit geschlagener Halsgraben trennt das Burgareal vom Hinterland ab. Die geräumige Vorburg wird heute als Hotel und Gaststätte genutzt. Das Hotel ist in einem Gebäude mit Jahreszahl 1584 untergebracht.

Interessant sind nachgebaute hölzerne Wehrgänge auf der Ringmauer. Durch die kleine barockisierte Burgkapelle wird das Ensemble aufgelockert. Über einen weiteren, tief in den Felsen geschlagenen Graben gelangt man zur Kernburg. Gleich über dem Eingang baut sich der Bergfried auf. Seine an ein Fass erinnernde Form erklärt sich aus dem fünfeckigen Fundament, das in den Obergeschoßen in die Rundform übergeht. Hinter dem Turm umschließt der Bering ein 30 mal 20 Meter großes, zerklüftetes Felsenareal. Eine Schenkelmauer lässt sich über den ganzen Steilabhang bis zur Straße im Tal verfolgen. Der exponierte Burgfelsen ist ständig Wind und Wetter ausgesetzt, schirmt aber die unter ihm kauernde Vorburg ab.

Seit 1278 waren die Herren von Heideck auf Arnsberg Lehensträger des Bistums Eichstätt. Vermutlich ist Ende des 13. Jahrhunderts der Bergfried als eichstättisches Besitzzeichen errichtet worden. Eine gefährliche Situation trat ein, als im späten 14. Jahrhundert die Ingolstädter Herzöge die Burg erwerben konnten und sie an die bekannt rauflustigen Fraunberger (Haag; Prunn) verpfändeten. Unter ihnen wurde die ins Tal reichende Sperrmauer gebaut, um Maut und Zoll verlangen zu können. 1417 verlangte Herzog Ludwig der Bärtige von Ingolstadt das Pfandgut zurück und eroberte die Burg. 1433 soll sie von den Ingolstädtern zerstört worden sein. 1475 erscheint sie im Besitz Herzog Albrechts IV. von München, der Schloss und Herrschaft an das Bistum Eichstätt verkaufte.

Die Hauptburg dürfte seit dem 16. Jahrhundert wegen Felsstürzen und Verwitterungen nicht mehr bewohnt gewesen sein. 1663 richteten die Bischöfe in der Vorburg ein Jagd- und Sommerschloss ein. Genau hundert Jahre später rückten fürstbischöfliche Steinhacker an und brachen die Kernburg ab, um Quader und Bausteine zum Bau des neuen Schlosses Hirschberg zu karren.

Hotel-Restaurant Schloss Arnsberg: 85110 Kipfenberg · ✆ 08465/31 54
Die Burgruine kann frei besichtigt werden.

Die Burgen Hals und Reschenstein über der Ilzschleife

Pittoresk ragen die Mauern der Burg Hals in den Himmel. Ihre freie Lage auf dem allseitig steil abfallenden Felsklotz inmitten eines weiten idyllischen Talgrunds lassen sie wie den Idealtypus einer romantischen deutschen Burgruine erscheinen. Unten plätschert das rostbraune Flüsschen Ilz und duckt sich die Ortschaft. Vom Rest des Bergfrieds, der sich wie ein erhobener Zeigefinger emporreckt, blickt man über die immer noch endlosen grünen Wogen des Bayerwaldes. *(Abb. Seite 117)*

Der sprechende Name „Hals" trifft die Lage gut, markiert die Burg doch die engste Stelle in der Flussschlinge der Ilz. Der zwischen den Windungen des Flusses herausragende Fels musste im 12. Jahrhundert, als der Adel von den Niederungen hinauf auf die Bergeshöhen zog, geradezu eine Burg anlocken.

Der Halser Familienzweig der Chamber wurde 1279 von König Rudolf von Habsburg in den Grafenstand erhoben. Albert von Chambe hatte den Habsburger nämlich in der Schlacht auf dem Marchfeld bei Wien (1278) entscheidend gegen Ottokar von Böhmen unterstützt. Die kleine Grafschaft betrachtete sich seitdem als frei und nur dem Kaiser untertan. Die benachbarten Landesherrschaften, das Herzogtum Bayern und das Fürstbistum Passau hingegen erhoben Einspruch und mussten daher durch den repräsentativen Ausbau der **Burg Hals** vom neuen Status überzeugt werden.

Ende des 13. Jahrhunderts wurde daher die Grafenburg in der heute noch erkennbaren baulichen Dimension erweitert und den neuen Bedürfnissen angepasst. Aus dieser Zeit stammt die ausgedehnte Vorburg, die sich bis zur Ilz hinunter erstreckte. Vier Tore waren zu überwinden, um zur Hauptburg mit der gräflichen Wohnung zu gelangen. Auf der anderen Seite, im Rücken der Burg, verhinderten zwei tief in den Fels geschnittene Halsgräben eine unerwünschte Annäherung.

Erbe des reichen Halser Besitzes, der sich bis zur böhmischen Grenze erstreckte, wurde 1375 der Oberpfälzer Landgraf Johann von Leuchtenberg, ein enger Vertrauter Kaiser Karls IV. 1376 erwirkte er für die Burgsiedlung am Fuß der Grafenburg Stadt- und Münzrechte. Eine langjährige Fehde mit König Wenzel dem Faulen von Böhmen trieb die Halser aber in den Ruin. Nach wechselnden Besitzern erwarb der bayerische Herzog

Wilhelm IV. im Jahr 1517 Burg und Grafschaft. Es ist anzunehmen, dass die Burg unter herzoglicher Herrschaft wieder aufgebaut wurde.
Doch die luftige Lage, vordem als Standessymbol verstanden, wurde im 16. und 17. Jahrhundert nur noch als lästig und unbequem empfunden. Brandschäden von 1622 setzte man nur noch notdürftig in Stand. Als im Österreichischen Erbfolgekrieg habsburgische Truppen in Bayern einrückten, wurde auf Münchner Befehl die Burg Hals „unbewohnbar" gemacht, damit sie den Feinden nicht als Stützpunkt dienen konnte. 1741 trug man infolgedessen die Dächer ab und riss sämtliche Holzeinbauten der Hochburg heraus. 1810 stürzte ein Teil des Palas ins Ilztal. Regen, Eis und Sturm vollendeten das Zerstörungswerk – bis auf die noch erhaltenen bizarren Mauerzacken und Kellergewölbe.
Der Weg führt vom Marktplatz Hals steil aufwärts zuerst in den Bereich der Unterburg. Auf der linken Seite passiert man die ehemalige untere Schlosskirche, die 1819 profaniert und zu einem neobarocken Wohnhaus umgewandelt wurde. Dann folgt ein grob gemauerter wuchtiger rechteckiger Wehrturm, der privat genutzt wird. Durch zwei Torhäuser gelangt man in die Hochburg, die in eine Vor- und eine Kernburg geteilt ist. Vom Fuß des Burgberges führt ein reizvoller Wanderweg durch das schöne Naturschutzgebiet „Halser Ilzschleifen".
Über den Fluss und am Hofbauerngut vorbei gelangt man in einer halben Stunde zur **Burg Reschenstein**, deren Dach malerisch aus den Baumwipfeln hervorlugt. Die kleine Burg auf dem höchsten Punkt inmitten der Ilzschlinge ist nicht vor dem 14. Jahrhundert belegt. Sie stand immer in Zusammenhang mit der in Sichtverbindung gelegenen Halser Grafenburg. Von den ehemals zwei schlanken Türmen ist nur noch einer erhalten. In seiner heutigen Form geht er auf den „romantischen" Wiederaufbau von 1907 zurück.
Quer durch den Reschensteiner Burgfelsen führt ein künstlicher Triftstollen und verbindet die beiden Arme der Ilz. Der 130 Meter lange und 4 Meter hohe Tunnel wurde 1829 durch den Felsen geschlagen und verkürzte den Weg der auf der Ilz Richtung Donau getrifteten Baumstämme. Heute ist der dunkle Gang ein Teil des Halser Burgenweges.

Hals ist seit 1972 ein Stadtteil von Passau. www.passauhals.de
Das Betreten der **Hochburg Hals** ist nur mit Führung möglich:
  Passauer Stadtfuchs-Touren · ✆ 0851/45 892
  Treffpunkt meist So 10.00 Uhr am Halser Marktplatz. www.passau-stadtfuchs.de
Burg Reschenstein: Kontakt: Hofbauerngut Hals, 94034 Passau · ✆ 0851/41 263
Beide Burgen bieten auch ohne das Betreten des Inneren einen imposanten Anblick. Mehrere Wirtschaften am Marktplatz Hals
· Gaststätte Triftsperre unterhalb Burg Reschenstein · ✆ 0851/51 162

Herzogliches Kanonenfutter: Ruine Weissenstein auf dem Pfahl

„**D**er Tee ist gefroren und die Zahnbürste hat Rauhreif und die Handtücher sind wie aus Blech und von der Decke rieselt der Kalk und es zieht durch das ganze Haus, weil die Türen nicht zugehen und auch die Fensterscheiben sind kaputt und die Fensterstöcke angefault, der Fußboden bricht ein und das Treppengeländer wackelt ..." Wenig idyllisch beschrieb der Dichter Siegfried von Vegesack (1888–1974) seinen mittelalterlichen Wohnturm in Weißenstein bei Regen im Bayerischen Wald. *(Abb. Seite 118)*

1918 hatte es den Baron aus seiner verlorenen Heimat im Baltikum hierher verschlagen, in eine karge Waldeinsamkeit, in der damals wirklich noch die Welt mit Holzbrettern vernagelt war. *„Hier fand ich einen alten Raubritterturm mit Spuk und Gespenstern, der seit vielen Jahren leer stand und für ein Butterbrot zu haben war. Im Winter, wenn es nur Holz zu hacken gab, fing ich an zu schreiben!"*, schilderte Vegesack seine literarischen Anfänge. 56 Jahre verbrachte er dann dort bis zu seinem Tod 1974, söhnte sich mit den anfangs so unzugänglichen Waldlern aus und widmete ihnen humor- und liebevolle Geschichten. Der Burgturm sollte dem Dichter zum Schicksal werden. Als ihm gegen 1932 die Kosten für Erhaltung und Reparatur des Gemäuers über den Kopf zu wachsen drohte, schrieb er seine Autobiographie mit dem bezeichnenden Titel: „Das Fressende Haus". Dieses Buch machte den in den Bayerwald verschlagenen, Monokel tragenden Aristokraten zum ersten Mal überregional bekannt.

Heute ist Vegesacks **„Fressender Turm"** vorbildlich wieder hergestellt und als originelles Museum revitalisiert. Seit 1984 werden dort auf vier Stockwerken Erinnerungen an Siegfried von Vegesack sowie volkskundliche Sammlungen (u. a. Schnupftabaksgläser) und wechselnde Ausstellungen präsentiert. Das oberste Geschoß informiert über die 1997 getätigten Ausgrabungen auf der Burg Weißenstein.

Bauhistorisch gesehen diente Vegesacks fressendes Haus als Getreidekasten (Speicher) zur Einlagerung der von den Untertanen gelieferten Naturalabgaben. Die eigentliche Burg Weißenstein baut sich dahinter weithin sichtbar auf einem steilen und zerklüfteten Quarzstock auf. **„Der Pfahl"** heißt diese wunderliche geologische Erscheinung, eine 120 Kilometer lange, fast gerade Quarzader, die sich teils unterirdisch, teils riffartig ausgewittert hat, zum Teil aber auch als hoch aufragender hellgezackter Höhenzug sich wie eine Riesenschlange über den Wipfeln des Bayerischen und des Oberpfälzer Waldes hinzieht. „Teufelsmauer" nannten sie die abergläubischen Einheimischen. An der höchsten Stelle des Pfahls wächst aus dem Felsklotz **Burg Weißenstein**. Bizarr sitzen auf dem Grat ein wuchtiger quadratischer Wohn- und Wehrturm, begehbar durch eine ausgesetzte Leiterkonstruktion, sowie einige Ruinenreste, die kaum vom weißen Quarzfels, auf den sie aufgemauert sind, zu unterscheiden sind.

Von der Aussichtsplattform geht der Blick weit übers Waldgebirge, zum dunklen Hochwald der Bergriesen Arber, Rachel und Falkenstein, zum nahen Städtchen Regen mit seinem mächtigen Stadtturm und nach Süden zur Donau.

Wer hier oben saß, herrschte auch. Im 12. Jahrhundert waren das die Grafen von Bogen, denen Bayern seine Rauten im Staatswappen verdankt. Die Burg lag verkehrsgünstig am alten Handelsweg von der Donau nach Böhmen. Im frühen 14. Jahrhundert folgten die Freiherren von Degenberg. Einer von ihnen erhob sich als Führer des rebellischen adeligen Böcklerbundes gegen seinen Landesherren, den bayerischen Herzog Albrecht IV., worauf dieser ein Exempel statuierte und die Burg im Jahr 1468 aus Donnerbüchsen und Bombarden zusammenschießen ließ. Die herzogliche Besatzung, die dann einzog, mied den sturmumtosten Bergfried auf dem Pfahl und bezog ihr Quartier im geräumigeren Kastenbau, dem späteren Vegesack-Turm. Auch die Degenberger, die wieder zu ihren Rechten kamen, bewohnten bis zu ihrem Aussterben 1602 nur den Kasten und vernachlässigten die Burg auf dem Pfahl.

Das Ende der Burg kam im Österreichischen Erbfolgekrieg, als kaiserlich-habsburgische Panduren 1742 die noch intakt verbliebenen Gebäude in Brand setzten. 1764 warf ein Sturm Teile der Ruinen in die Tiefe.

Die wahrlich „weiße" Burgruine aber avancierte in der Folgezeit zu einer der bildnerisch und graphisch häufig abkonterfeiten „romantischen" Ikonen des Bayerischen Waldes.

Regen, Ortsteil Weissenstein. Burg und Museum im Dichterturm:
Schulgasse 2, 94209 Regen · ✆ 09921/29 29
Museum Weißenstein ✆ 09921/51 06 und 60 40
Mitte Mai–September: 10.00–12.00 Uhr; 13.00–16.00 Uhr
Oktober: nur Wochenende
Burggasthof Weißenstein ✆ 09921/22 59

Die Burgen Fürsteneck und Diessenstein über der Ilz

Fürsteneck bietet ein fast vollkommenes Bild einer mittelalterlichen Wohn- und Wehranlage. Einzigartig ist die Lage der Burg inmitten tiefer Wälder auf einem felsigen Bergsporn über dem Zusammenfluss von Ohe und Ilz. *(Abb. Seite 117)*

Die Passauer Fürstbischöfe beherrschten den östlichen Teil des Bayerischen Waldes von der Donau bis hinauf zur böhmischen Grenze. Diese zusammenhängenden Waldgebiete waren im 13. Jahrhundert noch kaum erschlossen. Zur Sicherung der Rodung und Kolonisierung sollten neue fürstbischöfliche Burgen den Landesausbau sichern. **Fürsteneck** entstand unter dem tatkräftigen Kirchenfürsten Wolfger von Erla (1191–1204) und blieb bis zur Säkularisation 1803 durchgehend in passauisch-hochstiftischem Besitz.

Unter Bischof Ulrich von Trenbach (1561–1598) wurde die Burg in den jetzigen Formen um- und ausgebaut. Der feste dreiflügelige Palas und Amtsbau auf der äußersten Bergzunge erhielt Ende des 16. Jahrhunderts seine heutige Gestalt. Trenbachs Amtszeit war durch zahlreiche „Wirrungen" mit dem Herzogtum Bayern belastet. Diese ließen eine Neubefestigung der Passauer Burgen ratsam erscheinen. Als Sitz des Landgerichts behielt die Burg auch in der Folgezeit ihre Bedeutung. So ist es erklärlich, dass noch Mitte des 18. Jahrhunderts umfangreiche Bautätigkeit zu verzeichnen ist.

Kardinal Josef Dominikus von Lamberg erteilte 1745 den Auftrag, die alte, bereits 1212 beurkundete **Burgkapelle** im Geist des Barock zu erneuern. So entstand ein zentraler, überkuppelter Kirchenbau mit farbiger Rokoko-Ausstattung auf kleeblattförmigem Grundriss.

Die Vorburg wird heute von Brauereigebäuden eingenommen, die aus der ersten Hälfte des 19. Jahrhunderts stammen. Den Halsgraben überwinden wir auf einer Brücke und betreten den schmalen äußeren Burghof. Der stämmige Torturm entstammt dem 13. Jahrhundert und wurde um 1570 verstärkt. Das Gebäude linker Hand mit Fachwerkaufsatz diente als Gaden (Speicher). Ein Torbogen führt uns weiter in den inneren Burghof, der von der Kirche, dem Gerichtstrakt und dem Herrenhaus (Palas) umgeben wird.

Das eindrucksvollste Bauwerk Fürstenecks freilich ist der massive quadratische **fensterlose Bergfried**, der 25 Meter aufragt. Vier Meter starke

Mauern lassen nicht viel Platz im Inneren übrig. In drei Metern Höhe liegt der heute noch erkennbare ursprüngliche Eingang. Der Turm beherrschte Vorburg und äußeren Burghof und deckte die Wohn- und Verwaltungsgebäude der inneren Burg. Er dürfte schon um 1200 unter Wolfger von Erla entstanden sein. Seltsam ist der Kontrast zwischen dem altersgrauen, lichtlosen Riesen und der neben ihm stehenden freundlichen barocken Schlosskirche.

Wer gut zu Fuß ist, sollte dem abwechslungsreichen Ilztalwanderweg flussaufwärts folgen. Eine erste Rast bietet nach einer knappen Stunde die idyllische Schrottenbaummühle mit Gastbetrieb. Die nächste Etappe bis zur Schneidermühle dauert etwas länger. Dafür ist es von hier durch eine wildromantische Flussenge zur **Burg Dießenstein** auf dem rechten Ilzufer nicht mehr weit. Von der einst mächtigen Burganlage ist leider nicht mehr viel übrig. Ein Besuch lohnt sich aber wegen ihrer spektakulären Lage auf einem Felsklotz über der tosenden, 100 Meter tiefen Ilzschlucht.

Im 14. Jahrhundert saßen hier herzoglich-bayerische Pfleger. Wegen der Grenznähe zum Hochstift Passau (*„eyn Büchsenschuß weit"*) wurde sie im 16. Jahrhundert weiter ausgebaut. Aus dieser Zeit stammt ein wuchtiger achteckiger Turm, dessen Fundamente noch zu erkennen sind.

Von der Burg wurde auch die **Perlfischerei** in der Ilz überwacht. Im klaren Gebirgswasser gedieh die seltene Flussperlmuschel, deren Perlen so hohe Qualität erreichten, dass sie sogar in die bayerischen Kronjuwelen eingearbeitet wurden. Das Sammeln der Muscheln war allerhöchstes fürstliches Privileg und unterlag strengen Gesetzen. Widerrechtliches Perlfischen wurde als Kapitalverbrechen geahndet. Die letzte Ilzer Perle tauchte 1972 auf. Gegenwärtig versuchen Naturschützer die Flussmuscheln wieder heimisch zu machen.

Die Burg fand 1742 im Österreichischen Erbfolgekrieg ein spektakuläres Ende. Sie flog nämlich dem berüchtigten Pandurenoberst von der Trenck buchstäblich um die Ohren, als er vom Kommandanten der gerade eingenommenen Feste mit einer Fackel in der Hand in die Pulverkammer gelotst wurde. Die Ruinenreste schauen entsprechend aus. Lange Zeit blieb diese schreckliche Kriegszeit im Volksgedächtnis erhalten. Heute führt ein mit einem Krummsäbel markierter Wanderweg „Pandurensteig" durch den vorderen Bayerischen Wald.

Burg Fürsteneck: Schlossweg 5, 94142 Fürsteneck · ℂ 08505/14 73
www.schloss-fuersteneck.de · www.diessenstein.de
· Mittwoch Ruhetag des Gastbetriebs
Die Ruine Dießenstein kann auch mit dem Auto über die B 85 erreicht werden.

Schloss Wolfstein bei Freyung im „Tiefen Wald"

In früheren Zeiten sagten sich hier Bär und Luchs gute Nacht. Ein halbes Jahr lang herrschte Winter und die ganze Umgebung versank in tiefe Waldeseinsamkeit. Der Böhmwind pfiff über eine wilde Urlandschaft. Noch im hohen Mittelalter war der Nordwald weitgehend unbewohnt. 1194 errichtete Bischof Wolfger von Passau die nach ihm benannte Burg Wolfstein als wehrhaften Außenposten der nun beginnenden Rodungs- und Besiedelungstätigkeit im Bayerischen Wald. *(Abb. Seite 117)*

Bald kamen neue Aufgaben auf die bischöfliche Burg zu. Die ehemalige Abgeschiedenheit wich einem regen Verkehr. Denn zwischen den Donaustädten und dem Königreich Böhmen entwickelte sich ein dichtes Netz von Handelsstraßen. Die Verbindungen über den Grenzkamm des Bayerischen und des Böhmerwaldes über Bergreichenstein, Winterberg und Prachatitz nach Prag zählten vom 14. bis ins 17. Jahrhundert zu den wichtigsten Kommunikationssträngen Europas. Besonders frequentiert war der Weg von Passau über Wolfstein ins Böhmische. Mauten und Zölle brachten ihm den Namen **„Goldener Steig"** ein. Die moderne Bundesstraße 12 gibt heute die allgemeine Richtung dieses alten Handelsweges vor. Trassen, Hohlwege, Reste von Knüppeldämmen durch Hochmoore und Geleise der Fuhrwerke haben sich noch erhalten und wurden in Wanderwege integriert.

Salz, das „weiße Gold", war das wichtigste Handelsgut. Von den Salzburger und Berchtesgadener Alpen wurde es über Salzach und Inn nach Passau geschifft, dort auf Karawanen umgeladen und nach Böhmen transportiert.

Das von einer Ringmauer umzogene Waldkirchen und der 1354 im Schutze der **Burg Wolfstein** gegründete Markt Freyung boten Schutz und Unterkunft. Hoch über der Klamm des Saußbaches gelegen, war Burg Wolfstein von der Natur auf drei Seiten gut geschützt. An der gefährdeten Seite baut sich über vier Geschoße ein klobiges Turmhaus auf, das den dahinter liegenden schmalen Burghof wie eine Schildmauer überragt. Hier walteten die bischöflichen Pfleger ihres Amtes. Eine Marmortafel mit Wappen neben dem Hauptportal weist auf die Renovierung unter Bischof Urban von Trenbach im Jahre 1590 hin. Dieser Ausbau war sehr umfassend und bestimmt bis heute das Erscheinungsbild der Burg in seinen einfachen kastenförmigen Bauformen der Renaissance.

Schloss Wolfstein

Im 18. Jahrhundert luden die Fürstbischöfe des Öfteren Jagdgesellschaften nach Wolfstein ein. Die unendlichen Wälder der Umgebung boten dazu reichlich Gelegenheit. Aus dieser Zeit stammen die barock stuckierten Fürstenräume und jüngst freigelegte Wandmalereien im „Freskenzimmer". Nach der Säkularisation 1803 wurde Wolfstein Sitz eines königlich-bayerischen Landgerichts, aus dem das Landratsamt Freyung-Grafenau hervorging. Es befindet sich heute noch in einem historischen Kastenbau der Vorburg.

1982 eröffnete der Landkreis im Bezirksamtmann-Stöckl des Schlosses eine **Galerie** mit 200 Werken ostbayerischer Künstler. Das altersgraue Gemäuer verwandelte sich zu einem aufwändig renovierten Schmuckkästchen, das durch seine helle Verputzung und die rot-weiß gestreiften Fensterläden einen freundlichen Anblick bietet.

In den 90er Jahren nahm es ein modern gestaltetes **Jagd- und Fischereimuseum** auf, das in zahlreichen Schaukästen und Modellen umfassend über Wald, Wildtiere und die Kultivierung der Landschaft informiert. Im Fürstenzimmer ist die NaturVision untergebracht, eine Fachvideothek mit Filmvorführungen.

Jagd- u. Fischereimuseum Schloss Wolfstein: 94708 Freyung · ℅ 08551/57 109 und 57 246
Täglich außer Mo 10.00–17.00 Uhr
· Landkreis-Galerie und Cartoon-Kabinett im Bezirksamtmann-Stöckl
· Museums-Cafeteria

Zogen die Säumerzüge aus der Passauer Ilzstadt mit ihrer weißen Pracht los, war der bischöflich-passauische **Markt Waldkirchen** ihr erster Rast- und Nächtigungsort. 28 Wirtschaften mit Bierausschankprivileg sorgten sich um durstige Kehlen. Die lukrative Fracht der Säumer erforderte im 15. Jahrhundert mit ihren Gefährdungen durch die böhmischen Hussiten eine Befestigung der auf einem Hügel thronenden Ortschaft.

Von 1460 bis 1470 wurde der Markt kreisförmig von einer Ringmauer mit 10 Türmen und zwei Torbauten umgeben.

Von dem 1,2 Kilometer langen Bering sind noch bedeutende Teile erhalten und saniert. In einem der Wehrtürme, dem Hellauer Turm, wurde 1985 auf zwei Stockwerken das **Museum Goldener Steig** eingerichtet, das über den Handelsweg informiert.

Museum Goldener Steig: 94065 Waldkirchen · ℅ 08581/20 25 und 19 433
1. Mai–31. Oktober; 25. Dezember–6. Januar; Osterferien: 14.00–16.00 Uhr
· Organisation von historischen Säumerzügen

Im – erweiterten – Dreiburgenland: Fürstenstein, Englburg, Saldenburg und Aicha

"*Kostbaren Edelsteinen gleich, eingefügt der reichen Wälderkrone ...*" Ganz so verzückt würde man heute die drei Burgen Englburg, Fürstenstein und Saldenburg nicht mehr beschreiben wie der Heimatdichter Max Peinkofer (1891–1963). Doch immer noch dominieren sie eindrucksvoll die grünen Vorberge des Bayerischen Waldes um den Markt Tittling. Auf sanften Kuppen liegend und in Sichtverbindung stehend, haben sie aber doch jede für sich eine eigene Geschichte erfahren und stellen architektonische Unikate dar. (Abb. Seite 118)

Burg **Fürstenstein** über dem gleichnamigen Ort ist die umfangreichste der drei Burgen. Das Oberschloss bewahrt noch die Züge des Mittelalters. Es besteht aus zwei rechtwinklig aneinander gefügten, blockhaften, mehrgeschoßigen Bauflügeln, eigentlich zwei Turmhäusern, die zu einem Baukomplex zusammengefasst sind.

Unter Ortolf von Schwarzenstein erfolgte um 1570 der entscheidende Umbau mit Anklängen an die Renaissance. Aus dieser Zeit stammt der Sechseckturm im Oberschloss und der Ausbau des geräumigen Unterschlosses. Drei Trakte umschließen seitdem den geräumigen, gepflasterten Vorhof unter der Hauptburg. Die aus der Mauerflucht vorspringenden Rundtürme, je zwei am Nord- und Südtrakt des Unterschlosses, weisen noch auf eine frühere Bauperiode des 15. Jahrhundert hin. Auch der feiste Torturm stammt aus dem Spätmittelalter, seine gewölbte Durchfahrt aus dem 16. Jahrhundert. Dem Unterschloss war noch eine weitere Vorburg mit Bastionen vorgelagert. Auf ihrem Gelände entstand 1629 die Schlosskirche in den Formen der berühmten Gnadenkapelle von Altötting. 1742 verwüsteten kaiserlich-habsburgische Panduren den Ort und das Schloss.

Die Wallfahrt zur Schlosskirche bildete aber bis zur Säkularisation 1803 ein einträgliches Geschäft.

Mehrfacher Besitzerwechsel setzte der Bausubstanz arg zu, Brände verwandelten das Schloss 1836 und 1848 zur ausgebrannten Ruine. 1860 erwarb der Passauer Bischof Heinrich von Hofstätter die verlassenen Schlossgebäude und ließ sie nach ihren alten Baulinien wieder aufbauen und die Innenräume in Stand setzen. Auch die einheitliche grüne Bedachung stammt aus dem 19. Jahrhundert. Die Kirche wurde vergrößert und erhielt einen neugotischen Dachreiter. 1893 eröffneten die Englischen Fräulein eine Schule und ein Knabeninternat. 2001 wurde die Erziehungsanstalt aufgelöst. Geplant ist, in den immer noch gut erhaltenen Räumlichkeiten des Schlosses ein „Europäisches Haus" einzurichten, das verschiedene Kultureinrichtungen in sich vereinigt.

> **Burg Fürstenstein** steht gegenwärtig leer und wird bis 2004 generalsaniert. Die Räume werden dann eine öffentliche Institution aufnehmen. Kirche und Innenhof sind zugänglich. Konzerte im Sommer. www.fuerstenstein.de

Die **Englburg** ist die höchst gelegene der drei Burgen. Ihr Name hat nichts mit den himmlischen Heerscharen zu tun, sondern geht auf einen Personennamen, Engilo, zurück. Historisch fassbar wird sie erst Ende des 14. Jahrhunderts, doch ist anzunehmen, dass bereits ein Jahrhundert vorher auf der herausragenden Kuppe eine Burg der Grafen von Hals stand, die als Stützpunkt für die Besiedelung der ehemals rauen Waldgegend diente.

Im 14. Jahrhundert geriet sie in die Hand des bayerischen Herzogshauses, die sie an verschiedene Lehensträger weitergaben und sie auch zeitweise verpfändeten. 1394 rückte der Heerbann der Passauer Bürger vor die Feste, belagerte und zerstörte sie. „Zerstörungen" waren im Mittelalter freilich nie total, sondern beschränkten sich auf eher symbolisches Einreißen von Mauern und Türmen. So konnte der neue Pfleger Wilhelm von Puchberg bereits 1397 seinem Herzog melden, dass er die Burg wieder neu aufgebaut habe. Sie bestand aus einem massigen Turmhaus (Oberschloss), dem die mauerumzogene Vorburg (Unterschloss) vorgelagert war. Aus den Langseiten des Oberschlosses springen zwei Seitenflügel heraus, von denen der nördliche die kleine Georgskapelle enthält. Sie hat ihr gotisches Gewölbe noch bewahrt. In der Vorburg erinnert ein halbrunder Mauerturm an die spätmittelalterliche Anlage.

Seit 1420 saßen die **Schwarzensteiner** aus Vilshofen auf der Burg. Ortolf von Schwarzenstein, der schon die Burg Fürstenstein grundlegend neu gestaltet hat, machte sich auch daran, die mittelalterliche Englburg zu einer neuzeitlichen Schlossburg umzuwandeln. Dies geschah um 1580 durch Umbau des Oberschlosses und neue Zubauten in der unteren Burg. Das Herrenhaus erhielt die zwei schlanken achteckigen Ecktürme zum Vorhof hin. In der Unterburg entstanden Stallungen, Speicherbauten und rechts vom Hofeingang das Patrimonialgericht mit ausladendem Walmdach.

Nach 1617 zogen die **Grafen von Taufkirchen** ein. Sie setzten den Achtecktürmen am Herrenhaus die geschwungenen Zwiebelhauben mit Laternen auf. Diese sind bis heute das weithin sichtbare Wahrzeichen der Englburg geblieben.

Die Englburg überlebte nicht zuletzt dank ihrer **Brauerei**. Erst im 16. Jahrhundert, nach dem Niedergang des Weinanbaus an den bayerischen Donauhängen (wofür auch klimatische Veränderungen verantwortlich waren), trat Bier in Bayern seinen Siegeszug an. Herzog Wilhelm IV. trug dem im Jahre 1516 mit seinem berühmten Reinheitsgebot Rechnung. Für Hofmarksbesitzer und Schlossherren wurde das Brauwesen bald zu einem einträglichen Wirtschaftszweig. Die Untertanen waren nämlich gehalten, nur Bier aus ihrer eigenen Herrschaft zu konsumieren. Brunnen- und Zisternenwasser galt als ungesund, so dass sich Bier zum Volksgetränk entwickelte, zumal es für jeden erschwinglich war. Getrunken wurden unglaubliche Mengen, die auch auf den hohen Salzverbrauch der damaligen Menschen zurückzuführen sind. Herrschaftlichen Dienstleuten und Knechten standen täglich fünf Maß (Liter) „Haustrunk" zu!

Das von Säulen getragene, geräumige Erdgeschoß der bis 1900 betriebenen Englburger Brauerei wird heute als „Rittersaal" bezeichnet und als Veranstaltungsraum genutzt. Nur wenige wissen, dass sie sich nicht in einem adeligen Audienzraum, sondern in einem ehemaligen Sudhaus befinden.

Im 19. Jahrhundert begann das für viele Burgen und Schlösser übliche Wechselspiel zwischen verschuldeten Besitzern und Spekulanten. Ein Brand vernichtete 1874 die Innenausstattung der Englburg. Als Retter des Baus erwies sich auch hier wie im nahen Fürstenstein der Orden der Englischen Fräulein. 1929 richteten sie im Schloss eine der ersten „Sommerfrischen" im Bayerwald ein.

Pension Schloss Englburg: 94104 Tittling · ℅ 08054/17 35
Das Schloss ist heute Pension und Exerzitienhaus. Einzelbesichtigung möglich, Gruppen nur nach Voranmeldung.

Die **Saldenburg**, die nördlichste der drei Burgen, repräsentiert das baugeschichtlich interessanteste Bauwerk. Es handelt sich nämlich um einen mächtigen fünfgeschoßigen Bauwürfel mit 28 mal 24 Metern Seitenlänge und 25 Metern Höhe bis zum Dachansatz. Im Inneren vereinigt er Vorratsgewölbe, Küche mit Rauchfang, Dürnitz (Speise- und Aufenthaltssaal), Amtsräume, Rittersaal, Privatgemächer und die Burgkapelle, die sich über zwei Stockwerke erstreckt. In der Dimension ist das Turmhaus durchaus den *Donjons* und *Keeps* (Wohntürmen) französischer und englischer Königsburgen vergleichbar. Dieser Bautypus ist in Deutschland selten. Saldenburg stellt somit ein einzigartiges mittelalterliches Baudenkmal in unserem Raum dar.

Der Erbauer war **Heinrich Tuschl von Söldenau** in den Jahren nach 1368. Er war Ministeriale der Grafen von Hals, die sich zu dieser Zeit sowohl des Fürstbistums Passau wie des bayerischen Herzogs erwehren mussten und an dieser Stelle den „Böhmweg", die Handelsstraße von der Donau nach Böhmen, sichern wollten (heute die Bundesstraße 85). Saldenburg ist demnach eine verhältnismäßig späte Burgengründung. Dies erklärt vielleicht auch ihre ungewöhnliche Bauform. Der ursprüngliche Stil ist einheitlich gotisch. Möglich ist, dass architektonische Anregungen aus dem Königreich Böhmen hereinspielten, wo zu dieser Zeit Könige aus der Dynastie der Luxemburger herrschten. Ihnen waren *Donjons* (etwa Karlstein bei Prag) durchaus geläufig.

1388 ging Saldenburg an die bayerischen Herzöge über, die sie als Lehen an verschiedene Rittergeschlechter weitergaben. Im 15. Jahrhundert waren dies die Degenberger, die sich mehrfach gegen das Herzogshaus auflehnten und den Freiherrentitel beanspruchten. 1468 eskalierte der Streit und Herzog Heinrich der Reiche von Landshut zwang mit „grobem Stück" (schweren Geschützen) die Burg zur Übergabe. Damals wurde die Außenbefestigung niedergelegt, von der heute nur noch schwache Ringmauerreste und die Ruine eines höher gelegenen Wachturms (so genannter Pfeilturm, nach den Herren von Pfeil) zeugen. Ein Blitzschlag verursachte 1616 schwere Schäden, die erst nach dem Erwerb der Burg durch die **Grafen Preysing-Moos** 1677 beseitigt wurden. Die erste Baumaßnahme betraf das flache Zeltdach, das zum Abschluss ein Zwiebeltürmchen erhielt.

1682 holte Graf Johann Ferdinand sogar den hochberühmten Münchner Hofarchitekten und Barock-Baumeister Enrico Zuccalli in diesen weltabgeschiedenen Waldeswinkel. Er stattete den Rittersaal mit einem prächtigen Deckengemälde (dargestellt ist ein antiker Triumphzug) aus und gestaltete die Kapelle mit Malereien und Stuckdekorationen barock um. Seit 1848 wechselten Besitzer und Funktionen.

1928/29 übernahm der Deutsche Jugendherbergsverband die Burg und richtete eine Jugendherberge ein. Seitdem dient der Rittersaal im ersten Obergeschoß als Speisesaal mit 100 Plätzen.

Die herausragende Lage der Burg inmitten der weiten Berg- und Waldlandschaft des vorderen Bayerischen Waldes haben der Saldenburg den idyllischen Namen „Waldlaterne" eingebracht. Die Burg steht auf einem Granitmassiv, das an der Oberfläche wild zerklüftet ist. Wanderwege führen zu geologischen Sehenswürdigkeiten wie dem Wackelstein und dem Blockmeer.

> **Jugendherberge Saldenburg:** 94163 Saldenburg · ✆ 08504/16 55
> www.saldenburg.de
> Dezember und Januar geschlossen; Sonderführungen nach Anmeldung.
> Aussichtskonstruktion über der Ruine des „Pfeilturms" ist zugänglich.

Erweitern wir das Dreiburgenland noch um eine Burganlage und fügen den drei waldumrauschten Höhenburgen noch eine im Wasser träumende Niederungsburg, ein „Weiherhaus", zu. Unweit von Fürstenstein liegt in südlicher Richtung im Talgrund des Flüsschens Gaißa Schloss **Aicha vorm Wald**. Von außen betrachtet, weist nichts darauf hin, was sich im Inneren verbirgt. Das kastenförmige Herrenhaus, zwei turmartige Trakte und der Torbau drängen sich um ein altbayerisches Kleinod, einen kleinräumigen viereckigen Innenhof mit umgehenden Arkaden über drei Geschoße. Im Erdgeschoß und ersten Stockwerk schwingen sich gemauerte Lauben von Säule zu Säule, vor dem zweiten Obergeschoß ist ein umlaufender bedachter Balkon angebracht. Die stämmigen Säulen tragen schöne Renaissance-Kapitelle, die als Stilformen in dieser Gegend etwa auf die Jahrzehnte 1580 bis 1610 datierbar sind. Die Lauben verleihen dem Innenhof eine heitere südliche Note, die im Sommer durch Blumenkästen und Bepflanzung noch gesteigert wird.

Der behäbige Hauptbau mit dem mächtigen Schopfwalmdach ist typisch für ein landständisches **Hofmarksschloss** des 16. und 17. Jahrhunderts. Hofmarken waren kleine autonome Herrschaftsräume, in denen Adelige oder Prälaten selbstständig wirtschafteten, Steuern erhoben und die niedere Gerichtsbarkeit ausübten.

Im Juni 1742 brach die österreichische Soldateska unter dem Pandurenoberst von der Trenck ein, verwüstete den Ort und den Pfarrhof und plünderte das Schloss. Nach der Auflösung der bayerischen Hofmarken 1848 wechselten sich zahlreiche Besitzer ab. Das Wasserschloss ist heute Privatbesitz. Der Arkadenhof und eine originelle volkskundliche Sammlung können nach Anfrage besichtigt werden.

> **Aicha vorm Wald:** Gemeinde Aicha, Hofmarkstraße 2, 94529 Aicha v. Wald ·
> ✆ 08544/96 300 www.aichavormwald.de

Ritterburgen der „Böckler" und „Löwler": Nussberg, Kollnburg, Falkenfels und Falkenstein

Im Winkel zwischen Donau und Regen stießen im ausgehenden Mittelalter mehrere Machträume zusammen. Im Norden lag das Königreich Böhmen, das im 15. Jahrhundert von den Hussitenkriegen erschüttert wurde, die auch auf Ostbayern übergriffen. Die bayerischen Teilherzogtümer Landshut, Straubing und die bayerische Pfalz (Oberpfalz) standen sich eifersüchtig gegenüber und entlang der Donau versuchte das Hochstift Regensburg seine Position zu wahren. Und inmitten all dieser widerstreitenden Kräfte trat eine selbstbewusste Ritterschaft zusammen, befestigte ihre Burgen und pochte geharnischt auf ihre adligen Vorrechte.
(Abb. Seite 118)

Die „edlen und festen Herren" von Nußberg zählten zu den bedeutendsten Adelsgeschlechtern Niederbayerns. Um 1310 erbauten sie sich in geringer Entfernung von ihrer Stammburg einen neuen Sitz – Neunußberg –, der durch schiere Größe und Festigkeit beeindrucken sollte.

Mitte des 15. Jahrhunderts gärte es unter den Edelleuten des Bayerischen Waldes. Die Streitigkeiten der Teilherzogtümer München, Ingolstadt und Landshut hatten dazu geführt, dass von herzoglicher Obrigkeit nördlich der Donau lange Zeit nichts mehr zu spüren gewesen war. In diesen Jahrzehnten bauten sich die Ritter des Bayerischen Waldes eine eigene Machtposition auf und schlossen sich zu Bünden und Schwurgemeinschaften zusammen.

Nach schwachen Herrschergestalten auf dem Herzogsthron erwuchs ihnen aber in **Herzog Albrecht IV. von Bayern-München** (1465–1508) ein überlegener Gegner, der nicht umsonst als „der Weise" in die Geschichte eingegangen ist. Auf seine Forderung nach Anerkennung der herzoglichen Oberherrschaft antworteten im Jahr 1466 41 Edelleute des Bayerischen Waldes mit der Gründung eines **Ritterbundes** zur Wahrung ihrer feudalen Rechte gegenüber der Staatsgewalt. Federführend waren Nußberger und Degenberger. Nach ihrem Zeichen, dem Einhorn, (in goldener Ausführung für Ritter und Edelknechte, silbern für Landsknechte und Reisige), wurden sie **„Böckler"** genannt. An Bedeutung gewann diese Adelsopposition durch den Beitritt Herzog Christophs des Starken, der von Albrecht geschickt ausgebootet worden war und sich permanent hintangestellt fühlte. Reichtum, Einfluss und anfängliche fürstliche Gunst verführten schließlich Hans von Nußberg dazu, für sich und seine Erben den Freiherrenstatus, d. h. die Unabhängigkeit von Bayern und die alleinige Rechenschaftspflicht gegenüber dem Kaiser, zu beanspruchen. Mit dem damaligen Inhaber des Kaiserthrons, Friedrich III. von Habsburg, der ständig an der Insolvenz entlangschlitterte, ließ sich für ein paar Dukaten ein solches Arrangement leicht durchführen. Urkundenfälschung war schließlich ein Zug der Zeit.

Herzog Albrecht war ein Herrscher der neuen Zeit. Er hatte als erster Wittelsbacher eine universitäre Ausbildung in römischem Recht genossen und umgab sich mit gut ausgebildeten Räten und Experten. Kaufmännisches Rechnungswesen und bürgerliche Tugenden der Rationalität hielten Einzug am Herzogshof. So wie er als „Intellektueller" den bramarbasierenden Turnieradel mit seinen rüden Rauf- und Saufsitten abkanzelte, so hielten ihn die selbst ernannten Freiherren und Gewappneten für einen impotenten Theoretiker und Schreiberling. Diese Ansicht verstärkte sich bei den übermütigen Böcklern noch, als der Herzog mehrfach Kompromissvorschläge und Friedensangebote unterbreitete. Von ihren vermeintlich festen Türmen überzeugt und gehüllt in stählerne Platenharnische, übersahen die aufständischen Herren, dass sich der Herzogshof nicht nur rationaler Argumentation, sondern auch moderner Kriegstechnik und Taktik bediente. Albrecht ließ die Böckler zuerst losschlagen. Nach althergebrachter Weise fielen ihre angeworbenen Reiter und Söldner in herzogliches Land ein, vernichteten die Ernte und brannten die Dörfer nieder. Dies hieß „schädigen" und sollte die Einnahmen des Gegners schmälern. Mord und Totschlag – dies muss man dem angeblich grausamen Mittelalter zubilligen – war damit nicht verbunden, wenn auch nicht vermeidbar.

Schon der Gegenschlag Albrechts war eine böse Überraschung für die „Böckler", fand er doch im Winter 1468/1469 statt, in einer Jahreszeit, die man bis dahin gemeinhin als Ruheperiode in Kriegszeiten betrachtet hatte. Die Herzoglichen gingen kein Risiko ein und erschienen mit Übermacht vor den Burgen. Mit sich führten sie großkalibrige Mörser und Kanonen. Deren Lunten wurden von den erfahrensten „Stückmeistern", die Albrecht aus Nürnberg, Augsburg und München angeworben hatte, gezündet. Die Burgen Weißenstein, Kollnburg und Linden zerbarsten unter den steinernen Riesenkugeln. Noch bevor die Stückmeister ihre Kanonen vor Altnußberg losbrennen konnten, ergab sich der Burghauptmann. Die Burg wurde aber trotzdem bis auf die Grundmauern geschleift.

Neunußberg wurde geschont – aber nur unter der Maßgabe, dass sie je zur Hälfte an den Herzog verkauft und gegen die Burg Linden eingetauscht wurde. Nur ein Jahrzehnt später wiederholte sich der Ritteraufstand. Diesmal nannten sich die Protagonisten **„Löwler"**, nach ihrem Bundeszeichen, einer fauchenden Großkatze. Und wieder waren Nußberger und Degenberger mit an vorderster Stelle dabei. 1492 kam es zu schweren Kampfhandlungen in der Umgebung von Viechtach. Nach achttägiger Beschießung eroberte die herzogliche Streitmacht Burg Falkenfels und brannte sie nieder. Das Ringen ging zwar letztlich unentschieden aus, doch bestand kein Zweifel mehr, dass es nun mit der alten Ritterherrlichkeit in Bayern vorbei war.

Die Burgen Linden, Kollnburg und Altnußberg blieben in ihren Trümmern liegen. In Linden treffen wir noch auf einen Turm, der wie von einem Schwerthieb gespalten aussieht. **Kollnburg** bietet – obgleich es im Dreißigjährigen Krieg nochmals zerstört wurde – einen runden Bergfried aus Bruchsteinmauerwerk mit einer Kuppelwölbung im zweiten Geschoß. Der Bayerische Waldverein hat eine neue Treppenanlage hinauf zur Plattform in elf Metern Höhe angelegt. Die Vorburg betritt man durch ein Spitzbogentor. Die Mauern des trapezförmigen Berings lassen sich auf dem Felsenrücken noch gut abschreiten.

Bewunderung erregt der tief ins Gestein gebohrte Brunnen neben dem Bergfried. Diese mühselige Arbeit des Ausschachtens oblag übrigens nicht Leibeigenen oder Gefangenen, wie man häufig liest, sondern war Sache ausgebildeter Brunnmeister („Brunner") und ihrer Gesellen, die gesucht und entsprechend teuer waren.

Burgruine Kollnburg: (direkt über dem Ort, zugänglich) 94262 Kollnburg · ✆ 09942/94 12 14 www.kollnburg.de
Turmplattform begehbar (evtl. Schlüssel im Burggasthof)

Ein merkwürdiges Schicksal traf **Altnußberg**. Nach herzoglichem Willen sollte die Stammburg der aufständischen Nußberger, die sich zu Zeiten des Böcklerkrieges im Besitz der nicht minder aufrührerischen Degenberger befand, auf alle Zeiten „öd und leer" liegen. So blieb es auch – bis im Jahr 1983 die Gemeinde den Spaten ansetzen ließ und auf 240 mal 80 Metern Ausgrabungsfläche Mauerzüge aushob. Damit nicht genug, mauerte man die Fundamente noch übermannshoch mit Zement und Beton auf. Und als Gipfel der „Sanierung" zog man auf dem Platz des fünfeckigen Bergfrieds einen 22 Meter hohen Aussichtsturm in Massivbauweise hoch.

Das anschaulich gestaltete Burgmuseum mit Funden dieser Aktion versöhnt ein wenig mit der Hau-Ruck-Modernisierung.

> **Altnußberg:** Verkehrsamt 94244 Geiersthal · ℂ 09923/84 150 www.altnussberg.de
> **Altnußberg Burgmuseum:** Führung: Mai–Oktober Di 14.00 Uhr; Do 10.00 Uhr
> · Burgschänke

Nach dem Aussterben der Nußberger 1569 fiel **Neunußberg** ganz an das Herzogshaus, wurde aber nicht weiter genutzt und als ständige Wohnstätte aufgegeben. Die Burgkapelle St. Michael am Fuß des Burgfelsens wurde dagegen zu Beginn des 18. Jahrhunderts barockisiert. 1969 freigelegte gotische Fresken weisen noch auf ihre Erbauungszeit um 1350 hin.

Der Baublock von Neunußberg ist schon von weitem zu sehen. Seine wuchtigen Ausmaße stellen einen vierstöckigen **Wohnturm** dar, der Palas und Bergfried in sich vereinigt. Ähnlich wie bei Saldenburg (→ S. 140) scheint diese für Süddeutschland durchaus ungewöhnliche Architektur von Böhmen, das damals von der Dynastie der Luxemburger beherrscht wurde, beeinflusst worden zu sein.

Seine Höhe beträgt immer noch 25 Meter Höhe. Das höchste Stockwerk bestand früher aus einem Holz-Fachwerkbau, der auf Stützbalken nach allen vier Seiten auskragte. Die gegenwärtigen Zinnen sind eine Zutat des romantischen 19. Jahrhunderts.

Eine einfache Treppenkonstruktion im leeren Inneren ermöglicht heute das Besteigen des Wohnturms. Auf einem begrünten Plateau vor dem Turm finden alljährlich die sommerlichen Neunußberger Burgspiele statt. Ihr Thema ist der Böcklerkrieg des 15. Jahrhunderts – nicht todernst, sondern mit allerhand Augenzwinkern dargebracht.

> **Burg Neunußberg:** 94234 Viechtach Verkehrsamt · ℂ 09942/16 61
> www.burgfestspiele-neunussberg.de
> Turm und Kirche zugänglich
> · Burggasthof Sterr

Falkenfels ist eine eindrucksvolle Höhenburg mit einem gut erhaltenen Bergfried. Der quadratische Turm geht noch auf die Gründung der Burg im 13. Jahrhundert zurück. Zwei übereinander auf Terrassen gestaffelte Ringmauern umgeben die Bergkuppe.

1492 wurde sie im Löwlerkrieg von der Belagerungsarmee Herzog Albrechts IV. niedergebrannt. 1641 hausten die Schweden im Schloss und ließen eine gesprengte Ruine zurück. Was danach wieder aufgebaut wurde, ging in einer Feuersbrunst 1802 zugrunde. Nur der feste Bergfried überlebte, 1888 erhielt er seinen pseudo-mittelalterlichen Zinnenkranz. Nach einem weiteren Brand 1925 entstanden an Stelle der historischen Gebäude neue Gebäudetrakte im ländlichen Heimatstil, welche rustikale Galträume und einen Hotelbetrieb aufnahmen. Heiratswilligen bietet Hotel Schloss Falkenfels schlosseigene Hochzeiten.

> **Falkenfels:** 94350 Hotel Schloss Falkenfels · ✆ 09961/63 85
> www.falkenfels.burg-hotel.de
> Achtung: Das Schlosshotel ist mindestens bis 2004 wegen Renovierung geschlossen. Kirche zugänglich.

Es soll schon vorgekommen sein, dass die Burgen Falkenfels und Falkenstein wegen der Ähnlichkeit ihrer Namen miteinander verwechselt worden sind, zumal sie nur 20 Kilometer voneinander entfernt sind. Allerdings liegt Falkenfels in Niederbayern, **Falkenstein** in der Oberpfalz. In der Bauform weisen sie zudem gewisse Ähnlichkeiten auf. Auch Falkenstein ist eine frei stehende Höhenburg auf einem Granitkegel, deren gezinnter, quadratischer Bergfried frei ins Land schaut. Und auch ihre Gebäude werden modern genutzt, als Museum, Gaststätte und „Haus des Gastes".

Der hoch aufragende Granitkegel wurde schon 1074 vom Regensburger Bischof Tuto mit einer Burg befestigt. Zusammen mit den Burgen Wörth und Donaustauf (➙ S. 204) sicherte sie den östlichen Bereich des Hochstifts Regensburg. Dieses hat dann um 1150 den mächtigen Bergfried errichten lassen. Auch der neben dem Turm auf den Felsen gemauerte Palasbau zeigt romanische Formen.

Umbauten erfolgten noch im frühen 17. Jahrhundert, wie die Arkaden im Hof und der Osttrakt mit dem Renaissance-Erker neben dem Torgewölbe. Die nach außen an den Palas angefügte Schlosskapelle mit Zwiebeltürmchen geht auf die Herrschaft der Grafen Törring (ab 1664) zurück. Unter den Fürsten Thurn und Taxis geriet die Anlage im 19. und 20. Jahrhundert so in Verfall, dass man sie 1967 der Gemeinde als Geschenk offerierte. Diese stellte die stattliche Anlage wieder her und richtete 1982 ein **Jagd- und Naturmuseum** ein.

Der Aufstieg zur Burg führt durch einen Felsenpark mit schöner Bepflanzung.

> **Jagdmuseum Burg Falkenstein:** 95167 Falkenstein · ✆ 09462/94 22 20
> www.markt-falkenstein.de
> Juni–September außer Mo; Oktober–Mai So u. Feiertag 13.00–16.00 Uhr
> Wechselnde Sonderausstellungen. Burggaststätte. Von Juni bis August Theateraufführungen im Burghof.

Passau: Burgen, Residenzen und Schlösser unter der Bischofshaube

"*U*nter dem Krummstab ist gut leben*"*, lautete eine Redensart des Mittelalters. Und wurde bisweilen ergänzt mit „*... aber man muß sich selbst auch fleißig krümmen*". Das Römisch-Deutsche Reich bestand nicht nur aus weltlichen Fürsten- und Herzogtümern, sondern aus einer Fülle selbstständiger geistlicher Herrschaften. Die Erzbischöfe von Trier, Köln und Mainz zählten zu den mächtigsten Kurfürsten des Alten Reiches. Das 739 gegründete Bistum Passau erstreckte sich von der Isarmündung bis über Wien hinaus. Um die Bischofsstadt Passau herum entwickelte sich im 13. Jahrhundert ein selbstständiges, von Bayern unabhängiges Hochstift. *(Abb. Seite 119/120)*

Der bischöfliche Hirtenstab ließ sich bisweilen auch als Streitkolben einsetzen. In der Passauer Höllgasse, einer tief ins Häusergewirr der Altstadt eingeschnittenen Straßenschlucht, erinnert im Haus Nr. 10 eine zentnerschwere Steinkugel von 80 Zentimetern Durchmesser an den Kampf der Stadtbürger gegen ihren geistlichen Oberherrn. Es ging um städtische Freiheiten und letztlich um das Bestreben, zu einer freien Reichsstadt wie Regensburg oder Augsburg aufzusteigen. Doch darüber ließen die Fürstbischöfe nicht mit sich reden. Über lange Zeiten des späteren Mittelalters hinweg beschränkte sich daher die Kommunikation zwischen den Bürgerlichen und den Bischöflichen auf das gegenseitige Abfeuern von großkalibrigen Geschossen aus Steinbüchsen und Bombarden.

Dem Fürstbischof kam dabei freilich die Gunst der strategischen Lage auf seiner **Zwingburg Oberhaus** hoch über Donau und Bürgerstadt zugute. War Gefahr im Verzug, verließ er mit Domkapitel und Beamtenschaft seine Stadtresidenz am Dom und zog sich auf seine Bollwerke Ober- und Niederhaus jenseits der Donau zurück. Gebärdete sich die Bürgerschaft allzu aufmüpfig, warfen die Bischöflichen Steinkugeln, Feuerpfeile und was sich sonst alles aus Katapulten oder Mörsern verschießen ließ in hohem Bogen über 600 Meter weit in die rebellische Stadt.

Drei Mal, 1298, 1367 und 1482, stürmten die Passauer Bürger die bischöfliche Feste – vergeblich. Nur 1367 gelang es ihnen, kurzzeitig die Wasserburg Niederhaus zwischen Ilz und Donau zu besetzen, bevor sie sich vor dem Geschoshagel aus Oberhaus wieder zurückziehen mussten. Die Mauern der Burg Oberhaus erreichten sie nie.

So festigten die Bischöfe ihre weltliche Macht, was besonders **Leonhard von Laiming** (1423–1451) mit dem weiteren Ausbau der Burg zu einem repräsentativen spätgotischen Wehr- und Wohnbau demonstrierte. Seitdem überziehen Mauern und Türme den 120 Meter steil aufragenden Felsrücken des Sankt-Georgs-Berges bis hinunter zur Mündung der Ilz in die Donau. Und die drohend auf die Stadt gerichteten Geschützpforten und Feuerschlünde machen unmissverständlich klar, dass sie nicht zur Verteidigung, sondern zur Einschüchterung der Bürgerstadt angelegt worden waren.

Nach kaiserlichem Schiedsspruch kam immerhin eine bescheidene städtische Selbstverwaltung zu Stande und die Bürger durften ab 1431 ihr genau im Schussfeld liegendes Rathaus an der Donau vergrößern. Besänftigend wird der Reichtum gewirkt haben, der durch den Handel mit dem „weißen Gold", mit Salz, das über den Inn verschifft wurde, in den Stadtsäckel floss.

Im Schutz der Ringmauern und Zwinger erhebt sich seit der Mitte des 15. Jahrhunderts der prachtvolle Fürstenbau auf Oberhaus. Die von der Stadt aus gut lesbare gotische Jahreszahl 1499 auf dem achteckigen Schachnerbau markiert den Rittersaal. Später hinzugefügte freundlichere Renaissance-Attribute, wie die farbenprächtige Außenbemalung des Fürstenbaus, vermochten den resoluten Festungscharakter der bischöflichen Residenz nicht mehr viel zu ändern. Wer hier oben saß, herrschte.

Die machtbewussten geistlichen Herren führten mit dem Bauprogramm ihre unumschränkte Landeshoheit nicht nur den eigenen Untertanen, sondern auch den benachbarten österreichisch-habsburgischen und wittelsbachisch-bayerischen Landesherren deutlich vor Augen. Die bayerische Grenze war fast mit den landseitigen Stadtmauern identisch. Streitigkeiten um das Salzrecht gehörten zum Jahrhunderte dauernden passauisch-bayerischen Alltag.

Und donauaufwärts erstreckte sich das immer einflussreicher werdende Österreich. Beide Mächte versuchten in Passau ihre Interessen und ihre Bischofskandidaten durchzusetzen. Aufgrund dieser Pattsituation vermochte das Hochstift seine Freiheit vom 14. bis ins 18. Jahrhundert zu bewahren. Nur gegen Norden hin verfügte das Fürstbistum über ausgedehntere Territorien, durch welche der einträgliche Goldene Steig verlief, auf dem Salz transportiert wurde. Der Bayerische Wald und der Böhmerwald bildeten natürliche Grenzen zum Königreich Böhmen. Wie nur wenige Burgen Europas zeigt die **Veste Oberhaus** die eigentliche

Funktion mittelalterlicher Burgen: Hochgemauerte Symbole der Macht und Zeichen adeliger Bevorrechtung. Der Bezirk der ersten Burganlage, der Tradition nach 1219 begonnen, besteht aus dem inneren Burghof, der Georgskapelle, dem Fürstenbau (heute Museum) und der Vorburg mit Torturm und Zugbrücke. Im 17. und 18. Jahrhundert türmte man im Rücken der spätmittelalterlichen Burg einen weiteren Kreis von voluminösen barocken Festungswerken auf. Kasematten, Geschützbatterien und Rondelle sollten den neueren militärischen Anforderungen der Zeit die Stirn bieten. Eine der größten Festungen an der Donau entstand.

Aber die 280 Mann fürstbischöflicher Armee reichten bei weitem nicht aus, die 90 000 Quadratmeter Mauerwerk zu verteidigen. Kampflos musste sie 1742 den Österreichern und 1800 den Franzosen übergeben werden. Und noch Napoleon ließ Schanzwerke und Wälle gegen die Österreicher aufwerfen. 1809 überstand die französisch-bayerische Besatzung der Feste Oberhaus sodann die letzte Feuertaufe, ein 16-tägiges österreichisches Bombardement.

So stehen wir heute vor einem gewaltigen Bauensemble, das uns plastisch die Entwicklung von der kleinräumigen Burg des hohen Mittelalters zum prächtigen Fürstenschloss der Spätgotik und der Renaissance bis zur kühlen Systematik neuzeitlicher Fortifikation zeigt.

Als das säkularisierte Fürstbistum Passau zwischen 1803 und 1806 an das neue Königreich Bayern angeschlossen wurde (manchem Passauer wäre die österreichische Option übrigens lieber gewesen), wussten die Münchner Beamten nichts Rechtes anzufangen mit der bombastischen, aber militärisch längst überholten Festung. Als Bastille Bayerns, d. h. als Staatsgefängnis für politisch Unzuverlässige, erlangte sie zweifelhaften Ruf. Erst 1867 wurde ihr Festungscharakter aufgehoben.

Während des Ersten Weltkriegs, 1917, wurde dort ein junger Artillerieleutnant namens Charles de Gaulle interniert, der sich durch permanente Ausbruchsversuche auszeichnete und deshalb in die sicherere Festung Ingolstadt verlegt wurde.

Den höchsten Punkt des Festungsareals bildet ein barocker Artillerie-Leitturm – heute friedlich als **Belvedere** genutzt –, von dessen Plattform sich ein grandioser Überblick über die Burg und ein Weitblick bis in den Böhmerwald und die Alpenkette bietet. Neben ihm erhebt sich die Geschützbatterie „Katz", unter der sich die Batterie „Maus" duckt. Ein Wappenstein mit der Jahreszahl 1597 auf dem stiernackigen Generalsgebäude kennzeichnet das Ende der Bauarbeiten an dieser Stelle. Der baufreudige Bischof Urban von Trenbach (1561–1598) hat diese gewaltigen Mauern aufführen lassen. Als Grund gab er die Türkengefahr an, doch viel nahe liegender waren die begehrlichen Blicke der Österreicher und Bayern auf das Hochstift.

Das Generalgebäude und die Schmiede beherbergen die 2001 renovierte Jugendherberge. In den äußeren Burghof lädt ein modernes Ausstellungsgebäude und das Burgcafé ein.

Von der Batterie „Linde", die dem Fürstenbau stadtseitig vorgelagert ist, aus gesehen macht Passau seinem Beinamen „Schwimmende Stadt" alle Ehre. Wie ein Riesenschiff liegt die vom Stephansdom beherrschte Altstadt zwischen den Flüssen Inn und Donau.

Ein von Mauern gesäumter Weg („Wehrgang") führt über den achteckigen Pulverturm mit breiten Maulscharten hinunter zur „Hängebrücke" über die Donau und weiter in die Stadt. Der Weg von Oberhaus zur Burg Niederhaus ist heute leider nicht mehr in voller Länge gangbar, da sich Niederhaus in Privatbesitz befindet.

Burg Niederhaus bewachte den Zusammenfluss von Donau, Inn und Ilz und stammt in ihrer heutigen Erscheinungsform aus der Mitte des 15. Jahrhunderts. Auf Napoleons Anweisung musste ihr Bergfried 1809 um die Hälfte gekappt werden, um freie Schussbahn von Oberhaus auf die Flüsse zu ermöglichen.

Oberhaus-Museen: Veste Oberhaus, 94036 Passau · ℂ 0851/49 335-12
www.oberhausmuseum.de
· Modern installierte Sammlungen zur Burg- und Stadtgeschichte
· Sonderausstellungen über das „weiße Gold" (Salz) etc. Museumspädagogische Aktionen und Events
Palmsonntag bis 2. November und in den Weihnachtsferien,
werktags: 9.00–17.00 Uhr
Sa, So: 10.00–18.00 Uhr
Pendelbus vom Rathausplatz ab 10.30 Uhr (Sa, So ab 11.30 Uhr) alle 30 Min. Erreichbar zu Fuß über die „Hängebrücke", von dort steil aufwärts auf dem Ludwigssteig oder dem Wehrgang (30 Min.). Mit PKW über die Ries (Parkplatz) oder durch den Ilzdurchbruch (Tunnels) auf der Ferdinand-Wagner-Str. (Achtung: nur Auffahrt, Einbahnregelung, zurück über Ries).
· Burgcafé (Öffnung wie Museum) · Städt. Galerie (wechselnde Ausstellungen) · Aussichtsturm (146 Stufen)

Die ehemalige hochstiftische Haupt- und Residenzstadt Passau bietet mehrere historische Schloss- und Profanbauten. Die **„Alte Bischöfliche Residenz"** befindet sich direkt neben dem Dom. Hier residierte der geistliche Stadtherr in den – allen oben genannten kriegerischen Ereignissen zum Trotz – doch erheblich längeren friedlichen Zeiten.

Bischof Wolfger von Erla – auf den Passaus Wappentier, der Wolf, zurückgeht – amtete hier von 1191 bis 1204. Unter seiner Ägide ist von einem unbekannten Schreiber das Nibelungenlied verfasst worden.

Im 16. Jahrhundert wurde das Bauwerk im Stil der Renaissance erneuert, wovon die schön durch Fenster gegliederten dom- und innseitigen Fassaden und mehrere Portale künden. Im Inneren der Gebäudegruppe verbergen sich zwei kleine Innenhöfe. Der Blick von der Innbrücke auf die „Schauseite" der Stadt vermittelt noch einen Eindruck von der Monumentalität der frühneuzeitlichen Bischofsresidenz. Ein Teil des Palastes baut sich über dem alten Innbrucktor mit seinem in sich geknickten Torgewölbe auf.

Wie sämtliche Bauten der Stadt wurde auch der Bischofspalast durch die beiden verheerenden Stadtbrände 1662 und 1680 schwer in Mitleidenschaft gezogen und mit barocken Zutaten wieder aufgebaut. Die Repräsentationsräume (Vorzimmer, Kredenzzimmer, Audienzsaal, Tafelsäle) verfügen über ausladendes Dekor aus Marmorstuck. Trotzdem sah sich die angeschwollene absolutistische Hofhaltung nach einer neuen, geräumigeren Bleibe um. Ein paar Meter östlich entstand daher ab 1712 die „Neue Residenz". Das „Alte Palais" beherbergte im Oktober 1809 noch Napoleon Bonaparte.

Der lang gestreckte Kubus der **„Neuen Residenz"** dominiert den Passauer Residenzplatz, wohl einen der schönsten Stadtplätze Süddeutschlands. 1730 war die Neue Residenz in Formen des Barock und des Rokoko vollendet, wurde aber in den 60er und 70er Jahren des 18. Jahrhunderts noch einmal frühklassizistisch überarbeitet.

Zwei Marmorportale unter geschwungenen Balkonen (datiert 1770 und 1771) führen ins Vestibül. Das prunkvolle rechte Treppenhaus wird vom Deckengemälde „Die Götter des Olymp beschützen die Unvergänglichkeit Passaus", entstanden 1768, gekrönt.

Im Obergeschoß sind mehrere Vorzimmer zu durchqueren, deren Ausstattung immer prächtiger wird, bis man ins Audienzzimmer gelangt. In der Retirade, dem fürstbischöflichen Privatsalon, erreicht der überquellende Rokokoschmuck seinen Höhepunkt.

> Die **Alte Residenz** dient seit dem 19. Jahrhundert als Landgericht, in der Neuen Residenz ist das Bischöfliche Ordinariat untergebracht (Prunktreppenhaus zugänglich). Im Saalbau, der beide Paläste verbindet, befindet sich das **Bischöfliche Domschatz- und Diözesanmuseum**: Residenzplatz 8, 94032 Passau · ✆ 0851/393-374
> Di nach Ostern–31. Oktober (Mo–Sa): 10.00–16.00 Uhr (Sonn- und Feiertage geschlossen) · Zugang durch den Dom

Jenseits der Donau ließ Fürstbischof Josef von Auersperg (1783–1793) im Jahr 1786 den Grundstein zu einem Landschloss legen, das er „Freundenhain" nannte, das aber heute, auch offiziell, **Freudenhain**

Straubing, Herzogsschloss (S. 166)

Burgruine Hilgartsberg (S. 170)

Schloss Ortenburg (S. 185)

Ortenburg, Kassettendecke in der Schlosskapelle (S. 185)

Schloss Egg (S. 164)

Landshut, Hof der Burg Trausnitz (S. 172)

Wernstein am Inn (A), Mariensäule unter dem Schloss Neuburg (S. 178)

Wasserschloss Schönau im Rottal (S. 190)

Burg Wolfsegg bei Regensburg (S. 207)

Ruine Donaustauf über der Donau (S. 204)

Regensburg, Haidplatz, Alte Kaiserherberge und Thon-Dittmar-Palais (S. 191)

Vohenstrauß, Friedrichsburg (S. 211)

Ruine Leuchtenberg bei Vohenstrauß (S. 211)

Kallmünz, St. Michael und Burg über der Naab (S. 209)

Ruine Flossenbürg (S. 211)

Trausnitz, Kreis Schwandorf (S. 172)

genannt wird. 1792 war einer der bedeutendsten Schlossbauten des deutschen Frühklassizismus vollendet. Der zweigeschoßige Fürstenbau mit balkontragender Arkadenvorhalle wird von einfacheren Flügelbauten flankiert. Gerühmt wurde von Zeitgenossen der „Sentimentale Schlosspark" am Donauhang. Von den Obelisken, der Holländischen Plantage und der verwunschenen „Grotte des Canopus" ist leider nur wenig übrig geblieben.

Freudenhain war eines der letzten Bauwerke des aufgeklärten Absolutismus in Europa. 1803 fiel der fürstbischöfliche Sommersitz im Zuge der Säkularisation an Bayern. Die neue Zeit wertete das Schloss als Zeichen des Rückstands und verscherbelte zuerst das Interieur. Und die Verwendung als Hospital in den napoleonischen Kriegen machte der Innenausstattung vollends den Garaus. Seit 1869 dient Freudenhain als Schule der Englischen Fräulein.

> **Schloss Freudenhain:** Auersperg Gymnasium Freudenhain 2, 94034 Passau ·
> ✆ 0851/56 06 650
> · Führungen nach Vereinbarung, Schlosspark öffentlicher Stadtpark
> · Unterhalb des Parks Biergarten Hacklberg in historischem Ambiente.

Ein paar Schritte bevor sich die Fluten von Donau und Inn vor der Passauer **„Ortspitze"**, dem Dreiflusseck, vereinigen, liegt der wuchtige Baukörper von Schloss Ort. Der Name Ort deutet auf eine ehemalige Insellage hin, die man sich an dieser von den beiden Strömen umrauschten Stelle gut vorstellen kann. 1250 wurde die Burg zum ersten Mal erwähnt, stammt aber in ihrer gegenwärtigen Form mit Walmdach und quadratischem Erkerturm aus dem 16. Jahrhundert.

Zur Ortspitze hin schließen sich zwei halbrunde Bastionen an, deren Geschütze alle vorbeifahrenden Schiffe auf den beiden Flüssen bestreichen konnten. Sie wurden 1531 angelegt. Ein paar Schritte flussaufwärts von Schloss Ort ragt seit 1480 der fassförmige runde Schaiblingsturm in den Inn. Er bewachte den Innhafen und die hier gelegenen bischöflichen Salzmagazine.

Zwischen Schloss und Inn verläuft die wunderschöne Innpromenade. Sie führt von der Ortspitze flussaufwärts. Linker Hand glitzert der flaschengrüne Inn und auf der rechten Seite reihen sich im italienischen Barockstil hochgezogene Repräsentationsbauten wie Kulissen nacheinander auf.

> **Hotel und Restaurant Schloss Ort:** Am Dreiflusseck, 94032 Passau ·
> ✆ 0851/34 072

KERAMIK-SCHLOSS OBERNZELL

Wie viele Orte, darunter Weltstädte, haben im Lauf der Geschichte ihre Namen gewechselt! Obernzell trug im 16. Jahrhundert den sprechenden Namen Hafnerzell, benannt nach der weithin berühmten Schwarzhafnerei aus Graphit, der im nahe gelegenen Bergwerk Kropfmühl aus der Tiefe gefördert wurde. Den Erfolg eines solch exportorientierten Gewerbes garantierte nur eine starke Herrschaft, die vom 13. bis ins 19. Jahrhundert von den Passauer Bischöfen ausgeübt wurde. Ihr neben dem Donaustrom gelegenes Schloss kündet davon. *(Abb. Seite 120)*

Mitte des 13. Jahrhunderts erlangten die Passauer Bischöfe neben ihren schon lange ausgeübten geistlichen Rechten entlang der Donau auch die weltliche Macht in den benachbarten Ländereien flussabwärts. Zur Sicherung des Marktes Obernzell lag bereits im 14. Jahrhundert eine von den Wassern der Donau und – zum Land hin – von künstlichen Wasserläufen umflossene Burg am östlichen Endes des lang gestreckten Marktplatzes. Von dieser Stelle ließ sich auch der Schiffsverkehr auf der Donau gut kontrollieren, da die Boots- und Floßführer genau an dieser Stelle durch eine Biegung des Flusses in Anspruch genommen wurden und vom passauischen Ufer aus „greifbar" waren. Und vielleicht existierte schon damals eine „Urfahr", eine Fährverbindung zum jenseitigen Ufer, das ja auch bischöflich-passauisch war.

Unter den Fürstbischöfen Georg von Hohenlohe und seinem Nachfolger Leonhard von Laiming entstand in den 20er Jahren des 15. Jahrhunderts eine feste **Wasserburg**. Sie wurde von einem breiten, gemauerten Wasserkanal, der von der vorbeifließenden Donau gespeist wurde, und zusätzlich von einer Ringmauer umgeben. In der Baudimension ist das massige, im Inneren sehr geräumige Turmhaus noch erhalten. Das überladende Halbwalmdach mit Gauben und Kaminen ist gotisch und entstammt dieser Zeit. Im Inneren ist die Freskierung der alten Burgkapelle freigelegt worden. Die Ringmauer und die sechseckigen donauseitigen Türme wurden zwar im 19. Jahrhundert erniedrigt, vermitteln aber immer noch einen Eindruck von der spätmittelalterlichen Stärke der Burg.

Bischof Urban von Trenbach (1561–1598) fürchtete im Ausgang des 16. Jahrhunderts nicht zu Unrecht ein bewaffnetes Eingreifen der österreichischen Habsburger und der bayerischen Wittelsbacher im Hochstift Passau und ließ daher auch „Hafnerzell" ausbauen. Neue Renaissance-Formen symbolisierten die fürstbischöfliche Macht, ihren Mut zur Moderne und nicht zuletzt ihren Reichtum. Zwischen 1581 und 1583 wurde das

Innere des Baublocks völlig neu gestaltet. Der prächtige **Festsaal** im zweiten Obergeschoß ist ein einmaliges Zeugnis klerikaler wie auch humanistischer Gesinnung. Zwei Säulenportale gewähren Einlass. Von der Gelehrsamkeit der Geistlichen zeugen griechische, lateinische und hebräische Zitate an den Wänden. Dagegen sind die 240 penibel gemalten Papstwappen eher als eine Art Fleißaufgabe zu betrachten. Die geschnitzte Kassettendecke mit Intarsien ist zwar rekonstruiert, vermittelt aber doch noch einen Eindruck davon, dass sich Bischof Urban nach „Hafnerzell" zurückzuziehen gedachte. Doch erst im 17. Jahrhundert, nach dem verheerenden Passauer Stadtbrand von 1680, zog der fürstbischöfliche Hofstaat für einige Zeit hier ein.

Das profane 19. Jahrhundert beorderte staatliche Zollbehörden ins Schloss Obernzell. Als Erstes brachen sie den zum Markt gewandten Torturm ab und verhackstückten die Säle zu Behördenkammern. Dann wurde der Baublock umfassend restauriert und 1982 seiner neuen Bestimmung als **Museum** zugeführt.

Betritt man heute das Schloss, so überquert man erst den trockengelegten Graben und hat die schön restaurierten dekorativen Fensterrahmungen vor sich. Das Hauptportal zum Schlossbau wird von einem „gesprengten Bogen" umrahmt, im Mittelfeld steht der Passauer Wolf, flankiert von den Wappen der Obernzeller Bauherren, Leonhard von Laiming und Urban von Trenbach.

Das Innere birgt seit 1977 ein Zweigmuseum des Bayerischen Nationalmuseums und präsentiert 1200 Keramiken, welche die Geschichte der einfachen Irdenware über die Fayence-Herstellung bis zur industriellen Fertigung darstellen.

Der Aufstau der Donau durch das zehn Kilometer flussabwärts gelegene, 1952 fertig gestellte Kraftwerk Jochenstein hat den Flusscharakter des Stroms entscheidend geändert. Erst dadurch wurde es möglich, eine Schiffsverbindung zum jenseitigen Donauufer einzurichten. Von der Donauseite des Schlosses Obernzell pendelt seitdem eine Motorfähre zum oberösterreichischen Ufer. Von der Mitte des quirligen Stroms aus ergeben sich für Fotografen die besten Motive für Schloss und Markt Obernzell.

Museum Schloss Obernzell: 94130 Obernzell · ✆ 08591/10 66
1. April–31. Oktober täglich außer Mo: 10.00–17.00 Uhr
Führung Freitag 10.00 Uhr
Gasthof Alte Schiffspost, Di Ruhetag

EGG: BAYERNS HÖCHSTER BURGTURM

Im 19. Jahrhundert wurden Ritterburgen wieder modern. Möglichst mit Zinnen, Pechnasen, Fallgittern und modrigen Verliesen, umschauert von Sagen und Geheimnissen. Ein seltsamer Kontrast zu den gleichzeitig entstehenden Industrieanlagen, Fabriken und Hochöfen! In Schloss Egg am Rande des Bayerischen Waldes hat sich ein ehemaliger bayerischer Finanzminister seinen Traum vom Rittertum verwirklicht. *(Abb. Seite 154)*

Dabei hausten in Burg Egg nordwestlich von Deggendorf wirklich einmal echte Ritter. Um 1200 tauchen die Herren von Egg (oder Eck) in Urkunden auf.

Ein neues Kapitel aber wurde aufgeschlagen, als ab 1752 die Herren (seit 1792 Grafen) von Armannsperg auf der Burg saßen. **Josef von Armannsperg** (1787–1857) war ein enger Vertrauter König Ludwigs I. und bekleidete höchste Staatsämter im neuen Bayern. 1826 ernannte ihn der Monarch zum „Superminister" für Inneres und Finanzen. Der Minister galt einerseits als aufgeklärt und liberal, andererseits aber als pedantischer Bürokrat. Wegen seiner strikten Haushaltsführung hieß er allgemein „Sparmannsperg". Konflikte mit dem sprunghaften Ludwig I. blieben nicht aus und so sah sich Armannsperg 1831 zum Abschied gezwungen.

Doch schon ein Jahr darauf berief ihn der König zu einer besonderen Mission. Griechenland hatte sich von der Herrschaft der Türken befreit und die Großmächte stimmten dem Wunsch des bayerischen Königs zu, seinen Sohn Otto auf den griechischen Thron zu erheben. Zur Unterstützung des noch minderjährigen neuen griechischen Königs wurde ein Regentschaftsrat gegründet, dem Armannsperg vorstand. 1833 betrat er griechischen Boden und begann in Athen von Grund auf einen neuen Staat aufzubauen. 1835 wurde er griechischer Staatskanzler und Stellvertreter (Vizekönig) Ottos. Intrigen im Regentschaftsrat und Ludwigs Launen brachten ihn schließlich zu Fall. 1836 kehrte er als reich dotierter Frühpensionär nach Bayern zurück und nahm in **Schloss Egg**, fern von München, Quartier.

Armannsperg war wohl ein moderner Geist seiner Zeit, teilte aber mit Ludwig I. das Faible für die Vergangenheit, besonders für die Gotik, die man als besonders „teutsch" ansah. Egg war bis dahin ein wenig romantisches, immer wieder geflicktes Gemäuer gewesen. Ein abgestandener Wassergraben umgab den vierschrötigen Turm aus dem 13. Jahrhundert, der auf Gebäude herabsah, die man nach dem Schwedeneinfall wenig kunstvoll mit ein paar Barockschnörkeln verschönert hatte.

Doch nun rückten von 1838 bis 1842 Bautrupps und Kunsthandwerker unter der Leitung des Regensburger Bildhauers Ludwig Foltz an und verwandelten Egg nach dem Wunsch Graf Armannspergs in ein Zauberschloss wie aus dem deutschen Volksmärchen. Zuerst wurden sämtliche barocken Attribute abgeschlagen, der Turm wurde erhöht und erhielt ein spitzes Zeltdach mit stilgerechter Wetterfahne, vier Erker und einen umlaufenden Zinnenkranz. Am Herrenhaus prangten nun Treppengiebel, Türmchen, Altanen und Balkone, die Fenster wurden neu ausgebrochen und mit neugotischen Fensterstöcken und Butzenscheiben ausgestattet. Die neu angelegten Zimmerfluchten füllten sich mit dekorativem neugotischem Zierrat, Wappen, Tafelbildern, Statuen und geschnitztem Mobiliar. Den Turm neben dem inneren Tor überformte Foltz mit hohem Stufengiebel und Erker, die Ringmauer wurde mit Zinnen und einem Wehrgang gekrönt.

15 Jahre lang erfreute sich der Schlossherr an seiner Ritterburg und durfte 1849 auch König Max II. und Königin Marie im Schloss begrüßen. Bis 1939 wechselten die Besitzer häufig. Einem Wunder kommt gleich, dass das neugotische Interieur dabei nicht in alle Winde zerstreut wurde und sich weitgehend im Zustand von 1842 erhalten hat. Die gegenwärtigen Eigentümer öffneten das Schloss bereits 1959 der Öffentlichkeit. Während der Führung durchschreitet man den Humpensaal, den Rittersaal, das Schachzimmer, den Spiegelsaal sowie den Roten und Blauen Salon.

Auch der mit 45 Metern **höchste erhaltene Bergfried Bayerns** kann bestiegen werden. Kein Führer versäumt es, darauf hinzuweisen, dass der erste Besitzer aus dem Hause Armannsperg 1752 das Turmverlies aufbrechen ließ und einen schaurigen Fund machte: Gerippe von angeblich 200 Menschen. Zwei Wagenladungen Knochen wurden in den nächsten Friedhof gefahren. Man weiß heute diesen Sachverhalt nicht richtig zu deuten – falls er überhaupt stimmt.

Zur Erhöhung des Schauers hat man in jüngster Zeit noch eine Folterkammer im Turm installiert. Zur Rechtfertigung des Mittelalters sei vermerkt, dass solche Einrichtungen kaum der Realität entsprechen und auf einer Einbildung der „schwarzen Romantik" im 19. Jahrhundert beruhen.

Schloss Egg: 94505 Bernried · ✆ 09905/13 61 oder 80 01
Ostern bis Mitte Oktober: 11.00–16.00 Uhr, regelmäßige Führungen
· Burghotel
· Tagungen
· Schlossgaststätte mit Biergarten

Residenzburg Straubing: Justizmord aus Staatsräson

Am 12. Oktober 1435 stieß der Henker eine an Händen und Beinen gefesselte junge Frau von der Straubinger Schlossbrücke in die Fluten der Donau. Doch sie gelangte ans Ufer und hatte damit vor aller Augen ihre Unschuld bewiesen. Auf Befehl des herzoglichen Rechtsvertreters jedoch griff der Henker zu einer Ruderstange, umwickelte damit ihre Haare und zog ihren Kopf unter Wasser. Das war – auch nach den Rechtsgrundsätzen des Mittelalters – ein glatter, mehrfacher Justizmord! *(Abb. Seite 153)*

Auf der Donaubrücke unterhalb der Herzogsburg zu Straubing fand 1435 das Liebesdrama zwischen dem **Herzogssohn Albrecht und Agnes Bernauer** ein furchtbares Ende. Der junge Herr war der *„wunderschönen frawen, die wann sie roten Wein getruncken hett, man ihn der Kehl hinabrinnen sah"* aus Augsburg seit 1428 mit Haut und Haaren verfallen. Dass Agnes eine „Badsdirn" gewesen sei, ist eine Erfindung übelwollender Hofschranzen. Sie dürfte bäuerlicher oder bürgerlicher Herkunft gewesen sein, stand aber in der feudalen Hierarchie gleichwohl tief unterhalb des Adels und ganz besonders des regierenden Hauses. Einem engen Verhältnis der beiden stand trotzdem nichts im Wege, wenn es sich fernab vom Hof abgespielt hätte. Dynastisch erheiratete Herzoginnen fanden sich in der Regel mit „Friedelfrauen" (Nebenfrauen) ihrer Gatten ab. Illegitime Kinder wären zwar nicht erbberechtigt gewesen, doch öffneten sich ihnen – wie zahlreiche Beispiele zeigen – glänzende Karrieren an den Fürstenhöfen. Das ungleiche Paar zog es jedoch vor, sich heimlich trauen zu lassen. Und damit wurde die „Pernawerin" plötzlich zur Staatsaffäre. Denn nach all den innerdynastischen Händeln und Hausstreiten hatten die Herzogsfamilie, der Adel, die Stadtbürger und besonders die Bauernschaft genug von Erb- und Thronfolgestreiten, die nun unweigerlich auf das Land zurollten. So wurde die unstandesgemäße Herzogsfrau ein Opfer der Staatsräson. Sie musste sterben, um *„Raub, Mord und Brand im Land"* und den Tod vieler anderer zu verhindern. Albrecht war ein realitätsblinder Schöngeist, der das heraufziehende Unglück nicht erkennen wollte. 1434 schickte er seine Frau nach Straubing. Die ungefähr gleichaltrige Agnes hingegen war kein „armes Hascherl", sondern muss eine energische Frau gewesen sein, die im Herzogsschloss sehr selbstbewusst auftrat.

Man muss Albrechts Vater, dem alten Herzog Ernst, zugute halten, dass er mehrere Vorschläge zur gütlichen Einigung unterbreitete, die sehr entgegenkommend waren, so etwa die Ehe zu annullieren, Agnes abzufinden, ja sie „reich am Hof zu verheiraten", damit sie in seiner Nähe bliebe. Erst als dies nichts fruchtete, wurde der Ton härter. Um das Problem zu lösen, ordnete man den Erbprinzen kurzerhand an einen entfernten Ort ab. Dann erschien der noch regierende alte Herzog Ernst in Straubing, ließ Agnes festnehmen und nach einem Scheinprozess am selben Tag hinrichten. Den dazu eingesetzten Hofjuristen fiel zur Anklage nichts Besseres ein, als dass sie *„eyn poess weyb"* sei.

Erst nach Jahren söhnte sich der verbitterte Prinz mit seinem Vater aus. Dem Herzogshaus war übrigens von vornherein klar gewesen, dass es eine monströse Untat begangen hatte. Zu den umfangreichen Sühneleistungen gehörte die standesgemäße Bestattung der Ertränkten im Kreuzgang der Karmeliterkirche. Zum Gedächtnis stifteten die Herzöge eine eigene Grabkapelle. Auf dem rotmarmornen **Epitaph in der Peterskirche** bei Straubing ließ Herzog Ernst die unschuldig Verurteilte als *„Ehrbare und Ehrsame Fraw Agnes Bernawerin selig"* darstellen.

Ihr fürstlicher Angetrauter Albrecht, der in allem kein großes Licht war, hat seine große Liebe zeit seines Lebens nicht vergessen. Die Chronisten haben ihm später den Beinamen „der Fromme" verpasst, wie allen naiven Herrschern. Der Dramatiker Friedrich Hebbel (1855) und der Komponist Carl Orff (1947) haben sich später des Agnes-Bernauer-Stoffs angenommen. In Bayern ist die Tragödie seit einem Jahrzehnt wieder hochaktuell. In Straubing, Vohburg (➙ S. 108) und Blutenburg (➙ S. 29) finden regelmäßig Agnes-Bernauer-Festspiele statt.

1218 übertrug Herzog Ludwig der Kelheimer dem Markt Straubing Stadtrechte. Auf der Hochterrasse über der Donau entstand eine der planmäßig angelegten „Wittelsbacher Städte", auf deren Wirtschaftskraft sich die Herrscher verlassen konnten. In der Nordwestecke errichtete er seine erste Stadtburg (heute „In der Bürg").

In der Epoche der bayerischen Landesteilungen von 1349 bis 1504 wurde auch der Donaustadt Straubing das Privileg zuteil, Hauptstadt eines Miniatur-Landesfürstentums zu werden. Nach dem wittelsbachischen Hausvertrag Kaiser Ludwigs des Bayern, der 1349 seine Nachfolge regelte, wurde Straubing Sitz einer herzoglichen Seitenlinie. Das Herzogtum Straubing vereinnahmte auch das weit entfernte, damals wittelsbachische Holland. Die seltsame Länderverbindung hatte fast 80 Jahre Bestand. Erst 1425 wurde sie geteilt und das „Straubinger Ländchen" fiel 1429 an das Teilherzogtum München.

Obwohl die Herzöge hauptsächlich in ihren niederländischen Provinzen residierten, erforderte die fürstliche Hofhaltung den Bau einer neuen Burg, die nun in der Nordostecke der Stadt angelegt wurde. Unter Albrecht I. begann der Bau 1356. Nach der Weihe der Burgkapelle St. Sigismund 1373 zog der Herzog bzw. sein Statthalter (Vizthum) ein. Entstanden ist eine Burg des „Kastelltypus" auf rechteckigem Grundplan mit vier wuchtigen Gebäudetrakten und Ecktürmen. Donauseitig lagert zwischen zwei Türmen breit der Fürstenbau. Im Erdgeschoß befand sich der Dürnitz, die Halle für die Gefolgsleute. Spitzbogenjoche lassen die ehemalige Ausstattung des Rittersaals im Obergeschoß noch erahnen. Mit 400 Quadratmetern war der Straubinger **Festsaal** bis in die Barockzeit der größte in ganz Bayern.

Der jüngst wiederhergestellte **Dachstuhl in Form eines Schiffsrumpfes** erinnert an das Vorbild in der Residenz von Den Haag. Er wird auf 1422 datiert.

Die beiden Türme enthielten die fürstlichen Gemächer. Der mächtige, die Donaufront beherrschende Herzogsturm im Nordosteck diente als befestigtes Turmhaus. Zwei bastionsartig aus dem Fürstentrakt tretende Türme sicherten die Donauseite. Der etwas niedrigere Turm enthielt die Kemenaten (heizbare Räume) für die Damen. In der Südwestecke des fast quadratischen inneren Burghof steht das Rentamt (herzogliche Finanzkammer), gegenüber der gotische Bau der Kapelle. Hübsch ist das „Altar-Chörlein" auf gestuftem Kragstein, das die Außenfassade durchbricht.

Zur Stadt hin erstreckt sich die Vorburg, auch sie in strenger rechtwinkeliger Anordnung. Das größte Gebäude ist hier der Salzstadel mit ausladendem Schopfwalmdach. Von der Stadt her gewährt der Torturm Einlass. Ursprünglich war er wohl ein Teil der Stadtbefestigung. Über dem Torbogen prangt das Wappenfries Straubing-Holland und ein gotisches Zifferblatt. An den Turm angefügt ist ein dreigeschoßiger Bauflügel mit hohen Treppengiebeln. Die zweischiffige, durch Mittelsäulen geteilte Halle diente als weiterer Dürnitz, als Aufenthaltsraum für Bedienstete. Die Westflanke der Vorburg war von einer Zwingermauer geschützt.

Ein Rest ist der so genannte **Agnes-Bernauer-Turm**, ein nach innen offener Turm mit Zinnen aus der Zeit um 1470. (Er hat also mit der „Bernauerin" nichts zu tun.) Verschiedene Baumerkmale sprechen dafür, dass die Burg im späten 15. Jahrhundert noch spätgotisch „umfrisiert" wurde. Dazu gehörten auch farbig gestaltete Außenwände, die den nüchternen Charakter der Verwaltungsbauten etwas auflockerten. Auch nach dem Ende des Teilfürstentums Straubing 1425/1429 behielt die Burg ihre Bedeutung als Rentmeistersitz, Kasten- und Mautamt. Das Rentamtsgebäude wurde 1739 mit einer Rokoko-Fassade versehen.

Straubing, der Mittelpunkt des fruchtbaren Gäubodens und am Schnittpunkt der Handelsstraßen vom Rheinland nach Wien und von Italien nach Böhmen gelegen, war in der frühen Neuzeit immer eine „gewappelte" (reiche) Kommune, was sich auch an ihren gotischen Hallenkirchen und wohlhabenden Handels- und Bürgerhäusern ablesen lässt. Einträglich war auch der Schiffsverkehr auf der Donau und die damit verbundene Maut.

Als die an der Stadt und am Schloss vorbeifließende Donauschleife zu verlanden drohte, schichteten die Bürger 1477–1480 ein Wehr aus Holz und Geröll (ein sogenanntes „Beschlacht") auf und leiteten den schiffbaren Hauptstrom wieder an ihrer Stadtlände vorbei. Auch das Herzogsschloss behielt durch diese Wasserbaumaßnahme den Schutz durch die Donau.

1633 quartierten sich für fast ein Jahr die Schweden ein. Im 18. Jahrhundert folgten die Österreicher. Schwere Schäden waren jedes Mal die Folge. 1755 verwandelte das kurfürstliche Kriegskommissariat den Fürstentrakt in eine Kaserne und entblößte ihn von allem Zierrat, Bauschmuck und Holzeinrichtungen. Der gesamte Baukomplex des Herzogsschlosses überlebte aber als Sitz verschiedener staatlicher Behörden. 1994 war die Renovierung, gerade rechtzeitig zur Aufnahme der viel beachteten Bayerischen Landesausstellung „Bauern in Bayern", fertig gestellt.

Heute beherbergt das Herzogsschloss ein **Museum**, der Rittersaal wird als Fest- und Konzertsaal genutzt und der Salzstadel beherbergt die Stadtbibliothek.

Straubing, Museum im Herzogsschloss (Rittersaal): Zweigmuseum des Bayer. Nationalmuseums (Volksreligiöse Sammlung)
Di–So: 10.00–16.00 Uhr; Februar und März geschlossen · ✆ 09421/94 43 07
Amt für Tourismus, 94315 Straubing · ✆ 09421/21 114 www.straubing.de
Agnes-Bernauer-Festspiele im Burghof (2003, alle vier Jahre)
 www.agnes-bernauer-festspiele.de
· Im Salzstadel Stadtarchiv und Städt. Bibliothek (So, Mo geschlossen)
· Konzerte und Events im Rittersaal
· Sühnekapelle für Agnes Bernauer im Friedhof Sankt Peter, tagsüber geöffnet

HILGARTSBERG: ROMANTISCHE RUINE ÜBER DEM FLUSS

Kein Buch über die Donau ohne Abbildung der über dem Strom aufragenden Burgruine Hilgartsberg! Hell zeichnen sich die noch erhaltenen hohen Mauern vom Laubwald ab und umso dunkler erscheinen die herabstarrenden Fensterhöhlen. Alle Donaureisenden der letzten 1000 Jahre, die von Regensburg Richtung Wien unterwegs waren, mussten hier vorbei. Manchmal bekam ihnen das nicht gut. *(Abb. Seite 153)*

1370 wurden in Hofkirchen unterhalb der Burg zwei voll beladene Kauffahrtschiffe des Regensburger Handelshauses Runtinger ausgeplündert. Das Amtsbuch der Stadt Regensburg meldete: „... *als der Schiffsführer Seydl nach Hofkirchen kam, da wurde er des Nachts beraubt und ihm vom Schiffe genommen Ausrüstung, Kleidung und anderes im Wert von 10 Pfund Regensburger Pfennige. Und die Räuber verprügelten den Schiffer und verbanden ihm die Augen.*"
Das scheint kein Einzelfall gewesen zu sein, denn noch 1534 bezeichnete der bayerische Geschichtsschreiber Johannes Aventinus **Hilgartsberg** kurz und bündig als *latronum receptaculum*, als Räubernest. Doch was wir heute als ungesetzliche Untaten verurteilen, galt im Mittelalter als erlaubtes (Faust-)Recht. Im Rahmen einer angesagten Fehde durfte der Gegner „geschädigt", d. h. beraubt werden. So wird es auch hier gewesen sein, zumal auf Hilgartsberg streitlustige Herren hausten. Ortwin von Ortenburg lieferte sich in der Mitte des 13. Jahrhunderts Dauerkämpfe mit dem Kloster Niederaltaich, und Peter von Egg überwarf sich mit Herzog Albrecht I. von Straubing, wurde 1356 in der Burg belagert und zur Übergabe gezwungen.
Furcht vor feindlichen Einfällen steht auch am Anfang der Burggeschichte. Im Rücken der Burgruine, etwas höher am Uferhang, sind noch umfangreiche Erdwälle und Gräben einer Fliehburg aus dem 10. Jahrhundert zu erkennen, die gegen die Magyaren (Ungarn) aufgeworfen wurden. Im 11. Jahrhundert war das Hochstift Bamberg Besitzer dieses Teils des Donaulandes. Der 1112 genannte Ezili de Hilkerrichesperch war ein Untervasalle der Bamberger Bischöfe. Die von ihm angelegte Burg nahm nur den zum Flusstal hin exponierten Teil des Areals der alten Fliehburg ein. Von der hochmittelalterlichen Burg zeugt noch die romanische Apsis der Kapelle und der Halsgraben vor dem äußeren Tor. Gegen Ende des 14. Jahrhunderts verstärkten die Herzöge von Straubing die Burg. Sie

errichteten einen eckigen Wachtturm, der von einer Mantelmauer umgeben wurde. Der Palas erhielt gotische Einbauten. Auch der zweite Torbogen und der innere Torturm haben in dieser Zeit ihre gotische Form erhalten. 1587 ließ der herzogliche Rat Philipp Weissenfelder die im ersten Zwinger liegende Georgskapelle neu wölben und ausmalen.

Mit dem Übergang an die reichen Grafen Fugger von Kirchberg im Jahre 1616 veränderte sich die Burg zum repräsentativen Schloss. Zwar kamen die schwäbischen Herren selten hier vorbei, doch erteilten sie umfangreiche Aufträge zur Neugestaltung. Der dreiseitige Burghof war so geräumig, dass eine sechsspännige Karosse wenden konnte. Seine Fläche ist heute von überwachsenen Mauertrümmern und Geröll bedeckt. Möglicherweise stammen sie vom eingestürzten Wachtturm. In einer Ecke befindet sich der runde Brunnenaufsatz über dem Schacht. Daneben eine besondere Attraktion für phantasiereiche Burgenfreunde, der so genannte **„unterirdische Gang"**, der vom Burghof unter der Schildmauer hindurch in den zweiten Zwinger führt.

Die heute noch über drei Geschoßhöhen aufsteigenden Außenmauern des Hauptbaues geben einen gewissen Eindruck von der durch Erker und Fenster gegliederten Renaissance-Fassade. 1626 machte ein Brand einen Teil der Räume unbewohnbar. Im Spanischen Erbfolgekrieg wurde die Burg 1704 erst von den Österreichern besetzt, dann von aufständischen Bauern erobert, fiel aber kurz danach wieder den Österreichern in die Hände. Das Ende kam im Österreichischen Erbfolgekrieg, als im November 1742 habsburgische Truppen Quartier bezogen, nachdem sie die Burg beschossen und gestürmt hatten. „Krawaten (Kroaten) und Panduren" waren nicht nur der Schrecken der Umgebung und plünderten das nahe Vilshofen aus, sondern rissen Holzböden und Kassettendecken aus dem Schloss Hilgartsberg und verfeuerten sie, zerhackten Vertäfelungen und setzten bei ihrem Abzug die Dachstühle in Brand.

Erst im 19. Jahrhundert kam die Ruine – nun malerisch eingewachsen – wieder zu Ehren, als sie König Ludwig I. entdeckte und „als wahre Zierde der Gegend" vor weiterem Verfall sichern ließ. Seit 1995 ist Hilgartsberg Besitz der Gemeinde Hofkirchen.

Vilshofen, Hilgartsberg: Burgverein Hilgartsberg, 94544 Hofkirchen · ✆ 08545/83 88 www.burgverein-hilgartsberg.de
Die Ruine ist tagsüber zugänglich.
· Alljährliche Burgfestspiele im Sommer
· Burgweihnacht
· Gasthof Burgstuben

HERZOGSSTADT LANDSHUT: BURG TRAUSNITZ UND FÜRSTLICHE STADTRESIDENZ

Brücken waren im Mittelalter heiß umkämpft. Nirgendwo besser konnten Handelswege kontrolliert und Maut erhoben werden. Im 12. Jahrhundert konkurrierten an der mittleren Isar zwei Flussübergänge miteinander: einer bei Landshut, dem Bistum Freising zugehörig, und einer bei Altheim unterhalb der Regensburger Burg Strassberg. Wenn zwei geistliche Herren sich streiten, freut sich die weltliche Macht. Das war Herzog Ludwig I., der im Jahr 1204 Landshut mit einer Burg befestigte und beide Brücken von hier aus in Besitz nahm. *(Abb. Seite 155)*

Die Regensburger Brücke und die Strassburg wurden abgerissen. Fortan konzentrierte sich der Verkehr auf die Brücke, die der Herzog den Freisingern abgenommen hatte. Zur Sanktionierung dieser Gewalttat und zum Schutz des Isarübergangs war eine feste Burg unerlässlich – eben **Burg Landshut**.

Auf dem kegelförmigen Vorsprung des Isarhochufers dürfte schon vorher ein Wachtturm gestanden haben, weshalb der Name Landshut bereits Mitte des 12. Jahrhunderts aufgetaucht war. Doch erst jetzt, 1204, wurde die Burg zum wahren „Hut" (=Hüter) „des Landes". Der Burgflecken am Fuß der Steilhanges wurde ummauert und mit Stadtrechten privilegiert. Mehrere Straßen kreuzten sich hier, die Isar war ein schiffbarer Wasserweg und der Warenumschlag wuchs. Stadt und Burg lagen im Zentrum des neuen wittelsbachischen Herzogtums Bayern. Die Burg wurde von Anfang an als Herzogshof und Residenz konzipiert und in beträchtlichen Dimensionen angelegt. Als *Castrum et oppidum* erschien sie stolz in den Urkunden. Kaiser Friedrich II. von Hohenstaufen, das „Staunen der Welt", bezog hier 1235 mit seinem verwöhnten Hofstaat Quartier.

Aus der Erbauungszeit stammt heute nur noch die kunstgeschichtlich hochbedeutende, doppelstöckige Burgkapelle St. Georg. Ihr Obergeschoß war den Fürstlichkeiten vorbehalten, Hofstaat und Dienerschaft standen in der Unterkapelle. Im 16. Jahrhundert wurde die Burgkapelle durch Renaissance-Einrichtung überformt.

Sicher dürfen wir für die Entstehungszeit der Burg einen Bergfried als dynastisches Zeichen voraussetzen, der an der Stelle des klobigen „Wittelsbacher Turms" (Ende 15. Jahrhundert) stand. Reste des romanischen Palas haben sich noch im späteren Fürstenbau erhalten. Der Graben, der die innere Burg von der Vorburg trennt, war eine der ersten Baumaßnahmen überhaupt. Die Gliederung der Gesamtanlage in die innere Fürstenburg und eine geräumige äußere Burg geht bereits auf das 13. Jahrhundert zurück.

Nach dem Tod Ottos des Erlauchten 1253 einigten sich die Söhne 1255 auf die Teilung des Herzogtums in einen – bezogen auf den Lauf der Isar – „oberen" und „niederen" Teil. Während der oberbayerische Herzog Ludwig der Strenge seinen Hauptsitz in München aufschlug, erwählte **Heinrich XIII.** (reg. 1253–1290) Landshut zur Residenz Niederbayerns. Der neue Status manifestierte sich auch baulich in einem romanisch-gotischen Übergangsstil.

Ab 1260 erfolgte eine umfangreiche Bautätigkeit auf der Burg. Als Wohnhaus des Herzogs wuchs der Fürstenbau in die Höhe. An die Kapelle schloss sich der „Alte Dürnitz" mit zweischiffiger Halle für das männliche Personal an und an diesen der Damenstock für die herrschaftlichen Frauen und ihre Mägde. Das innere Burgtor wurde von zwei Rundtürmen flankiert. Ende des 13. Jahrhunderts war also der Burghof bereits fast allseitig von Gebäuden umgeben. Heinrich weilte kaum auf der Burg, dazu ließen ihm seine Auseinandersetzungen mit sämtlichen Nachbarn – den Salzburgern, Habsburgern, Böhmen und seinem herzoglichen Bruder in München – keine Zeit. Als Bayern unter Ludwig dem Bayern (1314–1347, Kaiser ab 1328) wieder vereinigt war, stieg München zur ersten Stadt des Landes auf. Landshut diente als Nebenresidenz.

Doch 1392 wurde das Land erneut aufgeteilt, diesmal kam mit Ingolstadt noch ein dritter Teil hinzu. Auf der Burg Landshut, die ihr Gesicht seit dem späten 13. Jahrhundert nicht gewandelt hatte, zog nun mit **Herzog Heinrich XVI.** erneuter Glanz ein. Er war der erste der drei legendären **„Reichen Herzöge"**, die Niederbayern im 15. Jahrhundert zu einem wirtschaftlich und kulturell prosperierenden Staat der frühen Neuzeit verwandelten.

Heinrichs Sohn Ludwig, auch er „der Reiche" genannt, setzte die sparsame Haushalts- und Reformpolitik fort, indem er sich auf die versierte Beamtenschaft stützte, er investierte aber einen Teil des geschwollenen Staatssäckels in Bauwerke und Kunst – wie in Landshut – und in zukunftsweisende Unternehmungen, wie die Gründung der Universität Ingolstadt im Jahr 1472. Als wohlhabendster Fürst des Reiches (wenn nicht des damaligen Europas) konnte er sich 1475 erlauben, für seinen Sohn Georg eine Hochzeit auszurichten, die an Pracht und Freigebigkeit jeglichen Rahmen sprengte und als **„Landshuter Fürstenhochzeit"** in die Geschichte einging. Die Braut war Jadwiga (deutsch: Hedwig) aus dem Königshaus der polnisch-litauischen Jagiellonen, *„ein hüpsch mensch und darzue gerad und ein lieblichs Angesicht und schaut gar frei mit den Augen"*. Brautführer war der habsburgische Kaiser Friedrich III. höchstselbst, der zusammen mit seinem Sohn König Maximilian anwesend war. Jagiellonen und Habsburger standen im dynastischen Rang hoch über den Wittelsbachern, doch die Landshuter waren unendlich reicher und zeigten dies auch nach außen.

Unter **Heinrich und Ludwig dem Reichen** war die **alte Burg** über der Stadt in gotischen Formen erneuert worden. Der Fürstenbau wurde erweitert und aufgestockt und mit einem Walmdach bedeckt. Als wehrhaftes Zeichen entstand der gedrungene Wittelsbacher Turm an der gefährdeten Südwestecke, wohl an der Stelle des alten Bergfrieds. Er diente als Wohnturm und erhielt ein Walmdach mit Erkern. Die weiträumigen Außenbefestigungen wurden den militärischen Erfordernissen der neuen Zeit angepasst.

Aus der Mitte des 15. Jahrhunderts stammen die Zwingermauern mit den kleinen Wehrtürmen, welche die innere Burg stadtseitig umgeben und mit Kanonenscharten versehen wurden (darunter der zur Stadt blickende achteckige Wasserturm). Auch die Wehrmauern der Vorburg, das äußere Burgtor mit vorgelegter Barbakane und die Türme (Überreiterturm, Hungerturm, Pulverturm, Folterturm, Falken- und Waffenturm) wurden in dieser Zeit in Ziegelbauweise neu angelegt. Gut erhalten hat sich der auf hölzerne Balken gestützte, überdachte Wehrgang im Zwinger zwischen erstem Burgtor und innerem Torwartshaus. In der Vorburg drängten sich Stallungen, Remisen, Werkstätten, Garküchen und die einfachen Holzhäuschen des Gesindes.

Georg der Reiche residierte zwar im Fürstenbau, widmete sich aber hauptsächlich seiner megalomanischen Burg in Burghausen (→ S. 86). Unter ihm oder bereits unter seinem Sohn wurde der „Neue Dürnitz" im Fürstenbau vollendet, der dem vergrößerten Gefolge des Herzogs zum Aufenthalt diente. 1480 vertieften Bergknappen den Brunnenschacht bis zur Talsohle des Grundwassers in 120 Meter Tiefe. Spätgotische Umbauten erfolgten am Torhaus („Uhrstöckl") und in der Kapelle.

Vom Landshuter Erbfolgekrieg, der ganz Bayern nach dem Tod Georgs des Reichen 1503 neun schwere Monate lang verheerte, blieben Burg und Stadt Landshut verschont. Vom Waffenplatz vor der Burg setzten sich im Oktober 1504 1200 Berittene und 1200 Landsknechte mit Geschützen in Marsch, um München anzugreifen – vergeblich. 1505 rückten die Münchner ihrerseits an und eröffneten vom jenseitigen Isarufer das Feuer – ebenso vergeblich. Bei dieser Gelegenheit verlor der berühmte Ritter Götz von Berlichingen seine rechte Hand. Der Kölner Schiedsspruch vom Juli 1505 sprach das niederbayerische Erbe dem Münchner Herzog Albrecht IV. zu. Sein „Primogeniturgesetz" setzte für die Zukunft immer den Erstgeborenen der Wittelsbacher Dynastie als Herzog ein. Das unselige Zeitalter der „bayerischen Hausteilungen" war damit endlich vorbei.

München stieg unter Albrecht IV. „dem Weisen" zur Landeshauptstadt und Metropole Bayerns auf. Landshut verlor seine zentrale Stellung. Bevor es aber zur „Zweitresidenz" absank, erlebten Burg und Stadt noch zwei Generationen herrscherlicher Prachtentfaltung. Zum Statthalter Landshuts ernannte Herzog Albrecht seinen Sohn **Ludwig X.**, der von 1516 bis 1545 in diesem Amt waltete. Ludwig war ein kunstsinniger Mann, der häufig in Italien weilte und den modernen Baustil der Renaissance bewunderte.

Seine Bauvorhaben auf der Burg waren aber noch geprägt von altdeutscher Spätgotik, wie das Pfaffenstöckl in der Inneren Burg links neben dem Torbau, die Neueinwölbung der Georgskapelle und das voluminöse Kellereigebäude mit den tiefen Gewölben im Vorhof (1558 vergrößert und mit zwei unerschöpflichen Weinfässern bestückt). Seinen italienischen Renaissance-Traum verwirklichte sich Ludwig im Stadtpalais (s. u.). Nachdem dies im Jahr 1543 fertig gestellt war, verließ Herzog Ludwig die „*alte Vesten zu Landshuot*".

Erst um diese Zeit, Mitte des 16. Jahrhunderts, kam übrigens der Burgname **„Trausnitz"** auf. Seine Bedeutung ist „Trau dich nicht", wag es nicht anzugreifen.

Höfisches Leben zog im Jahr 1568 mit **Erbprinz Wilhelm** (Herzog von 1579–1592) und seiner Gemahlin Renata von Lothringen ein. Ihre bis 1579 auf der Trausnitz verlebten gemeinsamen Jahre genügten, um die noch immer spätmittelalterliche Burg in einen Renaissance-Palast mit neuzeitlicher Wohn- und Repräsentationskultur zu verwandeln.

Sämtliche Innenräume wurden neu gestaltet und farbig dekoriert. Vor der Hoffassade des Fürstenbaus und des Alten Dürnitz wuchsen nach Plänen des Hofbaumeisters Friedrich Sustris zweigeschoßige Laubengänge in die Höhe. Durch Pilaster, Arkaden und Rustika-Mauerwerk erhielt der Burghof sein südliches Flair. Eine überdachte Prunktreppe von 1579 führt in die Obergeschoße. Auch der Damenstock erhielt innen und außen ein neues Gesicht. Im Winkel zum Alten Dürnitz schuf Sustris den luftigen Sommertanzplatz (Söller) mit grandioser Aussicht auf die Stadt. Der vorgeschobene Wasserturm wandelte sich zu einem Lusthaus mit offenen Portalen.

Ein Unikum ist der **„Italienische Bau"**, den das Fürstenpaar gegen 1578 an die Außenseite des Fürstentraktes anbauen ließ. Wilhelm und Renata fanden großes Gefallen an der *Commedia dell'arte*, wie sie fahrende italienische Schauspieler und Possenreißer in Städten, Märkten und Schlosshöfen vorspielten – Obszönitäten und Derbheiten mit einbegriffen. Die berühmte **„Narrentreppe"** veranschaulicht in bunten Fresken das „Reich der Narrheit", bestehend aus den lebensgroßen Figuren der *Commedia dell'arte*. Es treten auf: Pantalone, der Kavalier, der Aufschneider, der pfiffige Diener, der betrogene Betrüger, die Kurtisane, die alte Kupplerin, die schöne Filomena usw. und im Kabinett das junge Herzogspaar selbst.

Gegen das bewaldete Hochufer der Isar ließ Wilhelm den Hofgarten mit Tiergehegen, Irrgärten und Standbildern anlegen. Der breite Halsgraben, der Außen- und Innenhof trennt, wurde begrünt und diente seit dem 16. Jahrhundert der Tierhaltung (Hirschgraben, Hühnergraben). 1579 übernahm Wilhelm die Regentschaft und zog mit seinem ganzen Hofstaat in die Landeshauptstadt München um. Abrupt endete damit die Glanzzeit der Burg. Während des Dreißigjährigen Krieges erschienen mehrfach die Schweden. 1632 stand König Gustav Adolf auf dem Söller und gewährte Stadt und Burg gegen angemessene Bezahlung *„Salva Guarda"* (Verschonung). 1634 rückten erneut schwedische Truppen unter Bernhard von Weimar an und versuchten die Burg einzunehmen. Dabei setzten sie die Vorburg in Brand. Die in ihr liegenden zerstörten Gebäude wurden später nicht mehr aufgebaut, so dass das Vorfeld der Fürstenburg heute ungewöhnlich leer wirkt. 1648 marschierten Schweden und Franzosen gemeinsam ein. Die Schäden in den verlassenen Räumen wurden 1676 bis 1680 beseitigt. Eine adäquate Nutzung außer ein paar subalternen kurfürstlichen Behörden und Registraturen fand sich aber nicht mehr. Im 18. Jahrhundert wurde Trausnitz zuerst als Kaserne, dann als Woll- und Seidenmanufaktur genutzt. Der Kunstbestand litt dadurch erheblich.

Erst **König Ludwig II.** erinnerte sich wieder der alten wittelsbachischen Burg und ließ sich 1874 im Fürstenbau ein „Königliches Absteigequartier" einrichten. Aus den seit dem 15. Jahrhundert auf der Trausnitz eingelagerten Registraturen und Urkunden-Depots der Hofkammer entwickelte sich das Niederbayerische Staatsarchiv.

Von der schlimmsten Katastrophe ihrer Geschichte wurde Trausnitz am 21. Oktober 1961 heimgesucht. Ein vergessener Tauchsieder verursachte einen Großbrand, dem der Fürstenbau, die Kapelle und Teile des Staatsarchivs zum Opfer fielen. Stundenlang schlugen die Flammensäulen weithin sichtbar aus der brennenden Burg über der Stadt. Der entkernte

Fürstenbau dient seitdem als Magazin des Staatsarchivs. Alle übrigen Räume wurden wiederhergestellt und sind mit Führungen zugänglich.

> **Landshut. Burg Trausnitz:** Burgverwaltung Landshut, 84036 Landshut ·
> ✆ 0871/92 41 10 www.burgtrausnitz.de (virtuelle Burgführung)
>   Zugang von der Altstadt 15 Min. über ehem. Reitweg („Ochsenklavier")
>   Auffahrt mit PKW (2 km)
> Burgführungen (45 Min.):
> April–September tägl.: 9.00–17.00 Uhr; Do bis 20.00 Uhr
> Oktober–März: 10.00–16.00 Uhr
> Burgschänke: 10.00–18.00 Uhr
> · Zahlreiche Veranstaltungen
> · Gartenfestival im Juni
> · Renaissance-Museum im Damenstock (ab 2004)
> · Staatsarchiv, Verwaltung im Schlosspflegerhaus · ✆ 0871/92 32 80
> · Landshuter Hochzeit (Juni/Juli 2005, alle vier Jahre), größte historische Veranstaltung Europas. Info: „Die Förderer", Spiegelgasse 208, 84028 Landshut · ✆ 0871/22 918 www.landshuter-hochzeit.de

Die **Stadtresidenz** Herzog Ludwigs X. ist ein einzigartiges Renaissance-Gesamtkunstwerk, das erste seiner Art nördlich der Alpen. Das *„fürstlich neugepäu"* entstand von 1536 bis 1543. Zwei Flügel sollten nach dem Vorbild des *Palazzo Ducale* in Mantua noch hinzukommen. Die dreistöckige Schmuckfassade des „Deutschen Baues" ist zum Hauptplatz gerichtet, der „Italienische Bau" zur rückwärtigen Ländseite hin orientiert. Ein Bogen verbindet ihn mit einem Pavillon an der Isar. Zwei Arkadengänge verbinden Deutschen und Italienischen Bau und umschließen einen rechteckigen Innenhof.

Die Prunkräume des Palazzo sind nach Themen der antiken Mythologie gestaltet (Göttersaal, Apollozimmer, Venuszimmer). Nach Herzog Ludwigs Tod 1545 stand der Prachtbau leer und wurde – wie sein Vorgängerbau an dieser Stelle – als Zollhaus genutzt. Nur manchmal kehrte hoher Besuch ein, nicht immer sehnlichst erwartet, wie Gustav Adolf (Mai 1632) oder Erzherzog Karl von Österreich und kurz danach Napoleon (1809). Die Fassade zur Altstadt erhielt 1780 ein klassizistisches Make-up.

> **Landshut, Stadtresidenz:** Altstadt 79, 84028 Landshut · ✆ 0871/92 41 10
> Di–So: 10.00–16.00 Uhr
> **Staatsgalerie:** Wiedereröffnung zur 800-Jahr-Feier Landshuts 2004

BURGEN-RALLYE AM INN: NEUBURG, VORNBACH, WERNSTEIN, NEUHAUS, SCHÄRDING

Zwischen Schärding und Passau durchfließt der Inn eine einmalige Kulturlandschaft, die von Wittelsbachern, Habsburgern und Passauer Fürstbischöfen, nicht zuletzt aber von der freien Grafschaft Neuburg geprägt worden ist. Wer diese Strecke des Inntals abwandert (per Rad geht das in einen Tag), kommt beidseitig des Flusses an fünf bedeutenden Burgen und Schlössern vorbei: Neuburg, Wernstein, Vornbach, Neuhaus und Schärding. In der Mitte der Tour wartet noch eine besondere landschaftliche Sehenswürdigkeit, der Inndurchbruch, die wildromantische „Vornbacher Enge". *(Abb. Seite 155)*

Nähert man sich der Neuburg von der „Landseite", vom Hochufer des Inn, so tauchen die fünf Wehrtürme unter einem auf, doch vom Inntal aus gesehen ragt der schroffe Burghang 250 Meter über dem Fluss auf und beherrscht Fluss, Tal und Land wie ein Adlerhorst. Mauern und Türme folgen dem unregelmäßigen natürlichen Verlauf des steil zum Inn abfallenden Geländes und sitzen auf der Felsformation wie eine gut eingepasste Zahnkrone. Auf der **Neuburg** kann der Besucher die Entwicklung des Burgen- und Schlösserbaus vom 12. bis ins 18. Jahrhundert anhand eines uneinheitlichen, aber gewachsenen Baubestands verfolgen. Hochmittelalterlich ist die ausgesetzte Lage, gotisch sind die wuchtigen Türme und Tore, und im Inneren der Hauptburg erwarten uns Prunkräume im Renaissance-Stil. Und das Zeitalter des Barock tritt uns in einem verwunschenen Park gegenüber.

Die Geschichte der Burg beginnt vier Kilometer flussaufwärts im hübschen Ort **Vornbach am Inn**. Dort lag im 11. Jahrhundert die Stammburg der mächtigen Grafen von Vornbach, eines der bayerischen Uradelsgeschlechter. Der alte Burgplatz auf einer Felskante direkt am Inn wird heute vom Schloss Vornbach und der Pfarrkirche eingenommen. Nach 1094 wurde die Stammburg auf Betreiben Graf Ekberts von Vornbach in ein Benediktinerkloster umgewandelt. Die Vornbacher selbst siedelten auf ihre nahe gelegene „neue Burg", eben die Neuburg, über. Die Gründung der Neuburg wird sich also um die Wende vom 11. zum 12. Jahrhundert abgespielt haben. Vornbach blieb bis zur Säkularisation 1803 im

Besitz des Ordens. Kirche und Kloster erfuhren im 17. und 18. Jahrhundert eine grundlegende barocke Neugestaltung. Im 19. Jahrhundert wurde der Konventsbau zu einem Schloss mit Park umgewandelt.

Schloss Vornbach: Gemeinde Neuhaus, 94152 Neuhaus/Inn · ℂ 08503/91 110
www.neuhaus-inn.de
Veranstaltungen · Kunstausstellungen · Schlossfest im Sommer
· Gasthof Klostertaverne

1158 fiel der letzte Graf von Vornbach auf Neuburg bei der Belagerung Mailands. Erben waren die frommen Grafen von Andechs. Mit dem Sieg des Wittelsbacher Herzogshauses über die Andechser, seine stärksten Rivalen, im Jahr 1248, wurden Burg und Grafschaft Neuburg zum ersten Mal bayerisch – aber nur für kurze Zeit. Denn auch die Habsburger erhoben Besitzansprüche und eroberten die Burg. Im Januar 1310 schlugen die bayerischen Herzöge zurück und zerstörten die Neuburg. Dabei gruben Bergknappen Stollen unter die Ringmauer und brachten sie zum Einsturz. Im Friedensschluss zu Passau noch im selben Jahr wurde die Grafschaft aber endgültig Herzog Friedrich von Habsburg zugesprochen. Ihr Territorium erstreckte sich auch auf die Gebiete jenseits des Inn und bezog Wernstein mit ein. Bis 1730 blieb sie im Besitz des Hauses Österreich.

Herzog Friedrich der Schöne (1289–1330) baute die Neuburg nun zu einer gewaltigen Feste um. In der Vorburg wuchsen die vier schweren Wehrtürme in die Höhe, die Hauptburg wurde durch einen hohen Torturm geschützt. Dem auf den Inn blickenden Palas ließ Friedrich eine neue Burgkapelle, eher eine kleine Kirche, anfügen. Friedrich der Schöne hatte allen Grund, seine neu erworbene Grafschaft mit Mauern und Türmen zu sichern, ließ er sich doch als habsburgischen Gegenkönig zum Wittelsbacher Ludwig dem Bayern krönen. Nach Friedrichs Niederlage von Mühldorf am Inn 1322 bestand durchaus die Gefahr, dass der siegreiche König Ludwig weiter innaufwärts nach Neuburg ziehen könnte. Die Habsburger Kaiser belehnten in der Folgezeit einflussreiche Geschlechter mit Burg und Grafschaft. In den wenigen Jahren unter dem kaiserlichen Kammerherrn Hans von Rohrbach (1463–1467) wurde die Burgkirche in zierlicher Spätgotik ausgestattet und Teile der Burg erneuert. 1528 erhielt **Graf Niklas II. von Salm-Reifferscheidt** Neuburg als Reichslehen. Sein Vater **Niklas I. von Salm** (1459–1530) war ein erfolgreicher Heerführer. Vom 29. September bis 14. Oktober 1529 leitete er die Verteidigung Wiens gegen den osmanischen Sultan Süleyman den Prächtigen. Seinem Sohn Niklas II. überließ er genügend Reichtümer, um die Neuburg zu einem repräsentativen Herrschaftsbau der Renaissance umzuwandeln.

Die Räume im Ostflügel des Palas in der Hauptburg erhielten Prunksäle unter reicher Verwendung von Marmor, Terrakotta und Holzvertäfelung. Als Künstler wurde der Passauer Wolf Huber (1485–1553), ein Maler der Donauschule, gewonnen. Er stattete das **„Träxlzimmer"** mit einem Fresko, „Das Urteil des Paris", aus. Ein reich geziertes Terrakotta-Portal führt zu den gewölbten **„Steinsälen"**, die unter Wolf Huber dekoriert wurden. Das **„rotmarmorne Zimmer"** ist mit großflächigen Rotmarmorplatten getäfelt, die mit plastischem Schmuck aus rotbraunem Terrakotta verziert sind, im **„weißmarmornen Zimmer"** herrschen hellere Komponenten vor. Das aus Terrakotta gefertigte Rautennetz über dem Gewölbe wurde 1913 rekonstruiert.

An den Fertigungen waren Kunsthandwerker aus Mantua und Hafner aus Straubing beteiligt. Jeder Saal verfügte über eine eigene Brunnengrotte mit reichen Ornamenten und einen Kachelofen. Die verspielte Groteskmalerei geht auf römische und oberitalienische Vorbilder zurück. Die mehrfach angebrachte Jahreszahl 1531 weist auf den Abschluss der Innenarchitektur-Arbeiten hin. Damit gehören die Prunkräume der Neuburg zu den frühesten Renaissance-Einbauten in Süddeutschland.

Bis 1654 residierten die Grafen Salm auf der Neuburg. Dann erwarb der kaiserliche Hofkammerpräsident **Graf Georg Ludwig von Sinzendorf** Burg und Herrschaft. Sinzendorf (1616–1681) war ein Mann des neuen Zeitalters, der seine kleine Herrschaft nach den Grundsätzen des Merkantilismus wirtschaftlich zu entwickeln suchte. Er gründete eine Brauerei, versuchte sich im Tabakanbau und legte Kalk- und Ziegelbrennereien an. Überregional bekannt wurde die Neuburger Gold- und Silberdrahtfabrikation.

Im Schloss und in der Kirche hielt der neue Baustil des Barock Einzug. Besonders lag dem Schlossherrn die gärtnerische Gestaltung am Herzen. Im Vorfeld der Vorburg ließ er auf einem rechteckigen Plateau ein **„Prunkgärtl"** mit streng arrangierten Blumenrabatten anlegen. Die künstliche, von zwei Wassermännern gerahmte Grotte von 1673 ist höchst effektvoll vor das Flusspanorama gestellt. Sie ist mit Muscheln und Bachkieseln ausgelegt. Sinzendorfs Landschaftsgarten erstreckte sich bis hinunter zum Innufer. Pfalzgräfin Eleonore lustwandelte hier 1676 und erwartete im Schloss ihren kaiserlichen Bräutigam, Leopold I. Sinzendorf stand beim Kaiser in Wien in hohem Ansehen. Bei der Kaiserkrönung in Frankfurt am Main (1658) war er es gewesen, der Leopold während der Krönungsmesse im Namen der Kurfürsten die Krone aufs

Haupt setzte. Das hohe Amt des Erzschatzmeisters des Reiches berechtigte ihn dazu, dass er „*bey denen öffentlichen Reichs-Handlungen dem Kayser die güldene Reichs-Krone fürtrage und die von kayserlicher Majestät hergegebenen Freundt- und Krönungsmünzen in Gold und Silber unter das Volck auswerffe ...*" Doch 1680 fiel Sinzendorf einer Hofintrige in Wien zum Opfer. Man bezichtigte ihn der Unterschlagung von zwei Millionen Gulden, die für die Befestigung Wiens gegen die Türken vorgesehen waren, und der Korruption. Ja man erweiterte die Anschuldigungen sogar auf Majestätsbeleidigung und Hochverrat. Sinzendorf verlor alle Ämter und durfte froh sein, sein letztes Lebensjahr, das ihm noch blieb, nicht in Haft, sondern auf einem kleinen Landgut verbringen zu dürfen.

Neuburg wurde von der Wiener Hofkammer eingezogen und an den schottischen **Grafen Jacob von Hamilton** verkauft. Dieser legte von 1698 bis 1719 weite Parkanlagen um das Schloss an, ersetzte die alte Zugbrücke zwischen Vor- und Hauptburg durch eine Steinbrücke und verschönerte Sinzendorfs Blumengarten mit einem toskanischen Portal. Weniger geglückt war die barocke Ausgestaltung der Steinsäle, der Teile der alten Renaissance-Ausstattung zum Opfer fiel. Das Grüne Salettl wurde 1706 mit Ausblicken auf eine imaginäre Parklandschaft ausgemalt (wiederhergestellt).

Die letzten feudalen Schlossbesitzer waren die **Fürstbischöfe** vom nahen Passau. Von 1730 bis zur Säkularisation 1803 blieb Neuburg in der Hand des Hochstifts. Für ihre wenigen Sommeraufenthalte in der alten und meist unbewohnten Burg ließen die Fürstbischöfe die Innenräume mit Rokoko-Motiven übermalen.

1803 fiel die Grafschaft an Bayern. Auch die niet- und nagelfeste Inneneinrichtung der Burg wurde im Namen des Fiskus herausgerissen, versteigert, verscherbelt oder als Brennholz verkauft. Die Prunkräume mit ihrer zerbrechlichen Terrakotta- und Stuckornamentik erlitten dabei schwerste Schäden. 1810 wütete ein Großfeuer im Schloss und vernichtete die Dachstühle der Türme und Gebäude. Regenwasser und Eis setzten das Zerstörungswerk fort. Der schöne barocke Marmorbrunnen im inneren Burghof gelangte 1821 auf dem Kaufweg nach Hauzenberg und schmückt seitdem dort den Stadtplatz.

Unter wechselnden privaten Besitzern wurde der Südflügel der Hauptburg abgebrochen. Seitdem ist der innere Burghof nach dieser Seite hin offen.

1908 erwarb der Bayerische Landesverein für Volkskunst und Heimatschutz die heruntergekommene Anlage und entwarf ein Konzept zum

Wiederaufbau der Burg und zur Renovierung der Innenräume. Prinzregent Luitpold (1886–1912) und König Ludwig III. (1912–1918) halfen dabei kräftig mit. Zwei Gedenktafeln erinnern im Schloss an die wittelsbachischen Mäzene. In den 20er Jahren des 20. Jahrhunderts wurden die Fassaden des Palas und der südseitige Söller im historisierenden Heimatstil gestaltet. Aus dieser Zeit stammt auch die Aussichtsterrasse an der Stelle des abgebrochenen Südflügels. 1922 ging das Schloss als Schenkung an den Münchner Künstlerunterstützungsverein über, der es als Erholungsheim und Versammlungsstätte nutzte.

Trotz andauernder Bauarbeiten litt die Bausubstanz weiter. Dem dramatischen Verfall wurde ab 1983 mit umfangreichen Erhaltungs- und Denkmalschutzmaßnahmen endlich Einhalt geboten. Der Bezirk Niederbayern sanierte in mehr als zehnjähriger Renovierung den historischen Baubestand und führte Teile der Burg einer modernen Funktion zu. 1988 war der Landkreissaal in der Vorburg fertig gestellt. Im nächsten Jahr folgte das „Begegnungszentrum der Wissenschaft" mit Tagungsräumen in der alten Mälzerei, ebenfalls in der Vorburg. Seit 1996 ist die im Außenbereich gelegene Hoftaverne wieder in Betrieb, die über eine Hotel-Dependance in der Vorburg verfügt. Der Landkreis führt seit 1998 umfangreiche Renovierungen in den **„Schönen Sälen"** (Grünes Salettl, Steinzimmer) der Hauptburg durch und stellte den Rittersaal im Obergeschoß wieder her. Die Räumlichkeiten dienen als Tagungsstätte und können auch privat angemietet werden. Im Trakt links der Kapelle wird 2003 die Landkreis-Galerie eingerichtet.

Der **Gang durch die Burg** führt zuerst in die Vorburg, die durch ein gotisches Torgewölbe (mit Manntörl) im Torturm betreten wird. Im Ökonomiehof ist links der neue Landkreissaal, der von zwei Wehrtürmen flankiert wird. Beim rechten Turm lässt sich gut das mittelalterliche Prinzip des „Schalenturms" betrachten. Der Turm ist nämlich zum Hof hin offen bzw. nur mit Holz verschalt. Hätte sich ein Feind hier festgesetzt, wäre er dem Beschuss vom äußeren Burghof bzw. von der Hauptburg ausgesetzt gewesen. Alle drei Ecktürme und der Torturm waren ursprünglich nach innen offen. Konsolen für Aborterker sprechen dafür, dass die Türme auch als Wohnhäuser dienten. Die Zeltdächer stammen aus den Renovierungsjahren 1985 bis 1988 nach alten Vorbildern.

Der Weg zur Hauptburg überwindet einen tiefen, in den Fels geschlagenen Halsgraben. Die innere halbrunde Torbastei mit Schlüsselscharten und Balkenaufsatz stammt vom Ende des 15. Jahrhunderts (Jahreszahl 1484). Der viereckige Turm daneben ist der Bergfried, der merkwürdigerweise bis ins 17. Jahrhundert auch als Torturm zur inneren Burg diente.

Die Torhalle ist seitdem vermauert. Er deckte mit seiner Baumasse den lang gestreckten inneren Burghof ab. Hier haben sich links die beschriebenen Wohn- und Saalbauten um die Kapelle erhalten. Die Bebauung rechter Hand ist im 19. Jahrhundert verändert worden (so genanntes Bindereigebäude). Im Süden wurden die Bauten im 19. Jahrhundert niedergelegt, so dass der Blick heute frei ins Inntal und die wildromantische Vornbacher Enge schweift. Ein schöner Weg führt auch durchs Prunkgärtl und an der Ringmauer entlang um die gesamte Burganlage herum. Über dem äußersten Südhang zum Inn fällt ein künstlich aufgeschütteter Hügel auf, der Reste eines Rundturms trägt. 1322 wurde der Bau als „Frauenhaus" bezeichnet. Es ist denkbar, dass dies die Stätte der hochmittelalterlichen vornbachischen Burg ist. Ausgrabungen werden weiterhelfen.

Burg Neuburg: Gemeindeverwaltung Neuburg/Inn, 94127 Neuburg ·
℗ 08507/90 020 www.neuburgaminn.de (mit virtueller Burgführung)
· Garten, Vorburg und Aussichtsterrasse zugänglich
· Innere Burg mit Prunkräumen bis 2003 nur mit Führungen Fr 10.30 und 15.00 Uhr
Hotel Schloss Neuburg: ℗ 08057/91 19 32 www.schlossneuburg.de
Hoftaverne mit Gastgarten

Gegenüber der Neuburg liegt tief unten am rechten – österreichischen – Ufer des Inn **Burg Wernstein**. Sie war ein Teil der Neuburger Burganlage und diente als Mautstätte für die Innschifffahrt. Durch einen Vertrag mit dem Hochstift Passau fiel die rechte Innseite gegenüber Neuburg im Jahr 1782 an Österreich. Die Mantelmauer gegenüber der Landseite ist zum Teil noch in der Höhe des 15. Jahrhunderts erhalten. Der Mautturm wurde 1993 pseudohistorisch wiederaufgebaut. Vor dem Burgtor erhebt sich seit 1667 eine selbst für barocke Verhältnisse schwülstige Mariensäule. Sie stand ursprünglich auf dem Wiener Platz Am Hof und war ein Geschenk Kaiser Leopolds an den Neuburger Schlossherrn Graf Sinzendorf.

Burg Wernstein ist nicht zugänglich, aber von außen gut zu überblicken.
· Gasthof Mariensäule
Fährverbindung Neuburg-Wernstein mit Innschifffahrt · ℗ 0043/77 12-73 50
www.innschifffahrt.at täglich außer Mo: 12.30 und 15.15 Uhr

Der Fuß- und Radweg von Neuburg nach Vornbach führt durch die landschaftlich einmalige Vornbacher Enge, in welcher sich der Inn durch die

Granitflanken eines Ausläufers des Bayerischen Waldes hindurchzwängt. Auf 60 Metern Breite wird der Strom an der schmalsten Stelle, an der die Granitwände steil aufragen, zusammengepresst. Das ehemalige Kloster – heute Schloss – **Vornbach** und die Kirche Maria am Sand sind nach 4 Kilometern auf und ab bald erreicht (s. o.).

Folgen wir dem Inntal-Wander- und Radweg weiter, folgt das nächste kunsthistorische Highlight bereits nach knapp 5 Kilometern: Das **Schloss Neuhaus**, eine echte, allseitig vom Inn umspülte Wasserburg. 1320 erbaute der niederbayerische Herzog die Burg auf dem nur wenige Meter aus dem Wasser ragenden Felseneiland (eine der „Schären", wovon die gegenüberliegende Stadt Schärding ihren Namen hat). Sie bewachte die Innbrücke, die zur Stadt Schärding hinüberführte. Im Österreichischen Erbfolgekrieg 1742 schwer beschädigt, erfuhr sie 1750 bis 1752 einen barocken Neubau. Seit 1859 dient das Schloss im Inn als Institut und Schule der Englischen Fräulein (daher auch „Kloster Neuhaus"). Die Schwestern fügten den flussaufwärts gelegenen „Maria-Ward-Bau" an. Die Kirche ist ein neobarocker Bau von 1902. Schlossportal und Kirche sind meist geöffnet.

Am gegenüberliegenden Innufer bietet das wohl erhaltene historische Stadtbild von **Schärding** einen erhebenden Anblick. Die Alte Innbrücke führt uns hinüber. Vom 14. Jahrhundert bis 1779 waren Burg und Stadt bayerisch. Die landesfürstliche Burg wurde unter Herzog Ludwig dem Bärtigen von 1425 bis 1436 verstärkt und ausgebaut. Sie erhob sich auf dem höchsten Punkt, direkt über der Brücke. Nach zwei Bränden im 18. Jahrhundert und der endgültigen Demolierung durch napoleonische Truppen 1809 wurden die Gebäude bis auf wenige Mauerreste abgerissen.

Der freie Burgplatz ist heute ein gepflegter kleiner Park mit Aussichtsplattform über dem Inn. Schön renoviert ist das zur Stadt gewandte äußere Burgtor aus dem Jahr 1580, dessen farbiger Wappenstein mit weißblauen Rauten noch an die bayerische Landeshoheit erinnert. Im Inneren des Torturms sind heimatkundliche Sammlungen untergebracht.

Heimathaus Schärding: Schlossgasse 5, A 4780 Schärding ·
© 0043-77 12/43 000
April–Oktober Mi, Do: 15.00–17.00 Uhr
Fr, Sa: 10.00–12.00 Uhr

Ein feste Burg ist unser Gott: Ortenburg

Innerhalb des erzkatholischen Herzogtums und Kurfürstentums Bayern fiel Ortenburg aus dem Rahmen. Hier etablierte sich im 16. Jahrhundert eine kleine protestantische Herrschaft. Im Widerstreit mit den von der Gegenreformation geprägten Mächten Bayern und Passau entstanden zahlreiche Konflikte. Zur Sicherung der Enklave war die Anlage einer lutherischen „festen Burg" unerlässlich. *(Abb. Seite 154)*

Die Herren von Ortenburg zählten zu den bedeutendsten Adelsgeschlechtern Süddeutschlands. Seit jeher waren sie edelfrei (*nobilis*), d. h. nur der kaiserlichen Majestät und sonst keinem Oberherrn untertan oder lehenspflichtig. Vom 11. bis ins 13. Jahrhundert herrschten sie als Markgrafen in Kärnten. Im 12. Jahrhundert bildete sich eine reich begüterte bayerische Linie, die ihren Wohn- und Verwaltungssitz im niederbayerischen Hügelland östlich von Passau einnahm. Ihr Grundbesitz und ihre Burg war immer Eigentum. Sie selbst vergaben Lehen und scharten zahlreiche Ritter als Vasallen um sich. Einfluss gewannen sie als Vögte der Passauer Kirche. Die Gründung Vilshofens geht auf Graf Heinrich I. (1170–1241) zurück. Nach seinem Tod brachen Erbstreitigkeiten aus, in deren Verlauf **Burg Ortenburg** kurzzeitig an Herzog Otto fiel. Heinrich II. (gest. 1256) ging als „der Schenker" in die Geschichte ein, weil er Gebiet auf Gebiet verkaufte, verpfändete oder gar verschenkte.

Im 14. Jahrhundert blieb den Ortenburgern nur die eigentliche Grafschaft um ihren Burgsitz übrig. Immerhin bewahrten sie den Grafentitel und sind ab 1347 als freie bayerische Landstände nachgewiesen. Auf den Landtagen taten sie sich als „Sprecher des alten Adels" hervor und richteten Turniere und Feste aus. 1521 erreichten sie die Aufnahme als Reichsherrschaft im Reichsmatrikel. Damit beanspruchten sie die Reichsgrafenwürde und die Unabhängigkeit vom Herzogtum Bayern. Kaiser Karl V. verfolgte mit dieser Standeserhöhung die alte habsburgische Politik, Bayern zu schwächen. Die Bildung kleiner „reichsunmittelbarer" Herrschaften wie die der Haager und der Ortenburger inmitten des bayerischen Territoriums bot sich da an.

Bayerns Herrscher – Wilhelm IV. und Albrecht V. – waren nicht gewillt, diesen „Pfahl im Fleisch" zu dulden, hielten sich aber zurück, da sie mit der Reformation und drohenden Bauernunruhen vollauf beschäftigt waren. Unter dem energisch auf Unabhängigkeit pochenden Grafen

Joachim von Ortenburg (1530–1600) ließ sich das Problem aber nicht mehr länger ignorieren. Joachim wuchs im Familienbesitz Mattighofen (Innviertel) auf, weil die niederbayerische Stammburg Ortenburg seit dem Bayerischen Erbfolgekrieg 1504 in Trümmern lag. Studien in Ingolstadt und Padua sensibilisierten ihn für die Probleme der Zeit. Eine glänzende Partie war Fürstin Ursula aus dem schwerreichen Hause der Fugger zu Kirchberg. Die 1549 geschlossene Ehe gab dem jungen Reichsgrafen die Mittel in die Hand, sich gegen die Münchner Herzöge zu stellen. Auch Kaiser Ferdinand schätzte ihn und einer glänzenden Karriere in kaiserlichen Diensten stand nichts im Wege. 1551 trat Joachim sein Erbe an und besuchte die alte Ortenburg, von der nur noch Ruinen auf dem Hügelrücken über dem Tal der Wolfach standen.

Als **Repräsentationsbau** der freien Reichsgrafschaft Ortenburg sollte sie wieder auferstehen. Der neue hoheitliche Baustil war die Renaissance, die der Graf selbst in ihrem Ursprungsland Italien kennen gelernt hatte. Bis 1567 zogen sich die Bauarbeiten hin, dann war das Schloss fertig gestellt. Zwar folgte es dem unregelmäßigen Grundplan der mittelalterlichen Burg, teilte sich ganz traditionell in Vor- und Hauptburg und war mit einer hohen Wehrmauer umschlossen, doch an den Fassaden prangte Renaissance-Schmuck und die Räume und Säle waren weit und licht eingerichtet. Auf den trapezförmigen Innenhof blicken seitdem doppelgeschoßige Arkaden und Säulen herab. Ornamentaler Freskendekor umrahmt die Fenster. Terrakotta-Büsten, Pilaster und Medaillons erinnern an die italienischen Vorbilder. *„Die uralte Burg, der Sitz seines Stammes und seines Namens, die von Alter und verschiedentlichem Unglücke darniederlag, hat der hochgeborene Graf Joachim zu Ortenburg im Ostteil von Grund auf erbaut und im übrigen Teile erneuert und sie der sorgenden Nachwelt überantwortet. Im Jahr nach Christi Geburt 1567."*, verkündet eine Rotmarmortafel im Hof.

Im Inneren ein neuzeitliches Schloss, überwiegt indessen nach außen der abweisende, wehrhafte Charakter einer Burg: Halsgraben, ein klotziges Torgebäude, kleine Fensteröffnungen, massive Stützmauern, Zinnen und Schießscharten sind Attribute des Mittelalters. Zwar sollten diese in erster Linie das Gewaltmonopol des adeligen Besitzers nach außen hin deutlich machen, doch war im Fall Ortenburg nicht auszuschließen, dass tatsächlich einmal Schützen auf den Mauern ihre Wall- und Hakenbüchsen in Stellung brachten.

Noch innerhalb der Bauzeit nämlich hatte sich Graf Joachim der Reformation zugewandt. Er stand damit wahrlich nicht allein. Das einfache Volk Bayerns war größtenteils evangelisch gesinnt und konnte nur mit schwersten Repressalien (aber auch Zugeständnissen) bei der alten Kirche gehalten werden. Die Bürger der großen freien Reichsstädte Augsburg, Regensburg und Nürnberg traten fast geschlossen zum Luthertum über. Unter Joachims Standesgenossen traten Pankraz von Freyberg und Laszlo von Haag offen für die Reformation ein.

Und selbst am Herzogshof gab es Irritationen. 1555 endeten die Glaubenskämpfe mit einem Kompromiss. Der Augsburger Religionsfriede bestimmte für das ganze Römisch-Deutsche Reich die Formel „*Cuius Regio, Eius Religio*" (wessen Land, dessen Glaube), d. h. der Landesherr bestimmte in Zukunft die Konfessionszugehörigkeit. Da Joachim sich als souveräner Fürst verstand, war er seit 1556 fest entschlossen, die neue Lehre in seinem Ländchen und bei seinen 2000 Untertanen einzuführen. Der bayerische Herzog Albrecht V. (reg. 1550–1579) hingegen leitete aus dem Augsburger Friedensschluss das unumschränkte Recht ab, auf seinem Territorium die katholische Gegenreformation durchzusetzen. Die herzoglichen Anwälte stellten hingegen die „Reichsunmittelbarkeit" Ortenburgs grundsätzlich in Frage und bezichtigten Joachim der Verschwörung und der Rebellion.

Jahrelang zog sich der Streit auf der juristischen Ebene hin, dann kam es 1563 zum offenen Bruch. In diesem Jahr wurde in der Grafschaft Ortenburg eine **protestantische Kirchenordnung** eingerichtet und protestantische Prediger bestallt. Und dies begrüßten nicht nur die eigenen Ortenburger Hintersassen, sondern auch die Bevölkerung rings herum. Das sonntägliche „*Auslauffen*" der Leute aus den herzoglichen Gebieten ins Ortenburgische, um dort Predigten und Messe zu hören, entwickelte sich zu einem Massenphänomen. Flugschriften und Traktate machten die Runde und auch aus dem Fürstbistum Passau strömten die Bauern herbei. Um einen „Flächenbrand" zu verhindern, setzte Albrecht V. Truppen ein, um die Grenze zur Grafschaft abzuriegeln. Doch die Aufrührer fanden ihre Schlupfwinkel und Geheimpfade. Als die, wie der Herzog sich beklagte, „*Unsinnigen und Bezauberten*" sich mit „*Handgeschütz*" bewaffneten, eskalierte die Situation. Kennzeichnend dafür war, dass die protestantischen Prediger „*im Panzer und mit gespannter Büchse auf der Kanzel*" standen. Im Handstreich besetzten herzogliche Reiter Burg Ortenburg. Albrecht erklärte alle Güter des Grafen für beschlagnahmt und ließ einige seiner Gesinnungsgenossen in Haft nehmen.

Erst 1565 kam es auf Vermittlung der protestantischen Reichsfürsten zu einem Vergleich. Joachim erhielt sein Eigentum zurück, das Handelsembargo über sein Land wurde aufgehoben und die evangelische Konfession innerhalb der Grafschaft toleriert – mit der strengsten Auflage, jegliche Ausbreitung in die herzoglich-bayerischen und fürstbischöflich-passauischen Grenzlande zu verhindern. Die Ortenburger hatten also den Sieg davongetragen und der Graf konnte 1567 den Neubau seines Schlosses vollenden. Im Jahr 1573 bestätigte das allerhöchste Reichskammergericht zu Speyer die Reichsunmittelbarkeit der Grafschaft und die Rechtmäßigkeit der Einführung der Reformation. Doch das war zuviel für Albrecht V. Auf seinen Einspruch hin erzwang er immerhin die „Lehensexpectanz". Das bedeutete, dass nach dem Aussterben der Ortenburger die Grafschaft vom Kaiser an Bayern verliehen werden müsste. Da sich die Ortenburger – übrigens bis heute – erbrechtlich stetig fortgepflanzt haben, ist dieser Fall nicht eingetreten.

Doch die Grenzstreitigkeiten flammten nach dem Schiedsspruch von 1573 wieder auf. Die Grundsätze „Recht haben" und „Recht bekommen" sind schließlich bis heute nicht in Einklang. An den Grenzen Ortenburgs spitzte sich die Situation zu. Da die Herzoglichen die Straße nach Vilshofen sperrten, kam der Handel zum Erliegen. Und die Verhandlungen Joachims mit dem Herzogshof zogen sich endlos hin, zumal die protestantischen Reichsstände wenig Bereitschaft zeigten, dem eigensinnigen Ortenburger Grafen weiter beizustehen.

Und weil der Herr Reichsgraf die immensen Streitkosten nach Fürstenart auf seine Untertanen abwälzte und Sondersteuern erhob, wanderten die eigenen Untertanen ab ins katholische Umland, wo die Propaganda der Jesuiten ganze Arbeit leistete. Die Grafschaft verarmte zusehends.

Trotzdem erhielt die **Schlosskapelle** noch eine Renaissance-Kostbarkeit von europäischem Rang: eine prächtig geschnitzte und geschreinerte **Kassettendecke**, bestehend aus zahllosen Figuren, Beschlägen, Masken und Intarsien verschiedener Holzarten. Auch über den Rittersaal wurde eine wappengeschmückte Holzdecke gehängt. Im März 1600 starb Graf Joachim. In der Marktkirche von Ortenburg wurde er in einem imposanten Hochgrab aus Marmor beigesetzt. Es zeigt den in eine Prunkrüstung gehüllten Verstorbenen als Ruhenden, der sich seitwärts mit der Hand aufstützt. Damit war die große Zeit der Grafschaft und des Schlosses vorbei.

Im 17. Jahrhundert nahm das Ortenburger Ländchen zahlreiche protestantische Flüchtlinge auf. Vertriebene Oberösterreicher und Tiroler führten die Mosterzeugung ein, die bald zu einem florierenden Wirtschaftszweig aufstieg. Die gräfliche Familie kam dadurch wieder zu etwas Geld, das sie in die zeitgemäße Barock-Ausstattung ihres Schlosses investierte. Als evangelische Landesherren fühlten sie sich besonders der Schulbildung ihrer Untertanen verpflichtet. Gräfin Amalia Regina eröffnete 1703 die allgemeine Schulpflicht – 100 Jahre vor Bayern. Trotz oder gerade wegen seiner faktischen Machtlosigkeit wurde das kleine autonome Territorium der Ortenburger in all den verheerenden Kriegen des 18. Jahrhunderts von Kampfhandlungen ausgespart. Selbst die napoleonischen Truppen respektierten seine Neutralität.

Das Schloss blieb also bestehen, wie es Reichsgraf Joachim 1600 verlassen hatte, abgesehen von ein paar barocken und klassizistischen Zutaten. Der 1803 gebildete neue Staat Bayern freilich wollte keine Enklaven innerhalb seiner Grenzen mehr dulden. 1805 offerierte Innenminister Montgelas den Ortenburgern die oberfränkischen Ämter Tambach und Seßlach und setzte den Gebietstausch durch. Damit wurde Ortenburg staatsrechtlich Bayern inkorporiert. Seine Sonderstellung war Geschichte, was sich auch darin zeigte, dass infolge der Grenzöffnung der katholische Bevölkerungsanteil stieg und bis heute die Mehrheit erreicht hat. Im Jahr 1827 kaufte das gräfliche Haus das Schloss zurück, vermochte es aber nicht zu halten und zu nutzen.

Einer einheimischen niederbayerischen Familie, die bezeichnenderweise den Namen Orttenburger führt, blieb es vorbehalten, das marode Bauwerk 1972 zu erwerben. Seitdem hat sich viel getan. Das Schloss wurde renoviert und als **Museum** dem Publikum geöffnet. Die volkskundliche Sammlung bietet eher Kurioses, genauso wie die Folterkammer, die nachträglich eingerichtet wurde. Eine besondere Attraktion sind die „Ortenburger Ritterspiele" im Mai/Juni.

Markt Ortenburg: Am Stausee 1, 94496 Ortenburg · ℂ 08542/16 40 und 16 421
www.ortenburg.de
Schlossmuseum Ortenburg: ℂ 08542/21 74 www.schloss-ortenburg.de
1. April–31. Oktober: 10.00–17.00 Uhr
· Sommerkonzerte im Burghof
· Theatertage
· Events: www.ortenburg.net/ritterspiele
· Restaurant im Schlosskeller · Café auf der Terrasse · Hotel-Pension

Ein Wasserschlösschen als Kulisse: Schönau im Rottal

Beliebt ist Schloss Schönau als Hintergrund für romantische Brautfotos. Hängt das damit zusammen, dass die Baukörper so gut zusammen passen, dass alles – Park, Wasser, Schloss – aufeinander abgestimmt ist und sich harmonisch in die Naturlandschaft einfügt? *(Abb. Seite 155)*

Eine große Rolle hat das etwas im Rottal versteckte Schönau in der Geschichte nicht gespielt. Es war einer jener Edelsitze des Landadels oder reicher Patrizier, wie es sie hundertfach in Bayern gegeben hat. Ein Kupferstich Michael Wenings von 1723 zeigt das Landschloss als einfache auf einer Insel gelegene Gebäudegruppe, die von Ökonomiebauten umgeben wird. Wehrhaft im Sinne einer Burg war hier nichts. Zugbrücke und Zinnen dienten nur als Zeichen adliger Würde.

Und wo war der siebengeschoßige Bergfried, der heute den Blickfang bildet? Er schaut nur mittelalterlich aus, ist aber ein Werk des 20. Jahrhunderts. Von 1900 bis 1903 ließ Baron Riederer das spätgotische Schlösschen zu einer Villa im Burgstil umbauen. Dazu gehörte ein stilechter Wartturm mit Schopfwalmdach. Der Ostflügel entstand komplett neu in einem Stilgemisch von Neugotik und Neo-Renaissance. Die Baupläne lieferte der hochberühmte Münchner Architekt Gabriel von Seidl, der auf moderne Bauten im „historischen Kleid" spezialisiert war. Den älteren Baubestand des 16. Jahrhunderts reflektierten noch der Torturm und der Westtrakt, das Herrenhaus mit Ecktürmchen, freilich auch „romantisch" überformt.

Das ist aber auch gar nicht nötig, denn vom geöffneten Schlosspark aus bietet sich von allen Seiten ein Blick auf das schöne Bauwerk. Der **Park** selbst mit seinen Statuen und Büsten ist eine Sehenswürdigkeit. 1867 begann der königliche Oberhofgärtner Carl Joseph Effner die Umgebung des Schlosses in einen englischen Landschaftsgarten umzuwandeln. Ums Schloss herum herrscht die Geometrie vor, die aber weiter entfernt in eine künstliche „natürliche" Hügellandschaft übergeht. Sie wird von einem Bächlein durchschlängelt. „Schachten", d. h. großflächige Wiesengründe, wechseln sich ab mit imposanten Baumgruppen.

Schönau: Förderverein Schlosspark Schönau. Schlossstraße 4, 84337 Schönau ·
✆ 08726/215
· Schlosspark zugänglich
· im Außenbereich: Kulturstadel Schönau (wechselnde Ausstellungen) und Café

REICHSSTADT REGENSBURG:
MITTELALTER PUR

In der Altstadt von Regensburg ist Geschichte präsent, ohne dass man ins Museum „muss". Enge Gassen, schiefe Mauern, Treppen, schmale Durchgänge, weite Plätze und lauschige Innenhöfe schaffen ein unvergleichliches Flair, das zweitausendjährige Geschichte atmet, aber durchpulst ist von modernem Leben. Städtebauliche Akzente setzen der zweitürmige gotische Dom, in den Himmel ragende Patriziertürme und ein Schloss, das einmal ein Reichskloster war. Goethe hatte schon Recht: *„Dieser Ort mußte geradezu eine Stadt anlocken".* (Abb. Seite 157)

In die noch stehenden Mauern des Römerkastells *Castra Regina* zogen im frühen Mittelalter die ersten bayerischen Herzöge ein. Gegen 765 beschrieb ein Bischof den Ort als „... weit ausgedehnt, mit Mauern bewehrt, uneinnehmbar aus Quadern erbaut, mit hochragenden Türmen und vielen Brunnen". Im 11. und 12. Jahrhundert ist die Stadt das größte und politisch wie wirtschaftlich sowie kulturell bedeutendste Gemeinwesen im gesamten süddeutschen Raum, *Metropolis ac Sedes Ducatus Boioariae* (Mittelpunkt und Herzoggsitz Bayerns). Reichtum bezog sie aus dem Fernhandel und mit den Kreuzzügen vervielfachte sich der Warenumschlag. Von 1135 bis 1146 entstand die 350 Meter lange **Steinerne Brücke**, welche bis heute die Donau auf 16 mächtigen Pfeilern überspannt. Bis ins 15. Jahrhundert bot sie den einzigen ganzjährig möglichen Donau-Übergang für schwer beladene Fuhrwerke. Von den imposanten Befestigungen an den Brückenzugängen hat sich noch der stadtseitige Brückturm erhalten.

Mit dem wirtschaftlichen Erstarken der Bürgerschaft änderten sich die Herrschaftsverhältnisse. 1245 erhielten die Stadtbürger nach langem Ringen von Kaiser Friedrich II. die Privilegien einer freien Reichsstadt zugesprochen. Die bürgerliche Hoheit in der Stadt blieb freilich nicht ungeteilt, da die anderen Herrschaftsträger, Bischof, Klöster und der bayerische Herzog, ihre althergebrachten Rechte bewahrten.

Der neue Status der Patrizier und reichen Bürger kam in ihren burgartigen Stadtpalästen zum Vorschein, bei denen der italienische Einfluss nicht zu übersehen war. Über 60 schlanke **Geschlechtertürme**, bis zu 12 Stockwerke hoch, verwandelten die spätmittelalterliche Silhouette Regensburgs in eine gezackte Stalaktiten-Landschaft. 40 lassen sich heute im Baubestand noch nachweisen. Nur ein Dutzend Türme, mehr oder weniger hoch, hat sich erhalten, darunter der Baumburger Turm und der dominierende Goldene Turm. Die Haustürme waren mit allen Eigenschaften der Wehrhaftigkeit versehen und repräsentierten den adelsgleichen, ritterlichen Stand der wohlhabenden Kaufmannsfamilien. Mit angebautem Palas, Speicherbau, eigener Hauskapelle und abgeschlossenem Innenhof bildeten sie regelrechte Stadtburgen. Die steigende Handelskonkurrenz durch die freien Reichsstädte Ulm, Nürnberg und Augsburg bewirkte seit dem späten 15. Jahrhundert, dass die Türme der Regensburger Patrizier nicht weiter in den Himmel wuchsen.

Goldener Turm (Wahlenstraße 16), Teil einer vierflügeligen Stadtburg, städtebaulich dominierend, entstand um 1260. Höhe: 50 m. 9 Stockwerke, vorkragendes Obergeschoß 15. Jahrhundert. 1985 saniert, heute von Studentenappartements umgeben. Im Hof Renaissance-Arkaden.

Kastenmayrturm (Wahlenstraße 24/Untere Bachgasse 15), Patrizierburg mit massigem viergeschoßigem Turm mit Loggia. Gotische Fensterarkaden; daneben Wohnturm Untere Bachgasse 13: auf 1100 datierter, ältester Turm Regensburgs.

Deggingerhaus (Wahlenstraße 17), Museumsraum (Öffnungszeiten wie Buchhandlung Hugendubel), Rauchküche.

Baumburger Turm am Watmarkt, 6-stöckig (28 Meter hoch), offene Laube im 1. Obergeschoß, variierende Fensterportale. Im Erdgeschoß (ehem. Hauskapelle) skurriles Dampfnudellokal.

Goliathhaus (Goliathstraße 4), frühgotischer Kaufmannspalast mit gotischen Fensterarkaden und Monumentalfresko von 1570 an der Straßenfassade. Im Inneren modernisiert.

Gravenreuther Haus (Hinter der Grieb 8), von zwei Türmen flankiertes Patrizierhaus des 14. Jahrhunderts. Heute Gästehaus der Universität Regensburg und Lokal.

Runtingerhaus (Keplerstraße 1), Anfänge um 1200 (romanischer Turm), 1260 Wohnhaus, 1330 erweitert, um 1400 im Besitz der Kaufmannssippe Runtinger, im Oberstock zwei gotische Festsäle, im 2. Obergeschoß gotische Bohlenstube. Stadtarchiv (Tel. 0941 / 50 71 452).

Zanthaus (Gesandtenstraße 3), umfangreicher Komplex einer Stadtburg des 13. bis 16. Jahrhunderts mit zwei Türmen, letztes noch nicht renoviertes Gebäude-Ensemble Regensburgs mit dunkler Patina, bei den Einheimischen wegen seiner letzten Bestimmung „Schnupftabaksfabrik" genannt.

Ostentor (Ostengasse 39), eindrucksvolle gotische Anlage, begonnen 1300. Fünfgeschoßiger Torturm mit wehrhafter Feldseite (Gusserker, Schießscharten) und freundlicher Stadtseite (Maßwerkfenster). An der Seite achteckige Flankierungstürme. Die Stadttore Jakobstor und Peters-

Randeck (oben) und Obereggersberg (unten) im Altmühltal (S. 218)

Schloss Prunn im Altmühltal (S. 218)

Riedenburg, Rosenburg im Altmühltal (S. 218)

Burgruine Falkenstein bei Pfronten (S. 242)

Füssen am Lech, Altstadt mit Pfarrkirche und Schloss (S. 232)

Fuggerschloss Kirchheim an der Mindel (S. 228)

Augsburg, Fürstbischöfliche Residenz (S. 223)

König Ludwigs Märchenschloss: Neuschwanstein (S. 238)

Schloss Hohenschwangau bei Füssen (S. 235)

Residenz Dillingen an der Donau (S. 244)

Schloss Höchstädt (S. 246)

Residenzen an der „Romantischen Straße": Harburg (oben), Oettingen (unten) (S. 248)

tor haben ihren mittelalterlichen Charakter verloren. Das **Prebrunntor** im Herzogspark an der Donau zeigt eine Inschrift von 1293.
Stadtburg Goldenes Kreuz (Haidplatz), zinnenbekrönter Wehr- und Wohnturm des späten 13. Jahrhunderts. Vom 16. bis ins 18. Jahrhundert Kaiserherberge. Am Turm Relief des Don Juan de Austria, Sohn der Gürtlerstochter Barbara Blomberg und Kaiser Karls V., der hier 1547 gezeugt wurde. Don Juan wurde als Prinz anerkannt und befehligte die spanische Flotte in der Seeschlacht bei Lepanto gegen die Osmanen 1571. Im Parterre Gastbetrieb.
Neue Waag (Haidplatz 1), vierflügelige Patrizierburg mit Turm und Hauskapelle. Innenhof mit Renaissance-Arkaden auf toskanischen Säulen (1573), heute Verwaltungsgericht.
Herzogspfalz am Alten Kornmarkt. Der heutige Markt war der Innenhof der frühmittelalterlichen Pfalzanlage. Alte Kapelle an der Stelle der Pfalzkapelle, romanisches Langhaus aus der Mitte des 12. Jahrhundert. Heutige Einrichtung gotisch und Rokoko. Der wuchtige Turm frühes 13. Jahrhundert auf älterer Grundlage, im Unterbau wiederverwendete römische Quader (deshalb „Römer-" oder „Heidenturm" genannt). Herzogshof (ehemaliger Ostflügel), im ersten Stock romanischer Herzogssaal aus dem frühen 13. Jahrhundert (zu besichtigen), im Erdgeschoß Gastbetrieb „Andechser Hof".
Für das Herzogtum war Regensburg durch die 1245 erworbene Selbstständigkeit zur „verlorenen Hauptstadt Bayerns" geworden. Doch die bayerischen Landesherren ließen nicht locker in ihren Versuchen, Einfluss auf die Stadt zu nehmen und sie wieder zurückzugewinnen. Das bayerische Territorium umschloss die Stadt auf allen Seiten. Ihr Burgfrieden ging nicht weiter als die Stadtmauern. Immer schwebte das Damoklesschwert der Handelsblockade über der Stadt. 1542 schloss sich die reichsstädtische Bürgerschaft der Reformation an. Die in der Stadt lebenden bischöflichen und klösterlichen Untertanen blieben katholisch. Das Verhältnis zu Bayern, seit dem 16. Jahrhundert der Hort der Gegenreformation, verschlechterte sich erneut.

Regensburg, Steinerne Brücke: für PKW gesperrt
Museum im Brücktor: Dachauplatz 2 · ℂ 0941/56 76 013
www.museen-regensburg.de
April–Oktober: 10.00–18.00 Uhr
Historisches Museum: ℂ 0941/50 71 443
Di–So: 10.00–16.00 Uhr (Modell der historischen Steinernen Brücke)
· Daneben der Salzstadel von 1620 (1992 saniert, Café, Vortragsräume), unterhalb die „historische Wurstkuchl" im Stil des 17. Jahrhunderts

Die Residenz der Thurn und Taxis: Sankt Emmeram

Nachdem Kaiser Karl V. drei Mal den Reichstag nach Regensburg einberufen hatte, wurden die Reichsversammlung von seinen Nachfolgern nur noch nach Regensburg ausgeschrieben.

Ein matter Abglanz der feudalen Fürstenherrlichkeit fiel auf die Stadt, als sie ab 1663 zum Sitz des „Immerwährenden Reichstags" wurde. Bis 1803/1806 trafen sich im Reichssaal des Alten Regensburger Rathauses kaiserliche und kurfürstliche Gesandte, Reichsgrafen, Reichsritter, Prälaten und Vertreter der übrigen Reichsstände zum „Parlament".
Seit 1748 stellte das fürstliche Haus **Thurn und Taxis**, das durch sein Postprivileg über reiche Einkünfte verfügte, das ehrenvolle Amt des Prinzipalkommissars, wie der Vertreter des Kaisers auf dem Reichstag genannt wurde. Infolge des erblichen „Reichspost- und Kuriergeneralats" und höchster Ämter stiegen die Fürsten Thurn und Taxis im 18. Jahrhundert zu den reichsten Grund- und Realitätenbesitzern Bayerns auf (und sind es bis heute geblieben), im 19. Jahrhundert versippten sie sich mit dem europäischen Hochadel.
1810 wurde Regensburg ein Teil des Königreichs Bayern. Der geistliche Besitz wurde säkularisiert. Als Entschädigung für die Aufgabe des Postmonopols wurde der fürstlichen Familie Thurn und Taxis 1812 das Areal und die stattlichen Gebäude des ehemaligen **Benediktinerklosters St. Emmeram** im Südteil der Stadt übertragen.
Bereits während des 18. Jahrhunderts hatte das Bistum den Fürsten Teile des Klosters gegen Miete überlassen. Nun wurden sie Eigentümer. Der umfangreiche Gebäudekomplex der Reichsabtei umfasste Bauteile von der Romanik bis zum Barock. Vier Flügel umgaben einen rechteckigen Klosterhof (heute Schlosshof), in den der Kreuzgang integriert ist. Zur Aufnahme der fürstlichen Familie, des Hofstaats und der Equipage wurden die Konventsbauten im Sinne des 19. Jahrhunderts in wechselnden Stilrichtungen völlig neu gestaltet. Bauherren waren Fürst Maximilian Karl (1802–1871) und sein Sohn Maximilian Anton (1831–1867). Aus allen anderen Häusern der Familie, aus Brüssel und Frankfurt, wurden Gemälde, Gobelins und Mobiliar hierher gebracht. Die fürstliche Familie bewohnt heute noch einen Teil der 330 Räume. Der kunstgeschichtlich bedeutende Ost- und Nordtrakt wird museal genutzt.
Die **Prunkräume im Ost- und Südflügel** sind bedeutende Denkmäler

des Historismus. Im Südflügel empfängt den Besucher ein Marmortreppenhaus im buntfarbigen Neo-Renaissance-Stil. Die folgenden Salons im Ostflügel sind zwar Nachbildungen römischer, venezianischer oder barocker Säle, enthalten aber wertvolle Originalstücke. Den Silbersalon ließ Prinzessin Helene von Bayern, Schwester Kaiserin Sisis und seit 1858 Gattin des Thurn und Taxis'schen Erbprinzen Maximilian, im Rokoko-Stil der Amalienburg in Nymphenburg einrichten, der Gelbe Salon wurde 1890 mit barocken Einrichtungsgegenständen aus dem fürstlichen Palais in Frankfurt bestückt, den Grünen Salon gestaltete Leo von Klenze als klassizistisches Schlafgemach. Das Große Esszimmer ist der Renaissance nachempfunden.

Im vornehmen Ballsaal wurde originale Rokokoausstattung aus dem Frankfurter Palais mit neugefertigtem Rokoko-Dekor verschmolzen. Die Tradition rauschender Feste wird heute noch weitergeführt. Im benachbarten Raum steht der Thron, auf dem der in ein funkelndes Perlengewand gehüllte Prinzipalkommissar die Huldigungen der Reichsstände entgegennahm. Im Eckturm des Ostflügels ist die intime, venezianischen Vorbildern des 16. Jahrhunderts nachempfundene Hauskapelle integriert. Die Verbindung zwischen Süd- und Ostflügel stellt der Wintergarten mit exotischen Pflanzen und weiten Arkaden dar.

Der Westflügel enthält den 1767 von Cosmas Damian Asam geschaffenen **Bibliothekssaal** des ehemaligen Klosters. Seit dem 19. Jahrhundert enthält er Raritäten der fürstlichen Hofbibliothek. Im Kontrast zur Festarchitektur des Schlosses stehen die mönchisch-düsteren mittelalterlichen Bauteile des **Klosters**, besonders der kunsthistorisch hochbedeutende frühgotische Kreuzgang, dessen Geviert noch weitgehend erhalten ist. Seit 1841 steht in seinem Zentrum die neogotische fürstliche Gruftkapelle. Außerhalb des Kloster-/Schloss-Ensembles steht die 1832 fertig gestellte klassizistische **Reithalle** oder Carousell, die das Marstallmuseum beherbergt. Auf 1000 Quadratmetern sind Gala-Kutschen, Tragsessel und Reitzeug ausgestellt. Im Obergeschoß besticht die ständige Ausstellung staatlicher Erwerbungen aus den Kunstsammlungen der Thurn und Taxis.

Regensburg, Fürst Thurn und Taxis Schlossmuseum: Emmeramsplatz 5, 93047 Regensburg · ✆ 0941/50 48-133 und -242
www.thurnundtaxis.de (virtuelle Schlossführung)

Führungen: April–Oktober:	11.00; 14.00; 15.00; 16.00 Uhr (Sa, So zusätzl. 10.00 Uhr)
November–März nur Sa, So, Feiertag:	10.00; 11.00; 14.00; 15.00 Uhr
Marstall: April–Oktober:	10.00–17.00 Uhr
November–März Führung Sa, So, Feiertag:	11.30 Uhr, 14.00 Uhr

BISCHÖFLICHER WÄCHTER:
DONAUSTAUF/WALHALLA

Die Ansicht der Burgruine Donaustauf mit der daneben liegenden Walhalla König Ludwigs I. ist eine bayerische „Donau-Ikone". Ein immer wiederkehrendes Bild, welches das „Image" von der bayerischen Donau prägt. Zu Recht, handelt es sich doch um geschichts- und kulturträchtigen Boden und um die romantische Vereinigung von Mittelalter, nachgebauter Antike und neuzeitlichem bayerischem Patriotismus.
(Abb. Seite 156)

Donaustauf ist eine der ältesten Burgen Bayerns. Als *Castellum Stufo* erscheint sie urkundlich bereits Anfang des 10. Jahrhunderts. Sie sicherte den Besitz der Regensburger Bischöfe im Donautal und im bayerischen Vorwald. Im Gegensatz zu den meisten Burgen des Mittelalters kam ihr wirklich eine **strategische Schlüsselstellung** zu. Wohl keine Burg Südbayerns ist nachweislich so umkämpft gewesen wie Donaustauf. Agierende waren die Regensburger Bischöfe und ihre Vögte einerseits, die bayerischen Herzöge und ihre Vasallen andererseits. Dazu kamen Sonderinteressen, wie die der nahen Reichsstadt Regensburg und diverser Ritterbünde im späten Mittelalter.

1133 ging sie in einer Fehde Herzog Heinrichs des Stolzen mit Bischof Heinrich von Regensburg in Flammen auf. 1146 setzte ein erneutes Ringen zwischen Herzog und Bischof ein. Der Aufenthalt Kaiser Friedrichs Barbarossas im Jahr 1156 ist ein Zeichen dafür, dass die Burg zu dieser Zeit bereits „kaisertauglich" war, also ein großes, anspruchsvolles Gefolge standesgemäß aufzunehmen und zu verpflegen vermochte. Als Herzog Heinrich der Löwe die Burg 1161 widerrechtlich besetzte, drohte die große Gefahr, dass er Regensburg völlig unter seine Kontrolle brachte. Die Bischöflichen schlugen daher rasch zurück und nahmen die Burg wieder ein. Im 13. Jahrhundert wuchsen die Spannungen mit der selbstbewussten Regensburger Bürgerschaft, die 1245 die Reichsfreiheit erlangt hatten. Bischof Albert I. (1247–1259) und sein Nachfolger, der berühmte Albert der Große (in Regensburg von 1260 bis 1262), zogen es daher vor, ihren Aufenthalt im festen „Thumstauff" zu nehmen.

Im späteren Mittelalter ließ man neben Waffen auch Geldsäcke sprechen und verpfändete Burgen und ihre Ländereien. Dies war ein lukratives Geschäft – meistens für den Pfandnehmer. So kam Kaiser Karl VI. 1355 in den Besitz Donaustaufs. Prompt veräußerte er die Burg 1373 an die

Wittelsbacher, die Rivalen des Hochstifts Regensburg. Eine enorme Summe musste das Bistum vorlegen, um sie 1382 zurückzukaufen. Doch drei Jahre später erscheint die Feste wieder in der Hand des Herzogs, der sie 1385 an die Stadt Regensburg – auch sie ein Gegner des Hochstifts – verpfändete. Erneut gewann sie das Hochstift 1424 mit viel Geld zurück, nur um sie 1428 der Stadt Regensburg erneut zu verpfänden.

Die Regensburger Bürger willigten 1481 in die Pfandschaft Herzog Albrechts IV. über Donaustauf ein. Damit war die Burg zwar kein bayerisches Eigentum, aber bayerischer Pfandbesitz geworden. Seltsamerweise erinnerte man sich im frühen 18. Jahrhundert dieser komplizierten Rechtsverhältnisse. Das gebeutelte Kurfürstentum brauchte dringend Geld und erstattete 1715 die längst vergessene Burg den Regensburger Fürstbischöfen gegen die Einlösesumme zurück.

Donaustauf war damals aber bereits eine traurige, wenn auch malerische Ruine. Im Dreißigjährigen Krieg hatten die Schweden hier gehaust. Donaustauf wurde beschossen und gestürmt und, da ihre Keller und Speicher nichts hergaben, gesprengt und zerstört. 1812 fiel sie, zusammen mit anderen säkularisierten Kirchengütern, an das Fürstenhaus Thurn und Taxis.

Der Besucher betritt eine ausgedehnte und sich aus mehreren Bauperioden zusammensetzende Burganlage. Durch zwei Vorburgen, einen weiteren Graben und drei Torbauten des späteren Mittelalters geht es hinauf in die alte Kernburg. Kunstgeschichtlich hochbedeutsam ist der Torturm zur inneren Burg, der, wie in staufischer Zeit üblich, über dem Toreingang die **Burgkapelle** aufnahm. Von ihr sind nur noch Teilstücke erhalten, weil sie seit dem 17. Jahrhundert bis in die jüngste Zeit völlig ungeschützt Wind, Wetter und Vandalen ausgesetzt war.

Die noch erhaltenen Wandsäulen, Würfelkapitelle und die Reste der Wandmalereien legen einen stilgeschichtlichen Vergleich mit der romanischen Wolfgangskrypta in St. Emmeram in Regensburg nahe. Ihre Entstehungszeit wäre dann zwischen 1050 und 1070 anzusetzen. Unter der Kapelle hindurch führt der Weg zum Palas auf der höchsten Erhebung. Ein schön gearbeitetes romanisches Biforien-Fenster weist ins hohe Mittelalter.

Am Nordostabhang unterhalb des Palas ragt der Stumpf eines gewaltigen Rundturmes von 15 Metern Durchmesser und 5 Metern Mauerstärke aus dem felsigen Untergrund. Da die Buckelquader ins 12. Jahrhundert weisen, hat man ihn für den Bergfried der Bischofsburg gehalten. Doch die ungewöhnliche Lage am Hang vermochte die kritischen Burgenkundler nicht zu überzeugen. Auch wurde auf historischen Stichen der Bergfried immer viereckig und dem Palas beigeordnet dargestellt. Es wird sich bei dem Rundbau also um einen Geschütz- oder Munitionsturm handeln, der im 16. Jahrhundert oder im Dreißigjährigen Krieg aus den Blöcken und Quadern des alten Bergfrieds an der gefährdeten Seite aufgemauert wurde.

König Ludwig I. war zeit seiner Regentschaft davon besessen, sein Königtum vom Makel des Napoleonischen zu befreien. Schließlich war seinem unbedarften Vater Max I. die Monarchie über das mit Schwaben und Franken erweiterte Bayern von Napoleon Bonaparte in den Schoß gelegt worden. Nach der Niederlage des Korsen bei Waterloo und dem Wiener Kongress 1815 übte sich der junge König daher in einer bewusst „Teutschen" Politik. Hochgebaute Monumente sollten diese Haltung versinnbildlichen. Dafür suchte er schöne Landschaftsbilder. Für die **Walhalla** – „*dem teutschen Ruhm ein würd'ger Tempel*" – hatte er nach langem Suchen den Berghang zur Donau bei Donaustauf entdeckt. Ludwig erwarb das Gelände mit dem profanen Namen Bräuberg und verwirklichte seine Walhalla. Wir sollten heute froh sein, dass sich der antikenbegeisterte König die germanische Götterburg Walhalla nicht als barbarische Trinkhalle vorstellte, sondern als wohl proportionierten Tempel. Von 1830 bis 1842 errichtete Leo von Klenze einen gelungenen Nachbau des klassischen Parthenon-Tempels zu Athen. Der weiß glänzende Marmorbau ist schon von weitem als Landmarke über der Donauschleife zu sehen. Auch für unser heutiges Empfinden fügt sich das Bauwerk zusammen mit der Ruine Donaustauf harmonisch und majestätisch in die Donaulandschaft ein.

Donaustauf: www.donaustauf.de
Das Ruinengelände von Donaustauf ist tagsüber frei zu besichtigen.
Walhalla: Verwaltung, Walhallastraße 48, 93093 Donaustauf · ✆ 09403/96 16 80
April–September: 9.00–17.00 Uhr
November–März: 10.00–11.30 Uhr; 13.00–15.30 Uhr

DAS OBERPFÄLZISCHE
BURGMUSEUM WOLFSEGG

In der an Burgen reichen Oberpfalz stellt Burg Wolfsegg nordwestlich von Regensburg die einzige in ihrem alten Baubestand unverfälscht erhaltene und der Öffentlichkeit zugängliche Burg dar. Die Dauerausstellung „Leben auf einer Oberpfälzer Burg" präsentiert das entbehrungsreiche Leben eines Ministerialen realistisch und ungeschminkt. Einige Exponate stammen aus den Ausgrabungen des Burghofs. *(Abb. Seite 156)*

Inmitten eines Kessels des Oberpfälzer Jura steht Wolfsegg auf einem schroffen Jura-Kegel. Ihr heutiger Baubestand weist ins 14. Jahrhundert. Die Besitzer waren immer „kleine" Ministerialen. Als Dienstmannen der bayerischen Landesfürsten versahen sie Pfleger- und Richterdienste und waren zur Heeresfolge verpflichtet. 1505 wurden Burg und Herrschaft der wittelsbachischen Seitenlinie der „Jungen Pfalz" überschrieben. 1508 erhielt sie Leonhard von Eck, der Vormund Herzog Ottheinrichs von Pfalz-Neuburg und seit 1519 Kanzler Herzog Wilhelms IV. von Bayern. Eck (1480–1550) war sicher der weitaus prominenteste Burgherr auf Wolfsegg. Er verteidigte die katholische Sache gegen die Reformation und beeinflusste den Münchner Hof im Sinne der Gegenreformation. Darüber hinaus verfolgte er das ehrgeizige Ziel, die habsburgische Macht einzuschränken. Sein Versuch, Wilhelm IV. zur Königskrone zu verhelfen, blieb aber vergeblich. Ende des 16. Jahrhunderts sind die reichen Patrizier Thummer aus Regensburg als neue Burgherren belegt, die aber in langjährigem Streit mit den Vorbesitzern der Burg lagen. Ihren Hauptwohnsitz hatten die Thummer in ihrem Regensburger Stadtpalast Heuport.

Das von 1595 überlieferte Inventar der Wolfsegger Inneneinrichtung enthält zwar alles Notwendige, ist aber weit entfernt von Luxus. Im 17. Jahrhundert lag die Burg zugunsten bequemerer Wohnmöglichkeiten verlassen da. Nach letzten Instandsetzungen Mitte des 18. Jahrhunderts verfiel die Anlage und wurde nur noch für Schule und Lehrerwohnung als gut befunden. 1880 erhielt sie die Gemeinde als Geschenk. Neues Leben trat ein, als Georg Rauchenberger 1932 als Eigentümer auftrat. Rauchenberger war Bezirksheimatpfleger und sah im Wiederaufbau der Burg und der Einrichtung eines Museums sein Lebenswerk. Ein Kuratorium setzt heute seine Arbeit fort. Den Kern bildet das „feste Haus" des 14. Jahrhunderts, ein hochgebauter, dreigeschoßiger Wohnturm, dem ein plumper

Halbrundturm beigefügt ist. Ursprünglich waren die Wohnräume im Turmhaus nur über ein Portal in fünf Metern Höhe über eine Holzstellage erreichbar. Seit dem 16. Jahrhundert erleichtert ein Treppenturm aus verzierten Backsteinen den Zugang. Vor ihm umschließt die noch fünf Meter hohe Ringmauer einen kleinen Burghof. Die Vorrichtungen für einen hölzernen Wehrgang sind noch zu erkennen (Wehrgang ist wiederhergestellt). Die Wasserversorgung auf der Kalkkuppe war nur mit Regenwasser in einer Zisterne möglich. Der Fuß des Burgfelsens wird von einer äußeren Mauer mit halbrunden Schalentürmen umgeben. Sie geht auf den Ausbau unter den Herren von Laaber im 15. Jahrhundert zurück.
Unter dem Burgberg breitet sich ein natürliches, unterirdisches **Höhlensystem** mit Tropfsteinen aus. 500 Meter sind bisher erforscht. Als Refugium für Fledermäuse sind sie derzeit nicht zugänglich. Funde sprechen dafür, dass die Grotten von den Burgkellern aus zugänglich waren und der Wasserversorgung dienten. Aber auch menschliche Gebeine wurden gefunden. Bis ins letzte Jahrhundert warfen die Anwohner Unrat und den Inhalt ihrer Latrinen in die Felsspalten, der aber bei der Sanierung der Burg eimerweise wieder herausgeräumt wurde.
Wie in vielen Burgen wird in Wolfegg von der **Spukerscheinung** einer „Weißen Frau" berichtet. Georg Rauchenberger sah sie 1952 als „*astralisches Leuchten durch die dämmrigen Räume der Burg schweben*". 1969 und 1976 durchgeführte parapsychologische Experimente weisen auf zwei Mordopfer aus längst vergangener Zeit hin. Bei einem soll es sich um Klara von Laaber handeln, die 1463 von ihrem Mann erdolcht wurde. Ein phantasievolles Gemälde der Frau hängt im Gobelin-Zimmer. In den Urkunden steht davon freilich nichts.
Dagegen hat das früher häufig bezeugte „Rumpeln" unter der Burg und das „Zittern" der Burgmauer eine natürliche Ursache. Es rührt von unterirdischen Felsrutschen und dem Zusammenbrechen einzelner Kalkhöhlen her.

Burg Wolfsegg: 93195 Wolfsegg · ✆ 09409/16 60
Führungen (✆ 09409/478) www.wolfsegg.de
1. Mai–30. September: 10.00–16.00 Uhr
Burgmuseum: Höhlenschau im „Tiefen Keller".
Das Museum beinhaltet in erster Linie Kopien, was aber den Vorteil hat, dass man Helme aufsetzen, Harnische anziehen und Schwerter in die Hand nehmen kann.
Wolfsegger Burgsommer im Innenhof

Burg Kallmünz über der Naab

Sicher vor Attacken feindlicher Artgenossen fühlte sich die Menschheit nie. Was aktuell mit Raketenabwehr aus dem Weltraum verhindert werden soll, versuchte man jahrtausendelang durch tiefe Gräben, hohe Wälle und feste Mauern zu ereichen. In Kallmünz kann man drei Phasen menschlicher Verteidigungsanstrengungen aus zwei Jahrtausenden erkunden. *(Abb. Seite 159)*

Der Burgberg von Kallmünz erstreckt sich im Mündungswinkel zwischen Vils und Naab und fällt steil 110 Meter zu den Flüssen ab. Aufgrund der günstigen Lage, die nur eine Verteidigungslinie zum rückwärtigen Hinterland hin erforderlich machte, war der Berg bereits in vorgeschichtlicher Zeit besiedelt und befestigt. Ein heute noch im Gelände erkennbares 800 Meter langes Wall-Graben-System schützte eine umfangreiche **bronzezeitliche Siedlung** von 42 Hektar Fläche.

Eine zweite Siedlungsphase lässt sich an dem inneren, 10 Meter hoch aufgeschütteten Querwall ablesen, der das Plateau auf 125 Meter Länge abteilt. Die von ihm geschützte Fläche beträgt nur noch 4 Hektar. Dies ist die **frühmittelalterliche Fliehburg**, die in der ersten Hälfte des 10. Jahrhunderts gegen die Ungarneinfälle inmitten der älteren Anlage angelegt worden ist. Sie vermochte immer noch eine beträchtliche Menschenmenge aufzunehmen.

Die dritte und letzte Phase wird von der steinernen **Burg des 12. Jahrhunderts** am äußersten Sporn und höchsten Platz der Bergnase repräsentiert. Ihr Raumbedarf ist im Gegensatz zur vorgeschichtlichen „Volksburg", aber auch zur frühgeschichtlichen Fliehburg geradezu winzig. Kein Wunder, diente die mittelalterliche Adelsburg doch nur der Wohnung einer Familie und ihrer Dienerschaft.

Die markant die Jura-Landschaft beherrschende, aus hellem Kalkstein erbaute Burg geht auf die Grafen von Sulzbach zurück, von welchen sie 1188 an die wittelsbachischen Herzöge überging. Der Bau des Palas erfolgte unter Ludwig dem Kelheimer (1183–1230). Unter Ludwig dem Strengen erhielt der Burgflecken unterhalb 1283 die Marktrechte. Der an Baudetails erkennbare frühgotische Ausbau hängt mit ihrer Stellung als eine der Burgen zusammen, welche die Stadt Regensburg einschnüren sollten.

Die Folgezeit verging recht unspektakulär als herzoglicher Landrichter- und Pflegersitz mit dem für die Oberpfalz üblichen Wechsel zwischen den verschiedenen wittelsbachischen Linien (Oberbayern, Niederbayern,

Pfalz). Im späten 15. Jahrhundert kam das „Heg- und Jägermeisteramt auf dem Nordgau" hinzu. Zerstörungen verursachten böhmische und pfälzische Landsknechte im Landshuter Erbfolgekrieg 1504. Unter der Herrschaft der Pfalz-Neuburger 1607 sind Reparaturarbeiten und 1620 der Betrieb einer Münzstätte belegt. 1641 wurde die Burg durch die Schweden demoliert und daraufhin verlassen.

Man passiert zuerst den **„Ungarnwall"**, auch Vordere Schanze genannt, und betritt die äußere Burg durch einen gotischen Bogen. Die Zwingermauer mit den drei halbrunden Schalentürmen ist eine Zutat des 15. Jahrhunderts. Direkt über der Felswand stehen die hohen Außenmauern des Palas. Rund- und spitzbogige Doppelarkadenfenster mit Pflanzen- und Figuren-Ornamentik an den Mittelsäulen markieren die Lage des ehemaligen Rittersaales im 2. Obergeschoß. Sie weisen kunstgeschichtlich auf eine Entstehungszeit im späten 13. Jahrhundert hin. In der kleinen Burgkapelle nebenan sind noch frühgotisch gerahmte Fensteröffnungen zu sehen.

Das imposanteste Bauwerk ist der auf dem schroffen Gipfel frei stehende runde **Bergfried**. Seine Höhe beträgt heute noch 20 Meter, die Mauerstärke am Fuß 2,3 Meter. Der alte, rundbogige Eingang befand sich in acht Metern Höhe. Der Turm, der wirklich nur als Wehr- und Beobachtungsturm diente, ist noch ein Relikt der Sulzbacher Grafen aus dem 12. Jahrhundert. Für die wittelsbachische Bauweise des 13. und 14. Jahrhunderts sind runde Haupttürme untypisch.

Das Städtchen Kallmünz an Naab und Vils hat noch viele romantische Winkel bewahrt. Entlang des lang gezogenen Straßenmarktes fallen stattliche hochgiebelige spätgotische Anwesen des Landadels auf, so das **Burggut** der Ritter von Raitenbuch bei der Pfarrkirche, das **Bertholzhofener Schlössl** in der Vilsgasse und das **Holzheimer Schlössl** mit dreistöckigem Turm in der Langen Gasse jenseits des Naabufers.

Eine architektonische Sehenswürdigkeit ist ferner die alte **Naabbrücke**, die im 14. Jahrhundert auf sieben Jochen erbaut und 1550 erneuert wurde. Ihr Vorbild war die berühmte Steinerne Brücke zu Regensburg (➤ S. 191). Drei originale Bögen sind noch erhalten. Der aufwändige Bau einer festen, ganzjährig zu befahrenden Brücke spricht für die Bedeutung als Verkehrsknoten, die dem Markt unterhalb der Burg im späten Mittelalter zugemessen wurde.

Burgruine Kallmünz: Ganzjährig zu besichtigen. Im Turm Treppe zur Aussichtsplattform.

Ostmärkische Burgenrunde: Obermurach, Leuchtenberg, Flossenbürg, Vohenstrauss

"**B**ayerische Ostmark" nannte man den Böhmen zugewandten Teil der Oberpfalz. Und in der Tat verläuft im bayerisch-tschechischen Waldgebiet zwischen dem Herzogtum Bayern und dem Königreich Böhmen seit dem 13. Jahrhundert eine der ältesten Grenzen Europas. Burgen bewachten die Grenzlandschaften auf beiden Seiten. In der östlichen Oberpfalz stehen sie so dicht aneinander, dass sie in einer „Burgenrunde" besichtigt werden können. *(Abb. Seite 158)*

Sulzbacher und Leuchtenberger waren königliche Ministerialen, welche im 12. Jahrhundert die Kolonisation des steinigen Nordgaus vorantrieben. Ihre vorgeschobenen Posten erbauten sie sich in Obermurach, Trausnitz an der Pfreimd, Leuchtenburg und Flossenbürg. Diese Burgen waren ausgesprochene Wehrbauten und noch in Ruinen wirken ihre nackten Granitmauern aus schweren Hausteinen abweisend, ja urtümlich. Aus dem zerklüfteten Urgestein der „Steinpfalz" wachsen mächtige romanische Baublöcke empor, für Schmuck und Ornamentik war kein Platz. Hier tritt uns das hohe Mittelalter noch gewalttätig und in aller Härte entgegen. Dazu übt die eigentümlich herbe Landschaft der Oberpfalz mit ihren dunklen Wäldern und kahlen Felskuppen auch heute noch einen melancholischen Reiz aus. Kein Wunder, dass in den Oberpfälzer Sagen immer wieder Riesen erscheinen, die das Mauerwerk aufgetürmt haben sollen.

Der Name „Obere Pfalz" wurde erst im 15. Jahrhundert für den Nordgau (das Land nördlich von Regensburg) gebräuchlich. Kaiser Ludwig der Bayer übertrug im Hausvertrag von Pavia (1329) den Nachkommen seines Bruders Rudolf die Rheinpfalz sowie umfangreiche Ländereien im Nordgau. Im Gegensatz zur „Unteren Pfalz" am Rhein wurde die nordgauische Herrschaft „Obere Pfalz" genannt. Dort herrschte bis 1628 die wittelsbachische kurpfälzische Linie. Erst während des Dreißigjährigen Krieges wurde die Oberpfalz mit dem Kurfürstentum Bayern vereinigt. Im ausgehenden Mittelalter entdeckten italienische Bergknappen („Venedigermännlein") reiche Eisenerzvorkommen. Das ehedem so karge Land entwickelte sich zum ersten „Ruhrgebiet" Deutschlands mit hochentwickelter **Metallverarbeitung**. Amberg, Nabburg und Sulzbach-Rosenberg profitierten vom Eisenhandel. Auch Gold und Silber wurden gefördert.

Alle Nachbarn warfen begehrliche Blicke darauf. Die bestehenden Burgen wurden neu befestigt, behielten aber ihr archaisches Aussehen. Wegen der permanenten Kriegsgefahr entwickelten sie sich nicht zu wohnlicheren Renaissance-Schlössern oder prächtigen Barock-Residenzen. So treten sie uns noch als ursprüngliche und unverfälschte Zeugen des Mittelalters entgegen.

Obermurach ist geschichtlich bedeutsam, weil es die erste großflächige Erwerbung der Wittelsbacher Herzöge im Nordgau war. 1285 erwarb Ludwig der Strenge Burg und Herrschaft Murach von den Grafen von Ortenburg. Die Burg selbst wurde schon 1110 als Sitz eines Sulzbacher Dienstmannes erwähnt. Nach dem Aussterben der Grafen von Sulzbach 1188 wurde sie von den Ortenburgen erworben, von denen sie 1285 als „Haus Murach" an Bayern kam. Von 1353 bis 1373 befand sie sich im Pfandbesitz des böhmischen Königs (und Römisch-Deutschen Kaisers) Karl IV., der die Oberpfalz zu einem „Neu-Böhmen" machen wollte. Nur mit Mühe erlangte Pfalzgraf Ruprecht III. das wichtige Territorium zurück. Zur Sicherung wurde das Haus Murach mit neuen Mauern umgeben. 1428 und 1433 bewährten sie sich, als die Hussiten mit Mörsern und Rammböcken erschienen und erfolglos abziehen mussten. Ein zeitgenössisches Lied *„Vom Hussenkrieg ein Gesang anno domini 1433"* berichtete von der Verteidigung: *„Sie zogen gen Murach für das Hauss, man schoss und wurf zu ihnen raus, mit Büchsen und mit Pfeilen, so das die pösen Husserer von dannen mussten eilen."* Im Dreißigjährigen Krieg war die militärische Rolle der Burg vorbei. Nachdem die Oberpfalz 1628 Kurfürst Maximilian zugesprochen worden war, rückten 1632 400 Mann kurbayerische Truppen an, um die Ländereien einzunehmen. In Obermurach trafen sie auf den Pfleger und zwei Diener.

Bis 1803 saß der bayerische Pfleger auf der Burg, dann wurde die Burg verlassen. Ihrer Verwendung als Steinbruch wurde erst 1840 durch ein Dekret König Ludwigs I. Einhalt geboten.

Von der weithin auf einer Bergkuppe sichtbaren Burg ist besonders der 20 Meter hohe kastenförmige Bergfried bemerkenswert. Wie bei allen oberpfälzischen Burgen wirkt gerade seine Schlichtheit und Einförmigkeit. Der Rundbogeneingang in 8,5 Metern Höhe weist ins hohe Mittelalter. Ein spitzbogiges Fensterchen im Obergeschoß spricht für den gotischen Ausbau der Burg Ende des 14. Jahrhunderts. Das massive quadratische Gebäude neben dem Bergfried wird als Getreidespeicher bezeichnet, stellt aber wohl den Wohnturm der ersten Burg des 12. Jahrhunderts dar. Von der Unterburg ist die Hauptburg nur über eine Treppe erreichbar.

> **Burg Haus Murach:** Über dem Ort Obermurach.
> In der Regel zugänglich, ansonsten Schlüssel beim Burgwart, Obermurach 58.
> Burgmodell im **Heimatmuseum Oberviechtach**: Marktplatz 3,
> 92526 Oberviechtach · ℂ 09671/30 716 www.oberviechtach.de

Je nach historischem Bewusstsein des Betrachters gilt **Burg Leuchtenberg** entweder als „größter Trümmerhaufen der Steinpfalz" oder als „Akropolis der Oberpfalz". Es ist eine gewaltige Ruine, die sich da auf einem granitenen Hochplateau über der Luhe erhebt. In der umbauten Fläche und der Baumasse stellt sie sicher eine der größten Burganlagen Deutschlands dar. Auch hier dominiert das Kubische, angefangen von den einzelnen Quadern bis zur Bauform des Turms und des Palas. Die Familie der Leuchtenberger ist bereits 1158 als Träger des Grafen- und 1191 des Landgrafen-Titels im Nordgau bezeugt. Im 13. Jahrhundert erwehrten sie sich der Wittelsbacher, wobei 1268 „*des lantgrafen Burg zu Leukenberg*" anlässlich einer Belagerung erwähnt wird. Landgraf Ulrich war hingegen ein treuer Gefolgsmann Kaiser Ludwigs des Bayern. Unter seiner Regentschaft (1293–1334) wurde der alte Stammsitz zu einer Burg des höheren Adels ausgebaut.

Der heute sichtbare Baubestand der inneren Burg entstammt einer Bauphase um 1300. Bergfried, Wohnbau und Kapelle spiegeln ein einheitliches Bild eines romanisch-gotischen Übergangsstils wider. Im Zentrum steht der frei stehende quadratische Bergfried („Lehenturm") aus Buckelquadern, den Blitzschläge auf 24 Meter verkürzt haben. Der mit Hausteinen umrahmte alte Eingang befindet sich in 8 Metern Höhe. In der Mauerung des Untergeschoßes sind noch gut die Löcher für die Hebezangen zu erkennen. Über Kräne mit Flaschenzügen wurden die tonnenschweren Bausteine aufeinander gefügt. 2,5 Meter misst die Mauerstärke. 1882 brachte ein Blitzstrahl eine Seite des Turms zum Einsturz, die 1902 neu aufgemauert wurde.

Der Turm steht auf älteren Fundamenten eines etwas geräumigeren Wohnturms. Der trapezförmige Palas und die schwere Ringmauer mit Torturm entstanden ebenfalls in der Wende vom 13. zum 14. Jahrhundert. In der Zeit der Hussiteneinfälle legte man von 1427 bis 1450 noch eine Zwingermauer mit vier halbrunden Schalentürmen zur Aufnahme von Wallbüchsen um die Hauptburg. Dem Torturm setzte man ein Torhaus vor, um die Durchfahrt zu verlängern. Eine Inschrift weist auf den Neubau der Kapelle im Jahr 1440 hin. Bauherr war Leopold von Leuchtenberg, den der Kaiser in den Reichsfürstenstand erhoben hatte. In derselben Zeit wurde das Dürnitzgebäude unterhalb des Bergfrieds errichtet.

Der noch gut erhaltene gewölbte Raum mit sechseckiger gotischer Mittelsäule wird heute als „Bankettsaal" bezeichnet. In der geräumigen unteren Burg befanden sich Speicherbauten und das Rentamt.
Die Glanzzeit der Burg als Herrschaftssitz dauerte nur kurz. 1332 erwarben die Landgrafen das nahe Städtchen Pfreimd und verlegten ihren Hauptsitz in das dortige Schloss. Unter Pflegern und Verwaltern wurde in der überdimensionierten Burg Leuchtenberg nur noch das Nötigste ausgebessert. 1621 plünderten die böhmischen Truppen des „Winterkönigs", 1634 die Schweden Burg und Markt. 1646 lagerten kaiserliche Dragoner in der Grafschaft und führten sich dermaßen auf, dass der letzte Leuchtenberger nach Nördlingen floh. Mit ihm war die Dynastie ausgestorben. 1687 wurde die Burgkapelle barockisiert. Schlossherr war damals Max Philipp, zweiter Sohn Kurfürst Maximilians I. 1714 fiel die Landgrafschaft endgültig an Bayern. Die Burg wurde verlassen. Aber erst 1842 verwandelte ein Brand das Bauwerk in eine pittoreske Ruine.

> **Burg Leuchtenberg** ist heute eine gepflegte Ruine und dient als Kulisse der Leuchtenberger Burgfestspiele im Sommer. April–Oktober geöffnet, ansonsten nur Wochenende (mit Turmbesteigung). www.markt-leuchtenberg.de

Gigantische Kräfte der Natur haben einst die ungeheuren Urgesteinsmassen emporgewuchtet, welche die raue Landschaft des Oberpfälzer Waldes beherrschen. Bei **Flossenbürg** türmt sich eine kahle Felsformation aus riesigen Granitplatten auf, auf der – fast organisch mit dem grauen Stein verwachsen – eine Burg thront. Kurz nach 1100 wurde sie von Graf Berengar von Sulzbach gegründet und bildete den äußersten Vorposten des Rodungslandes. Berengars Sohn Gebhard nannte sich Graf von Floss, nach dem gleichnamigen Flüsschen, das sich durch die Felsenberge schlängelt. Nach seinem Tod ohne Erben erwarb 1188 der Stauferkaiser Friedrich Barbarossa Burg und Grafschaft Floss, um von hier aus einen Zugang zum Reichsland Eger (heute tschechisch Cheb) zu erhalten. Mit Unterbrechungen blieb Flossenbürg bis 1251 staufische Reichsburg. Dann entstand ein jahrzehntelanger Streit um das staufische Erbe zwischen den Wittelsbacher Bayernherzögen, dem böhmischen König und den habsburgischen Kaisern. In der Wende zum 14. Jahrhundert erscheint die Herrschaft wieder als Reichsgut, das von Nürnberg aus verwaltet wurde. Die ungeklärten Besitzverhältnisse pflanzten sich bis ins 15. Jahrhundert fort, abzulesen an zahlreichen Verpfändungen und Besitzüberschreibungen. 1449 erscheint Herzog Heinrich der Reiche von Landshut als Besitzer. 1505 wurde sie unter der Burghut Heinrichs von

Guttenstein in Stand gesetzt. Im späten 16. Jahrhundert war die Bedeutung der Burg aber so weit geschwunden, dass Pfalzgraf Friedrich Anweisung gab, aus ihr Steine zum Bau des Schlosses Vohenstrauß (→ S. 217) zu brechen. Das Ende kam im Dreißigjährigen Krieg, als das Leibregiment Bernhards von Weimar zusammen mit seinen schwedischen Verbündeten Burg und Markt Flossenbürg verheerten.

Der Burgberg besteht aus einer weiten Hochfläche, die nochmals 30 Meter von einem schmalen Gipfelgrat überragt wird, der jäh zum Tal abfällt. Auf dem höchsten Punkt (732 m) steht die **Hochburg**, die genau auf Kante gemauert ist und den natürlichen Gegebenheiten des Kliffs folgt. Sie besteht aus dem turmartigen Palas und einem kleinen Vorhof, beide von einer Schildmauer (Hoher Mantel) zum Plateau hin geschützt. Der noch bis zehn Meter aufragende Wohnturm geht auf das 12. Jahrhundert zurück. Auf gehobenen Standard weisen die Reste eines romanischen Haubenkamins im Erdgeschoß hin. Die heute sichtbaren spitzbogigen Fensteröffnungen sowie der Zugang im Erdgeschoß sprechen für eine Umbauphase im späten 14. Jahrhundert. Im 17. Jahrhundert wird das Turmhaus noch um einen Stock erhöht und mit Zinnenkranz dargestellt.

Ein schmaler Felsenpfad stellt die Verbindung zur geräumigeren Unterburg her. Sie teilt sich deutlich in zwei Areale. Direkt unterhalb der Gipfelburg erstreckt sich die freie Fläche des äußeren Burghofs, dem östlich die Vorburg, ein Wohn- und Verwaltungskomplex, vorgelagert ist. Hof und Vorburg sind durch eine breite Mauer mit halbrundem Geschützturm geschieden. Die schwierige Wasserversorgung konnte durch einen Zisternenschacht gelöst werden. Die Unterburg stammt in ihren heutigen Mauerzügen aus dem frühen 16. Jahrhundert. Pfleger und Amtsträger verließen die beschwerlich erreichbare Hochburg und bezogen in der Unterburg Quartier.

Ein interessantes Bauwerk ist der so genannte **„vorgeschobene Turm"**, der sich 30 Meter außerhalb des Burggeländes befindet. Sein regelmäßiges Quadermauerwerk mit Zangenlöchern weist in die staufische Zeit um 1200. Bei einer Mauerstärke von bis zu 2,8 Metern und Außenmaßen von 10 mal 11 Metern erreichen die Innenräume Flächen von 6 mal 5 Metern. Auf die Funktion des Turms als Wohnturm weisen Kamin und Abortschacht hin, die beide in die Mauerstärke integriert sind. Beim Sinn des Mittelalters für hochragende Symbolik kann man den Turm als staufisches Standeszeichen deuten.

Flossenbürg: www.flossenbuerg.de und www.burgenwelt.de/flossenbuerg/
Das 1982 bis 1992 sanierte Burggelände ist zugänglich. Aussichtsplattform im Turmhaus mit kleiner Ausstellung. Gasthof zum Schlossberg.

Burg **Trausnitz** im Tal der Pfreimd hat als „fürstliches Gefängnis" Berühmtheit erlangt. Bei Mühldorf siegte am 28. September 1322 König Ludwig von Wittelsbach über seinen Rivalen um die Kaiserkrone, Erzherzog Friedrich den Schönen von Habsburg. 10 Stunden lang dauerte die Schlacht. Dann ergab sich der in eine vergoldete Rüstung gehüllte Friedrich schließlich einem einfachen Nürnberger Rittersmann mit dem Namen Albrecht Rindsmaul: *„Künig Friederich weret sich lang und redlich, aber Albrecht Rindsmaul der tet ihm so zwang und drang, das er sich ergab."* König Ludwig empfing den Unterlegenen mit den zweideutigen Worten. *„Herr Vetter, wir sehen Euch gerne ..."* Bis die Friedensverhandlungen in München beendet waren, wies Ludwig ihm die abseits und fern vom Habsburger Bereich gelegene Burg Trausnitz als Aufenthaltsort an. Trausnitz war eine in Hochadelskreisen unbekannte einfache Ministerialenburg, scheint aber für den hohen unfreiwilligen Gast etwas hergerichtet worden zu sein. Der Sage nach bemühte sich Friedrichs Bruder Leopold lange Zeit vergeblich, den Verwahrungsort herauszubekommen.

Mit „Haft" im strengen Sinne hatte das nichts tun. Friedrich der Schöne erschien mit kleinem Gefolge und Dienerschaft und bezog die besten Räume der Burg. Gegen ritterliches Ehrenwort durfte er ihre Mauern auch verlassen. Am 13. März 1325 unterzeichnete Friedrich auf Trausnitz die Verzichtserklärung auf die Königskrone. In der Versöhnungskapelle besiegelten Ludwig und Friedrich den Vertrag. Nach 28 Monaten erhielt er die Freiheit. Der Münchner Vertrag von 1325 sicherte ihm formell das „Mitkönigtum" zu, die Krone aber trug Ludwig (ab 1328 Kaiser Ludwig der Bayer) unangefochten. Als weiterer Vertragspunkt wurde die Vermählung von Ludwig Sohn Stefan (damals 6 Jahre alt) und Friedrichs Tochter Elsbeth (8 Jahre) beschlossen.

Trausnitz repräsentiert eine kompakte, genau dem kleinräumigen Gelände auf einem Felsvorsprung angepasste Burganlage. Der Bergfried bewacht die Eingangsseite und das gotische Burgportal. In seinem obersten Geschoß wird das angebliche „Königsgemach" gezeigt. Wohn- und Verwaltungsbauten umschließen den engen, schluchtartigen Burghof. Ihre hochgezogenen Außenmauern bilden zugleich den Bering. Die Burg gelangte gegen 1284 aus dem Herrschaftsverband der Ortenburger in den Besitz der Wittelsbacher. Aus dieser Zeit könnte der Ausbau in den noch erhaltenen Bauformen stammen. Als Pfleger zur Zeit Ludwigs des Bayern ist Weigand von Trausnitz überliefert. Im späten 14. Jahrhundert saß die Ritterfamilie der Zenger auf der Burg. 1393 mussten sie während einer Fehde Herzog Friedrich von Landshut die Burg übergeben.

1825 erwarb König Ludwig I. die Ruine, ließ eine erste Sicherung durchführen und sie mit Dächern versehen. Der moderne Betrieb als Jugendherberge hat das Innere völlig verändert. Auch die durch eine Brücke getrennte Vorburg und ehemalige Brauerei, heute „Feldschlössl" genannt, dient als Jugendherberge. Neben der Pfarrkirche des Ortes (früherer Name: Sachsenkirchen) steht die kleine Versöhnungskapelle von 1325 mit einem älteren Wehrturm, dem so genannten „Sachsenturm".

Trausnitz im Tal: Jugendherberge Burg Trausnitz, Burggasse 2, 92555 Trausnitz · ✆ 09655/92 150 www.trausnitz.de
Die Burg ist als Jugendherberge nur nach Voranmeldung zu besichtigen. Es genügt aber die Außenbesichtigung und ein Blick in den Burghof.
· Burgfestspiele
· Ritterfeste

Neben all den zyklopischen Bauwerken wird sich nun das Verlangen nach einem freundlicheren Schlossbau einstellen. Wir finden ihn im Städtchen **Vohenstrauß**. Dort ließ der Wittelsbacher Pfalzgraf Friedrich III. (1557–1597) die Friedrichsburg erbauen und verlegte seinen Sitz von Weiden hierher. Unter dem Burglengenfelder Baumeister Leonhard Greineisen entstand ein wuchtiges dreigeschoßiges Herrenhaus, das von fünf bulligen Rundtürmen mit Spitzdächern umrahmt wird. Ein sechster Mittelturm kam erst 1903 an der Südseite dazu. Regelmäßige Fensterfronten und geschweifte „welsche" Renaissance-Giebel mildern allerdings den etwas gedrungenen Eindruck. Zu Stadt hin erstrecken sich zwei Trakte, der Marstall und der Amtsgerichtsflügel. Vom ehemaligen Hofgarten, der das Schloss weitläufig umgab, hat sich noch ein Teil erhalten.
Nach dem Tod der Pfalzgräfin Katharina Sophia diente das Schloss als Behördensitz, bewahrte aber seine Substanz. Diese drohte im 20. Jahrhundert durch Vernachlässigung verloren zu gehen. Nach dem Erwerb durch den Freistaat wurde das Wahrzeichen der Stadt Vohenstrauß von 1989 bis 1991 gründlich renoviert.

Vohenstrauß: Kuratorium Schloss Friedrichsburg, Braunetsriederweg 124, 92648 Vohenstrauß.
Die Räume des Schlosses sind in der Regel zu betreten.

BURGEN AN JEDER ECKE:
PRUNN, RANDECK, RIEDENBURG, EGGERSBERG

Die Hochromantik des Altmühltals gehört der Vergangenheit an, seit die Rinne des Rhein-Main-Donau-Kanals durch das Flussbett geführt und 1992 dem Schiffsverkehr übergeben worden ist. Aber wir wollen nicht verkennen, dass man im Rahmen der gigantischen Erdbewegungen und Flussbegradigungen die Ufer zu re-naturieren versucht hat und all die Kleinodien, Örtchen, Kapellen, Tore und Türme links und rechts besonders herausgeputzt hat.

Von den am Hochufer klebenden Burgen freilich hat man den Eindruck, sie schauen noch genauso hochmütig auf das Treiben im Tal herab wie vor einem halben Jahrtausend. *(Abb. Seite 193/194/195)*

Burg Prunn ist eine der am meisten abkonterfeiten, gezeichneten, gemalten, fotografierten und digitalisierten Burgen Europas. Und ohne Zweifel ist der Blick vom Tal auf die Burg, die sich gleichsam auf einem lotrecht abstürzenden Kalkriff festkrallt, unvergleichlich. Ein in den Steilhang gelegter Fahrweg führt in weitem Bogen hinauf auf ein Plateau im Rücken der Burg und eröffnet immer wieder neue und überraschende Ausblicke auf Turm, Giebel und Dächer der Burg. War man kurz vorher noch 70 Meter tief unten gewesen und hatte die Burg aus der Froschperspektive wahrgenommen, so erblickt man nun die Burg unter sich, steigt ein wenig hinab und steht vor der Brücke, die über einen 20 Meter breiten und 9 Meter tiefen Graben ins Innere führt.

Der quadratische Bergfried setzt sich schützend vor die Gebäudegruppe um den engen Burghof. Der 31 Meter hohe Turm stellt ein geradezu klassisches Beispiel des romanischen Burgenbaus der Epoche um 1200 dar. Ursprünglich stand er frei und ohne Gebäudeanbindung zum Palas mit seinem turmartig zum Tal hin vorspringenden Wachstubenbau. Die Ringmauer, die das kleine Areal umzog, war wegen der exponierten Lage nicht besonders stark fundiert. Der Trakt, der Palas und Turm verbindet, zeigt spätgotische Merkmale. Auch die Kapelle wurde im 15. Jahrhundert neu angelegt. Ihren romanischen Vorgängerbau vermutet man in dem Gewölbe darunter.

Zwar ist ein Wernherus de Prunne schon 1037 belegt, doch gehen Turm und Palas auf die Herren von Laaber zurück, die von 1147 bis 1288 Eigentümer der Burg waren. 1288 sahen sie sich gezwungen, Prunn an

Herzog Ludwig den Strengen zu veräußern, erhielten es aber als Lehen wieder zurück. Die nächste Bauphase erfolgte unter den einflussreichen Grafen von Fraunberg auf Haag, die 1338 die Burg erwarben. Käufer war Hans von Fraunberg, der vermutlich auch die Nibelungenlied-Abschriften mit auf die Burg brachte. Einer seiner Nachfahren hieß Wilhelm der Freudige (gest. 1412), weil er als glänzender Turnierreiter aufzutreten pflegte. Er legte sich mit der Reichsstadt Augsburg an und ließ sich auch von den Herzögen nichts gefallen. Unter Hans VI. von Fraunberg erfolgte die spätgotische Erweiterung der Burg zwischen 1426 und 1476. Damals wurde auch das Fraunberger „Gurrenwappen", ein springender Schimmel auf rotem Grund, weithin sichtbar an der talseitigen Fassade angebracht. Die Fraunberger Grafen wollten damit ihre Selbstständigkeit gegenüber den bayerischen Herzögen demonstrieren. Ob die Burg im Löwlerkrieg 1491 von den Herzoglichen erstürmt worden ist, bleibt unklar. Wenn, dann hat es sich nur um die Erzwingung des „hoheitlichen Öffnungsrechts" gehandelt und ist ohne Bauschäden vor sich gegangen. Nach dem Aussterben der Fraunberger fiel Prunn 1567 an das Herzogshaus. Albrecht V. übergab die Herrschaft als Lehen an Graf Joachim von Ortenburg, der allerdings wegen seiner evangelischen Gesinnung in Ungnade fiel. 1569 oder 1575 besuchte Doktor Wiguläus Hundt, seines Zeichens Kanzler der Universität Ingolstadt und Hofratspräsident Albrechts V., das alte Gemäuer und fand die Abschrift des Nibelungenliedes, die heute als Prunner Codex weltberühmt ist. Die Handschrift ist heute eine der besonderen Kostbarkeiten der Münchner Staatsbibliothek.

Unter den nächsten Besitzern, den Köckh zu Mauerstetten, wurde die Burg von 1604 bis 1646 den neuen Zeiten angepasst. So entstand die heutige Zugangsfront mit den schräg gestellten Erkern. Im mittelalterlichen Sinne erhielten diese neuzeitlichen Räume den Namen „Kemenate" und „Trinkstube". Der Geist der Renaissance kommt besonders in dem mehreckigen Treppentürmchen zum Vorschein, das die neuen Bautrakte vom Hof aus erschließt.

1827 setzte sich König Ludwig I. nachdrücklich dafür ein, dass die Burg, mittlerweile Staatsbesitz, erhalten bleiben müsse und nicht mehr verändert werden dürfe. Das ist geschehen und jeder kann sich bei den professionellen Führungen davon überzeugen.

Burg Prunn: 93339 Riedenburg · ✆ 09442/33 23
Führungen: April–Oktober außer Mo: 9.00–18.00 Uhr
November–März: 10.00–16.00 Uhr
· Schlosstaverne mit bester Aussicht

Die geschichtliche Rolle von **Burg Randeck** ist beschränkt, doch ihre Lage hoch am Talrand über der Altmühl und dem malerischen Brucktor des Markts Essing haben ihr romantische Beschreibungen und Abbildungen beschert. 100 Meter steigen die weißen Jurakalkfelsen senkrecht hinauf. Vom Tal her ist die Burg nur in Serpentinen zu erreichen, doch von der rückwärtigen Hochfläche her erschließt sie sich bequem. Hier sind auch die Hauptbefestigungen, ein breiter Halsgraben und Reste von vorgelagerten Zwingeranlagen zu finden. Torbau, Kapelle und der turmartige Palas weisen ins 14. Jahrhundert. Der 36 Meter hohe Hauptturm wurde über einem recht ungewöhnlichen Grundriss errichtet und zeigt runde und eckige Formen. Das Obergeschoß ist eine Zutat des 19. Jahrhunderts.

Im Mittelalter war Randeck ein Nebensitz der Grafen von Abensberg, deren Güter sich auf beide Seiten der Donau erstreckten. Erst 1326 wird sie als „Veste" erwähnt, ist aber sicher älter. Hans von Randeck geriet mit den „Pfeffersäcken" zu Nürnberg in Streit um den Wegezoll und hielt sich mit „Reutterei" (Überfällen) auf Kaufmannszüge schadlos. 1446 plünderten die Nürnberger deshalb seine Besitzungen aus. Ob Randeck dabei Schaden nahm, ist unklar. Der letzte Abensberger, Niklas, fand 1485 den Tod durch die Hand seines Burgnachbarn Seitz von Fraunberg auf Prunn (→ S. 218). Dahinter steckte eine bereits von den Zeitgenossen als unsinnig empfundene Fehde Herzog Christophs des Starken mit seinem Bruder Albrecht IV. Darauf fiel die Herrschaft Abensberg zusammen mit Randeck an Herzog Albrecht den Weisen. 1529 erhielt sie der Kanzler Wilhelms IV., Doktor Leonhard von Eck, zu Lehen, der das „alte Gmäur" nur zu gut kannte, da er dort 1480 als Sohn des Pflegers geboren wurde. Er ließ über dem Burgtor eine lateinische Inschrift anbringen, deren Übersetzung lautet: „Wenn nicht Gott die Burg bewacht, ist unser Wachen vergeblich." Im Verlaufe des 16. und 17. Jahrhunderts wechselten die Besitzer. Einer war Wolf Freymann, der sich 1601 weigerte, in seinem Herrschaftsgebiet Hexen zu verfolgen. Nach dem Dreißigjährigen Krieg war die Burg nicht mehr bewohnbar. Das Jesuitenkolleg zu Ingolstadt übernahm die Burg 1672 zwar, kümmerte sich aber nicht weiter um den Baubestand. 1838 stürzte die Ruine zusammen. Ihre Trümmer bedrohten den Markt Essing zu ihren Füßen. Kronprinz Maximilian, ähnlich „romantisch" veranlagt wie sein Vater Ludwig I., ließ die Ruinen 1844 sichern. Dabei wurde der Bergfried aufgemauert und mit Zinnen versehen.

Der Markt Randeck verfügt noch über seine alten Markttore. Vom Brücktor führt eine Holzbrücke von 1740 zum jenseitigen Ufer. Ein neueres

Brückenwerk ist die geschwungene Fußgängerbrücke von 1987, die „längste Holzbrücke Europas".

> **Essing:** Zugang zur Ruine und auf den Turm: April bis Oktober 10.00–18.00 Uhr. Vom Ort führt der Fußsteig „Eselssteig" direkt nach Randeck. Zufahrt mit Kfz zur Gaststätte. Ritterschänke mit Freiterrasse.

Das Städtchen **Riedenburg** firmiert als die „Drei-Burgen-Stadt" des Altmühltals. Von den drei Burgen auf der aufragenden Dolomitfelsengruppe ist die Rosenburg gut erhalten und setzt einen weithin sichtbaren monumentalen Akzent in die Tallandschaft. Mauerreste künden noch von den beiden anderen kühn gelegenen Burgen Rabenstein und Tachenstein. Der ausgedehnte Baukomplex der Rosenburg birgt mehrere Bauphasen und Stilelemente in sich. Ein Rest aus der Gründungsphase ist der Stumpf des mächtigen, übereck gestellten Bergfrieds unmittelbar hinter dem Eingang zur inneren Burg. Diese Anordnung war typisch für die staufische Zeit von 1150 bis etwa 1240. Mit 9 Metern Seitenlänge zählte der Turm zu den größten Anlagen dieses Typus und symbolisierte den dynastischen Stolz der Grafen von Riedenburg, die im 12. Jahrhundert das Burggrafenamt von Regensburg innehatten.

Ein Vertreter dieses Geschlechts war jener „*burggrave de Ritenburc*", der als Minnesänger in der Manessischen Liederhandschrift genannt ist. Es wird sich um den zwischen 1174 und 1184 bezeugten Heinrich von Riedenburg gehandelt haben. Auf das Rosenwappen der Riedenburger geht die Bezeichnung **Rosenburg** zurück, die sich aber erst in der Neuzeit durchgesetzt hat. Stauferzeitliche Mauerverbünde kommen auch in den Untergeschoßen der Hauptgebäude zum Vorschein.

Ende des 12. Jahrhunderts gelangte die Burg in wittelsbachisch-herzoglichen Besitz. Im frühen 14. Jahrhundert wurden die Außenbefestigungen verstärkt und gegen 1500 zum Hinterland hin eine eigene, umfangreiche Vorburg angelegt. Die dreigeschoßigen Baukörper der inneren Burg erhielten von 1556 bis 1560 ihr heutiges wuchtiges Aussehen. Steile Satteldächer und Treppengiebel erinnern noch an die bayerische Spätgotik, ein schräg gestellter dreieckiger Erker auf Konsole und Reste farbiger Putze sprechen aber für eine Renaissance-Gestaltung der Fassaden.

Wechselnde Besitzverhältnisse und Nutzungsarten prägen die weitere Geschichte. Als Sitz des Amtsgerichts (bis 1905) ging die alte Raumaufteilung und Einrichtung verloren. Während des Zweiten Weltkrieges war hier eine geheime Raketenversuchsstation der Luftwaffe eingerichtet. Eine sachgemäße, moderne Renovierung erfolgte von 1983 bis 1985.

Seit 1978 bietet der Falkenhof Flugvorführungen von Greifvögeln und Darbietungen aus der Geschichte der mittelalterlichen Falknerei.

Unterhalb der Rosenburg liegt die Ruine **Rabenstein**, die älteste der drei Riedenburger Burgen. Die Quadermauern des Wohnturms weisen in die staufische Zeit. Die Burg wurde im Löwlerkrieg 1491 im Handstreich genommen und zerstört. Von **Tachenstein** sind ausgedehntere Ruinen, darunter der romanische Bergfried, vorhanden. Die Gründung fällt auch hier ins 12. Jahrhundert. Am Bergfried ist noch gut erhaltenes Buckelquadermauerwerk zu sehen. Alle drei Burgen sind durch Wanderwege verknüpft.

Stromaufwärts von Riedenburg lugt auf der rechten Flussseite die Ruine der Burg Alt-Eggersberg ins Tal herunter. **Eggersberg** war eines jener adeligen Widerstandsnester, welche im Löwlerkrieg 1491 von der Streitmacht Herzog Albrechts IV. gnadenlos „ausgebrannt" und zerstört wurden. Viel ist daher auch nicht mehr zu sehen. Umso beeindruckender wirkt der massige Bau des neuen, 1600 erbauten Schlosses Eggersberg mit seinem mächtigen Speicherdach und den hochgezogenen Treppengiebeln. Vier Ecktürme mit Rundhauben unterstreichen den herrschaftlichen Charakter. Eggersberg ist ein schönes Beispiel eines Renaissance-Hofmarkschlosses.

Im 18. Jahrhundert saßen hier die Freiherren von Bassus, im 19. Jahrhundert waren öfters Angehörige des Münchner Hofs zu Gast, um im Altmühltal auszureiten. Das von einem gepflegten Park umgebene Schloss birgt heute ein Hotel mit Gastbetrieb. Originelle Funde zur Geschichte des Schlosses bietet das **Hofmarkmuseum Eggersberg**.

Dreiburgenstadt Riedenburg, Schloss Rosenburg: 93339 Riedenburg ·
℃ 09442/27 52 www.falkenhofrosenburg.de
Falknereimuseum:
April–Oktober (Di–So):   9.00–17.00 Uhr
Flugvorführungen (Steinadler, Wanderfalken, Gerfalken, Bussarde, Milane)
  außer Mo und Fr: 11.00 und 17.00 Uhr
  Zufahrt über Burgstraße
Tachenstein, Rabenstein: Fußweg ca. 30 Min bzw. 20 Min., jeweils vom Marktplatz aus
Hotel Schloss Eggersberg: 93339 Riedenburg · ℃ 09442/18 70
www.schloss-eggersberg.com
Hofmarkmuseum:
1. April–31. Oktober
  außer Mo und Di täglich: 14.00–17.00 Uhr

Augsburg: Reichsstadt und Residenz

Augusta Vindelicorum nannten die Römer ihre Militärkolonie zwischen Lech und Wertach – Augusta, die Stadt des Kaisers Augustus im Bereich der keltischen Vindeliker. Als die germanischen Alemannen im 6. Jahrhundert die gewaltigen Mauern der Tempel, Basiliken und Thermen betraten, übernahmen sie den römischen Namen als „Augustusburg", Augsburg.
Während der Völkerwanderung und den folgenden „dunklen Jahrhunderten" war es die Kirche gewesen, welche die Menschen betreut und die Gemeinwesen verwaltet hatte. So tritt auch Augsburg im 8. Jahrhundert als Bischofssitz ins Licht der Geschichte. *(Abb. Seite 197)*

Bischof Ulrich (im Amt 923–973) ließ Augsburg ummauern und verteidigte die Stadt 955 erfolgreich gegen ein gewaltiges Heer der Ungarn. Unweit Augsburgs erfolgte dann auf dem Lechfeld der entscheidende Sieg Kaiser Ottos des Großen über die Magyaren. Die Herrschaft der Bischöfe wurde erst im Investiturstreit eingeschränkt. Im 12. Jahrhundert setzten die Bürger Selbstverwaltung durch und im Verlauf des 13. Jahrhunderts erreichten sie die Rechte einer freien Reichsstadt. Handelsverbindungen mit Venedig, Mailand, Südfrankreich und Flandern hatten die Augsburger längst wohlhabend gemacht und ein standesbewusstes Patriziat hervorgebracht. König Ludwig der Bayer tat gut daran, 1316 der reichen Metropole am Lech die Stellung einer unabhängigen Reichsstadt urkundlich zu versichern. Zwar saß der Bischof weiterhin in seiner Pfalz inmitten der Bürgerstadt, doch seine weltliche Herrschaft war abgestreift.
Vom 15. bis ins 17. Jahrhundert war Augsburg eine der Großstädte des Heiligen Römischen Reiches Deutscher Nation. Die Handelsverbindungen der **Fugger und Welser** erstreckten sich über die ganze damals bekannte Welt. Augsburgische Banken machten mit verschwenderischen Adligen und dem notorisch hochverschuldeten Habsburger Kaiserhaus Riesenprofite. Bergwerke in Tirol, der Slowakei und in der Neuen Welt (Venezuela) förderten die Rohstoffe, die von den berühmten Augsburger Gold- und Silberschmieden zu Kunstwerken verarbeitet wurden. Eisen aus Tirol und Oberungarn (Slowakei) lieferte die Grundlage zu den gefragten stählernen Prunkharnischen. Und das ganze Reich bezog die besseren Kleidungsstücke aus Augsburger Webereien.

Selbstbewusst schloss sich die Bürgerschaft 1534 der Reformation an und drängte Bischof und Domkapitel aus der Stadt hinaus nach Dillingen. Der **Augsburger Religionsfriede** von 1555 stellte beide Konfessionen im Reich gleich. Die Bürger mussten daher die Rückkehr der Bischöflichen in ihre Stadt dulden. Wechselnde Besetzungen im Dreißigjährigen Krieg und besonders die Konkurrenz der kurfürstlichen Hauptstadt München bewirkten einen zwar nicht dramatischen, aber spürbaren ökonomischen Niedergang. 1806 wurde Augsburg königlich-bayerisch. Eine gewisse Rivalität der uralten Kaiserstadt Augusta zum dörflichen Emporkömmling München ist heute noch durchaus spürbar.

Den reichsstädtischen Stolz der Bürger verkörpert das **Rathaus** an der Hochkante der Oberstadt. 1620 vollendete Elias Holl den majestätischen Stadtpalast mit seiner prachtvollen, von Türmen flankierten Renaissance-Fassade. Drei Stockwerke nimmt der **Goldene Saal** im Innern ein. Nach venezianischem Vorbild wurde er von Elias Holl ohne Pfeiler erbaut. Mit Worten kann die Pracht der vergoldeten Kassettendecke, der geschnitzten Portale und der Kaiserfresken nicht adäquat beschrieben werden. Die Behauptung der Augsburger, kein Saal nördlich der Alpen könne mit dem ihren an kunsthandwerklicher Ausstattung konkurrieren, trifft zu. Im Krieg 1944 völlig zerstört, erstrahlt der Saal seit 1985 wieder im alten Glanz.

Linker Hand neben dem Rathaus ragt der **Perlachturm** 70 Meter in die Höhe. Der Stadtturm – ein Symbol der Bürgerfreiheit, vergleichbar mit den Bergfrieden als Zeichen der Adelsfreiheit – gründet auf romanischen Fundamenten und wurde 1527 erhöht. Elias Holl gestaltete ihn um und brachte ihn mit der Rathausfassade in Einklang. 1616 erhielt der Turm die Glockenlaterne mit kupferner Haube. Die 285 Stufen hinauf zur Aussichtsplattform lohnen sich, weil man von hier den besten Überblick über die historische Stadtstruktur Augsburgs erhält. Perlachturm und Rathaus bilden zusammen eine Gebäudegruppe von unverwechselbarem Gepräge.

Augsburg: Rathaus mit Saal täglich: 10.00–18.00 Uhr (außer bei geschlossenen Veranstaltungen)
Perlachturm: 1. Mai–Mitte Oktober: 10.00–18.00 Uhr

Von der Stadtbefestigung sind noch beträchtliche Teile erhalten, Stadttore, Wehrtürme und Bastionen. Das imposanteste Bauwerk dieser Art ist das **Rote Tor**, von dem die historische Straße nach Italien führte. Der mittelalterliche Bau wurde 1622 abgerissen. An seiner Stelle errichtete Elias Holl eine wuchtige Torburg, deren Wirkung gleichermaßen auf neuzeitlicher Fortifikation wie künstlerischer Repräsentation beruht. Auf dem quadratischen Sockelbau mit spitzem Torbogen sitzt der rote Oberbau mit abgerundeten Kanten, der reifenartig von vier nach oben gestaffelten Mauerbändern umspannt wird. Massiv gerahmte Rund- und Viereckscharten unterstreichen die Wehrhaftigkeit des Bauwerks. Das Vortor stammt noch aus dem 16. Jahrhundert (Wappen Kaiser Karls V.). Die Bastei mit überdeckter Rampe und gewölbten Kasematten wurde 1611 angelegt.

Ein interessantes technisches Bauwerk ist die doppelgeschoßige Brücke von 1777. Im Untergeschoß verläuft ein überwölbter Kanal für den Großen und den Kleinen Wasserturm am Roten Tor. Beide Türme stammen aus dem 15. Jahrhundert und wurden im 16. und 17. Jahrhundert mit mehreckigen Obergeschoßen versehen. Der Bau der „Wasserkunst" am Roten Tor ermöglichte die Wasserversorgung der Oberstadt und die Aufstellung der zahlreichen Zierbrunnen. Neben dem Kasten- oder Spitalturm mit seinem oktogonalen Obergeschoß von 1599 steht das Brunnenmeisterhaus. Es beherbergt das Schwäbische Handwerksmuseum.

Augsburg, Schwäbisches Handwerksmuseum: Beim Rabenbad 6, 86150 Augsburg · ℂ 0821/32 59-191 oder 270
Mo–Fr: 14.00–18.00 Uhr
Mo, Di: 10.00–12.00 Uhr
So und Feiertage: 10.00–18.00 Uhr
· Sommerliche Opern-, Musical- und Theateraufführungen vor der eindrucksvollen Kulisse des „Roten Tores" · www.theater.augsburg.de · ℂ 0821 / 324-49 00

Wer den Fuggerschlössern (→ S. 228) um Augsburg einen Besuch abstatten will, sollte nicht versäumen, den Augsburger **Stadtpalast der Familie Fugger** aufzusuchen. Die Kaiser Maximilian I. und Karl V. und Künstler wie Tizian und Dürer waren hier zu Gast. Die Fuggerhäuser befinden sich an Augsburgs Kaisermeile, der Maximilianstraße 36–38. Jakob Fugger der Reiche kaufte mehrere bürgerliche Anwesen und errichtete an ihrer Stelle von 1512 bis 1515 sein „Stadthaus".
Es gruppiert sich um vier Innenhöfe, die jeweils von Wohn- und Lagertrakten umgeben sind. Durch zwei Tore wurden der Arkaden- und der Reiterhof erschlossen. Ein Schmuckstück ist der elegante Damenhof. Er wird von drei Seiten von Arkadengängen mit toskanischen Säulen aus Rotmarmor und Bögen aus Terrakotta umgeben. Zur Ostseite öffnet sich eine *sala terrena*. Auch im Obergeschoß prangt hinter den Säulenbalustraden reicher Dekor, jeder Winkel ist ausgemalt. Unter den Arkaden erstreckt sich ein Mosaikboden aus toskanischem Marmor. Der Damenhof ist der erste Innenhof im Stil der italienischen Renaissance nördlich der Alpen.

Die originale Ausstattung fiel 1944 dem Bombenkrieg zum Opfer. Zur Straßenseite hin waren die Fuggerhäuser von üppigen Malereien Hans Burgkmairs geschmückt gewesen. Beim Wiederaufbau 1951 stellte man diese nur in höchst vereinfachter Form wieder her.

> **Augsburg, Fuggerhäuser:** Zugang zum Damenhof durch Portal Maximilianstraße 38

Zwar waren die Rechte des Bischofs in der Stadt selbst eingeschränkt, doch in seinem Hoheitsgebiet, das sich von den Lechtaler Alpen bis zur Donau erstreckte, herrschte er seit dem 14. Jahrhundert als Landesherr, d. h. als Fürstbischof. Das Hochstift umfaßte die Städte Dillingen an der Donau und Füssen am Alpenrand. Die dazwischen liegenden augsburgisch-bischöflichen Pflegämter bildeten ein dem Lech entlang gestrecktes, geschlossenes Territorium. Der Verwaltungsmittelpunkt des Bischofs lag mitten in der freien Reichsstadt Augsburg, und zwar genau im Zentrum der ehemals römischen *Colonia Augusta*. Ein erhaltenes Stück „Römermauer" erinnert daran.

Hier entstanden im Schatten des Doms seit dem 10. Jahrhundert verschiedene Bauten der **bischöflichen Pfalz**. Zum Zeichen ihrer Autonomie von der Bürgerschaft war der Dombezirk von einer eigenen Mauer umgeben, der zwar keine Wehrfunktion zukam, die aber deutlich den bischöflichen Rechtsbezirk abschirmte. Teile der backsteinernen Domstadtmauer aus dem 14. Jahrhundert sind noch im Anstoßgässchen, Pfaffengässchen, in der Jesuitengasse und am Frauentor erhalten. Der fünfstöckige Untere Brunnenturm (Springergässchen 4) aus dem 14. Jahrhundert (1684 aufgestockt) markiert den östlichen Abschluß des Dombezirks. Im Kapitelsaal der alten Pfalz wurde am 25. Juni 1530 in Anwesenheit Kaiser Karls V. die *„Confessio Augustana"* verlesen. Das „Augsburger Bekenntnis" der evangelischen Reichsstände war der erste Schritt zum Augsburger Religionsfrieden von 1555.

Die heutigen **Residenzbauten** gruppieren sich unregelmäßig um den weiten Fronhof. Von der mittelalterlichen Pfalz kündet noch der quadratische Burggrafenturm, der aber 1507 ein neues Obergeschoß mit Erkern erhielt und zum Torturm umgewandelt wurde. Spätmittelalterlich ist das dreigeschoßige Hofkastenamt (heute Finanzamt, Peutingerstraße 25) mit kleinteiligem Stufengiebel. Ein Wappenstein von 1492 weist auf Bischof Friedrich von Hohenzollern hin. Die anderen Bauten sind im vornehmen Barock gehalten und entstanden in der Mitte des 18. Jahrhunderts. An

der Schauseite des Hauptflügels fällt die vom Fürstenhut bekrönte Uhr ins Auge.
Trotz der Pilaster, Lisenen und geschweiften Giebel mit Bassgeigenfenstern wirkt die zartrosa gestrichene Fassade nicht überladen. Eine Rocaille-Kartusche präsentiert das Datum 1743. Der von Säulen getragene Balkon über dem Prunkportal wurde in Erinnerung an den Besuch des Papstes Pius VI. 1782 hinzugefügt. Der Festsaal im Nordflügel war 1752 fertig gestellt. Der schlanke vierseitige Turm im Zwickel beider Trakte ist das Pendant zum Burggrafenturm. Dem Ensemble der Residenz gehören noch das Konsistorialgebäude, 1718–1720 errichtet, sowie das Hofzahlamt und Marstallgebäude aus der Mitte des 18. Jahrhunderts an.
Nach der Säkularisation (1803) und dem Übergang Augsburgs an das Königreich Bayern (1806) zog die Regierung von Schwaben endgültig 1817 in die Räume der Residenz ein. Der Bischof siedelte in die Domkustodie (Hohe Straße 18) gegenüber dem Domchor um, deren gegenwärtige barocke Gestalt von 1761 stammt. Einen beträchtlichen Teil des Fronhofes nehmen die Blumenrabatten und akkuraten Kieswege des Hofgartens ein, der Mitte des 18. Jahrhunderts nach französischem Vorbild angelegt wurde.
1944 wurden der Dom und die Bischofsresidenz – wie ganz Augsburg – durch angloamerikanische Bomben schwer getroffen. Die zerstörte Inneneinrichtung wurde nicht zur Gänze wiederhergestellt, so dass heute nüchterne Amtsräume vorherrschen. Der prächtig ausgemalte Prunkaufgang im Treppenhaus und das Tafelzimmer im „Augsburger Geschmack" (so nannte man das Rokoko-Dekor) können besichtigt werden.

Augsburg, Fürstbischöfliche Residenz: Regierung von Schwaben, Behördenbesuchszeiten: 8.30–11.45 Uhr; 13.30–15.15 Uhr

„Mehr sein als scheinen": Die Fuggerschlösser Babenhausen und Kirchheim

*A*dvenit Fuggerus, „Fugger kam an", heißt es lapidar im Augsburger Steuerbuch von 1367 und: „Beruf Weber". Dieser Hans Fugger war der Stammvater des wohlhabendsten und einflussreichsten Kaufmannsgeschlechts Süddeutschlands. Jakob II. Fugger der Reiche (1459–1525) und sein Neffe Anton (1493–1560) führten das Handelshaus zur Weltgeltung.

Silber-, Kupfer- und Bleibergwerke in Tirol und der Slowakei warfen kontinuierlichen Gewinn ab. Fuggersche Handelsniederlassungen fanden sich in Südamerika wie im neu entdeckten Indonesien und in Malaysia. Jakob der Reiche rief die bis heute existierende soziale Stiftung der „Fuggerei", eine Wohnsiedlung für Minderbemittelte in Augsburg, ins Leben.
(Abb. Seite 196)

Bankgeschäfte mit den notorisch hochverschuldeten habsburgischen Kaisern Karl V. und Maximilian I. waren zwar finanziell nicht lukrativ, brachte den Fuggern aber den erblichen Adelsstand und 1514 gar den Reichsgrafenstand ein. Dazu kamen große Ländereien, welche erst Pfandbesitz und dann ihr Eigentum wurden. Über die Güter um Augsburg erhielten sie volle Landeshoheit und das Münzprivileg.

Im ausgehenden 16. Jahrhundert starb die Linie „Fugger vom Reh" aus. Die verbleibenden „Fugger von der Lilie" zogen sich aus dem aktiven Finanzierungs- und Handelsgeschäft zurück und widmeten sich dem Ausbau ihrer Territorien zwischen der Donau und dem Allgäu. Dabei förderten sie Kunst und Wissenschaft und richteten sich in mehreren Landschlössern vornehm ein.

1539 erwarb Anton Fugger Schloss und Herrschaft **Babenhausen** im Tal der Günz. Der neue Besitzer bezog den spätgotischen Bau als südlichen Eckpfeiler in den neuen Baukomplex mit ein. Das Pendant bildet die Schloss- und Pfarrkirche mit schlankem Turm, die Anton im Stil den Schlossbauten angleichen ließ. Der oktogonale Turmaufsatz war erst 1562 vollendet. Zwischen Kirche und Rechbergbau entstand das Neue Schloss auf der Hangkante zur Günz. Es wird durch einen quadratischen, vorspringenden Torturm in der Mitte des Traktes akzentuiert. Die Jahreszahl 1543 in der Torchurchfahrt bezeichnet den Abschluss der Bauarbeiten. Parallel zum Torturm und dem Westflügel entstand auf der Landseite das Kanzleigebäude mit hohem Turm. Im Verlauf des 16. Jahrhunderts kamen im Vorhof auf dem Hochufer Ökonomiegebäude, eine Brauerei und ein Zehentstadel hinzu. Eine weite Parkanlage dehnt sich im Hinterland des Schlosskomplexes aus.

Zwar ist die Fernwirkung der Schlossfassade mit Kirche, Rechbergbau und der mächtigen Rampe zum Torturm vom Tal der Günz aus recht imposant, doch alles in allem überrascht doch eine – angesichts des Wohlstands des Erbauers – geradezu augenfällige Schlichtheit der ganzen Anlage. Das ist das *understatement* der wahrhaft Reichen, ihr Vermögen eben nicht durch Prunk und Protz nach außen hin zu zeigen. Wie überhaupt die Fugger es taktvoll verstanden, die Gefühle des Alten Adels, der von ihnen finanziell abhing, nicht zu verletzen. Auch das Innere wurde zwar mit Holzkassettendecken und Marmorkaminen qualitätsvoll, aber keineswegs übertrieben teuer eingerichtet.

Für ein halbes Jahr hauste 1633 eine schwedische Kompanie im Schloss. Das genügte, um die Einrichtung der Erbauungszeit und das Mobiliar in Brüche gehen zu lassen. Von 1737 bis 1747 ließ Franz Carl von Fugger die Haupträume im Stil des Barock neu gestalten und den Goldenen Saal und das Gobelinzimmer mit feiner Rokoko-Dekoration ausschmücken. 1803 wurden die Fugger zu Babenhausen noch in den Rang von Reichsfürsten erhoben.

1845 erfolgte ein Eingriff in die Außenwirkung des Schlosses, der bis heute nachhallt. Erst damals wurden nämlich die Giebel der Schauseite in „gotischer", altdeutscher Zinnenform gestaltet. Nach dem ursprünglichen Baukonzept waren hier geschweifte Wellengiebel im Stil der Renaissance angebracht. Für die Fuggersche Porträtreihe wurde das oberste Stockwerk des neuen Schlossbaus 1914 zu einem holzgetäfelten Ahnensaal verwandelt. Der Verbindungsgang zum fürstlichen Oratorium in der Pfarrkirche nahm die bemerkenswerte Bibliothek der Fugger auf.

Im Schloss Babenhausen ist seit 1955 das **Fürstliche Fuggermuseum** untergebracht. Es geht in 12 historischen Räumen der 600-jährigen Geschichte des Hauses Fugger nach und lässt seine einflussreiche Stellung in Wirtschaft, Politik und Kultur lebendig werden.

Fuggermuseum Schloss Babenhausen: 87727 Babenhausen ·
℡ 08333/29 31 oder 92 09 27
1. April–30. November (Di–Sa): 10.00–12.00 Uhr; 14.00–17.00 Uhr
So: 10.00–12.00 Uhr; 13.00–18.00 Uhr

Die zweite große Erwerbung Anton Graf Fuggers (1493–1560) war Schloss und Herrschaft **Kirchheim** in Schwaben im Jahre 1551. Trotz einer großen Kaufsumme scheint der Übergang von den Vorbesitzern, den Rittern von Hürnheim, nicht reibungslos vor sich gegangen zu sein, geriet doch Walter von Hürnheim in den Verdacht, nach dem Kauf einen Mordanschlag auf Anton Fugger geplant zu haben. Die Nachwirkungen des Schmalkaldischen Kriegs von 1546/1547, die Fürstenopposition von 1552 und Bauernunruhen verhinderten zu Lebzeiten Antons den Neubau der spätmittelalterlichen Ritterburg der Hürnheimer. Erst sein Sohn Johannes gab 1578 den umfassenden Umbau in Auftrag. Der von ihm eingesetzte Augsburger Stadtbaumeister Jakob Eschay orientierte sich dabei am jüngst fertig gestellten Renaissance-Schloss Dachau in Oberbayern (→ S. 99).

1585 war die großzügige Vierflügelanlage Kirchheim auf dem sanften Höhenzug über dem Flüsschen Mindel bezugsfertig. Um einen quadratischen Innenhof gruppierten sich vier Trakte mit überstehenden Ecktürmen. Die auch als Pfarrkirche dienende Schlosskirche wurde in den Schlossbau eingebunden. Der sich auf mittelalterlichem Sockel erhebende, 60 Meter hohe Kirchturm mit achteckigem Aufsatz und Zwiebelhaube bildet das weithin sichtbare Wahrzeichen des Schlosses. Von der alten Hürnheimer Burg blieb der so genannte Hungerturm mit Zinnenkranz erhalten.

Auch in Kirchheim galt die fuggersche Devise „Mehr sein als scheinen". Denn die Bauten sind nach außen in einfacher Formenstrenge gehalten und wenig aufwändig strukturiert, entfalten jedoch im Inneren eine seltene Pracht. Für die Ausgestaltung gewann der weitgereiste Johannes Fugger hervorragende einheimische, italienische und niederländische Künstler wie Hubert Gerhard, Carlo Pallago und Wendel Dietrich. Viel Geld wurde für den Ankauf von Kunstgegenständen ausgegeben. Dafür kamen aber auch Werke europäischen Rangs in die schwäbische Provinz. In der Kirche hängt das Peter Paul Rubens (1577–1640) zugeschriebene Gemälde „Mariae Himmelfahrt". Im 18. Jahrhundert erfolgte eine teilweise Umgestaltung der Innenräume im barocken Zeitgeschmack.

Schloss Kirchheim, der „schwäbische Escorial", präsentiert sich dem heutigen Besucher als Torso. Denn im profanen 19. Jahrhundert wurden der dem Ort zugewandte Nordflügel und der über dem Hang liegende Westtrakt bis zur Kirche ersatzlos abgerissen. Dazu wurden die verbliebenen drei Ecktürme um ein Stockwerk gekappt und ihre Zwiebelhauben durch simple Zeltdächer ersetzt. Den wunderschönen Renaissancebrunnen des Innenhofs schaffte man zerlegt nach München. Immerhin steht er heute im Bayerischen Nationalmuseum.

Und doch ist der noble Lebensstil der fuggerschen Mäzene und Kunstliebhaber noch allenthalben zu spüren. Dafür sorgt schon der schier überwältigende **Zedernsaal**. In einer Dimension von 31 Metern Länge, 12 Metern Breite und 10 Metern Höhe tut sich hier ein Prachtwerk der deutschen Renaissancekunst auf. In Rundbogennischen stehen überlebensgroße Terrakotta-Statuen illustrer Gestalten der Geschichte. Gegenüber schauen Johannes Fugger und seine Gemahlin Elisabeth Nothafft von Weißenstein aus Gemälden ernst auf die Festgesellschaften herab. Zwei Prunkportale aus verschiedenen libanesischen Zedernarten gewähren Ein- und Ausgang.

Am meisten aber beeindruckt die darüber schwebende **Kassettendecke**, das Meisterwerk des Augsburger Kunstschreiners Wendel Dietrich von 1585. Bis zu 1,80 Meter Tiefe in allen geometrischen Formen plastisch gegliedert, aus unterschiedlich farbigen Hölzern zusammengesetzt und überreich mit geschnitzten Rosetten, Masken, Muscheln, Rollbändern und Fuggerlilien geschmückt, repräsentiert sie eines der wenigen Exempel des Manierismus in süddeutschen Schlössern, jener Kunstrichtung der übersteigerten Formen, die von der Renaissance zum Barock führt.

Die Akustik des Zedernsaales wird als einzigartig gerühmt.

In der **Kirche** ließ sich Johannes ein Hochgrab aus rotgesprenkeltem und weißem Marmor errichten. Dort liegt er, der als Finanzberater in Antwerpen begann und dann feinsinniger Kunstfreund wurde, wie ein Kriegsheld in voller Prunkrüstung auf einem steinernen Teppich da.

Die mächtige, mit der Jahreszahl 1561 datierte Pflugschar im Hofgarten ist ein technisches Denkmal von der Schwelle der Neuzeit. Mit der Zugkraft von 102 Rössern sollten damit Drainagegräben in die versumpften Niederungen der Mindel gezogen werden – was nicht gelang.

Schloss Kirchheim: Kulturbüro Marktplatz 1, 87757 Kirchheim ·
✆ 08266/86 00 20 oder 86 25 90 · www.kirchheim-inschwaben.de
Virtuelle Schlossführung: www.zedernsaal.de
Ganzjährig geöffnet, täglich: 9.00–12.00 Uhr; 14.00–18.00 Uhr
· Kirchheimer Konzerte im Zedernsaal

Fürstbischöflicher Farbtopf: Das Hochschloss Füssen

Fast könnte man glauben, dass hier ein himmlischer Malkasten niedergegangen sei, so farbenfroh reckt sich Füssens Hohes Schloss über die Stadt hinaus. Die Topographie spiegelt die früheren Herrschaftsstrukturen wider: oben die Burg als Sitz des bischöflichen Landesherrn, in der Mitte am Schlossberg die Abtei Sankt Mang und unten am Lech die Stadt, die sich bogenförmig um Schloss und Kloster gruppiert.
(Abb. Seite 196)

Die *Via Claudia Augusta* war eine der wichtigsten Fernstraßen des Römischen Reiches, die von Italien nach Germanien führte. Auch in späterer Zeit behielt die Trasse ihre enorme verkehrspolitische Bedeutung. Und Füssen war – je nach Richtung – entweder die erste Station vor oder nach dem Alpenübergang. Zur Überwachung legten die Römer im 4. Jahrhundert ein Kastell auf dem Schlossberg an. Im 8. Jahrhundert gründete der St. Galler Wandermönch Magnus (allgäuisch „Mang") eine Zelle am Lechschlund, aus der sich das Benediktinerkloster entwickelte.
Herzog Ludwig der Strenge begann 1291 mit dem Bau einer Burg auf dem höchsten Punkt des Schlossberges und bezog das Eck der Stadtmauer mit ein. Vielleicht ragten damals noch Mauern des Römerkastells aus dem Felsen. Doch schon nach kurzer Zeit mussten die Bauarbeiten eingestellt werden, da der Augsburger Bischof energisch protestierte. Ob der Bergfried („Gefängnisturm") und der Wohnturm (Hohes Haus oder „Storchenturm") damals bereits fertig gestellt waren, wissen wir nicht.
Ungewöhnlich erscheint die halbrunde Form des fünfgeschoßigen, massiv gemauerten **Bergfrieds**. Man kennt solche Wehrbauten aus Frankreich und England als Erfahrung der Kreuzzüge, doch für die deutsche Provinz sind sie nicht belegt. Das stattliche „Hohe Haus" am Hocheck hingegen ist ein typischer Wohnturm der Zeit. Den Zinnengiebel erhielt er erst in der Mitte des 14. Jahrhunderts.
In den nächsten Jahren vermochte das Hochstift Augsburg seine weltliche Macht auszudehnen und zu festigen. 1310 verpfändete Kaiser Heinrich VII. die Stadt Füssen für drei Jahre an Bischof Friedrich von Faimingen – ein Pfand, das niemals mehr eingelöst wurde. Damit war Füssen 1313 eine bischöfliche Landstadt geworden.
Und nachdem das Kloster St. Mang 1322 auch den Schlossberg an das Hochstift übertragen hatte, ging derselbe Bischof daran, die bestehenden

Burgbauten zu vollenden. So wurde die Ringmauer um die Bergzunge erhöht und mit Türmen verstärkt. Um den bischöflichen Hofstaat und die Prälaten aufzunehmen, entstand der Fürstenflügel mit der Dreifaltigkeitskapelle und dem davor gesetzten Dreifaltigkeitsturm zur Stadtseite.

Gestaltprägend war der Großausbau unter Bischof Friedrich II. von Zollern (1486–1505), der die mittelalterliche Burg in ein repräsentatives, aber durchaus wehrhaftes **Burgschloss** der frühen Neuzeit verwandelte. Die gefährdete Westseite zum Baumgarten (heute Stadtpark) wurde durch einen breiten, in den Felsen gesprengten Halsgraben und eine Zwingeranlage geschützt. Von dem halbrunden Geschützturm („Fallturm") und den Wehrgängen aus konnte das Vorfeld mit Arkebusen und Hakenbüchsen bestrichen werden. Der Torturm erhielt gegen 1500 seine heutige imposante Höhe mit dem spätgotischen Stufengiebel.

Im Erdgeschoß des Fürstenflügels wurden Dürnitz und Küche und im zweiten, neuaufgesetzten Obergeschoß der Rittersaal mit farbiger Holzdecke eingebaut. Zum Festsaal führt der „Wendelstein", ein zierliches Außentürmchen mit Wendeltreppe. Den Südflügel ließ Bischof Friedrich um die St.-Veits-Kapelle erweitern. Das Baudatum 1503 über dem Treppenturm im Südwesteck markiert das Ende des spätgotischen Ausbaus.

Was dem heutigen Besucher des Burghofs am deutlichsten ins Auge springt, ist die **farbenprächtige Bemalung** der Turm- und Hausfassaden. Sie täuscht „illusionistisch" Erker, Filialtürmchen, Sichtmauerwerk und gotisches Maßwerk vor. Ebenso kunstvoll in allen Farben sind die Fensterumrahmungen und Portale dekoriert. Von schwarzem Humor zeugen hervorlugende Gewehrläufe. Die Wandmalereien werden auf 1499/1500 datiert und Fidelis Eichele zugeschrieben.

Kaiser Maximilian I. weilte 40 Mal in Füssen. 1503 verbrachte er zusammen mit seiner dritten Gattin Bianca Maria Sforza von Mailand die Sommermonate auf dem Hohen Schloss. Hat man für ihn, den prachtliebenden „letzten Ritter", die Burg so verschwenderisch ausgemalt? Die Fresken verblassten bald und wurden ab 1957 wieder freigelegt und aufgefrischt.

Vom 15. Jahrhundert bis zur ersten Hälfte des 16. Jahrhunderts erreichte Füssen eine wirtschaftliche Blütezeit als Markt, Warenumschlags- und Stapelplatz im regen Italienverkehr. Das zeigte sich auch in der Anlage einer neuzeitlichen Stadtbefestigung, die zum Teil noch erhalten ist. Boten des Niedergangs waren der Bauernkrieg 1525 in Oberschwaben, von dem die Stadt selbst verschont blieb, sowie der Schmalkaldener Krieg 1546/47, in dem Füssen kurzzeitig besetzt wurde. Nach dem Augsburger Religionsfrieden 1555 kehrte das Hochstift der Stadt Augsburg (→ S. 223) den Rücken und siedelte nach Dillingen (→ S. 244) um.

Besuchten die Bischöfe vorher Füssen regelmäßig in den Sommermonaten, so kamen sie nun – vom noch weiter entfernten Dillingen aus – nur mehr sporadisch.

Im Dreißigjährigen Krieg waren die nahen Grenzpässe nach Tirol heftig umkämpft. Eine Brandkatastrophe im Jahr 1712 und Einquartierungen im Spanischen und Österreichischen Erbfolgekrieg brachten jedoch den Verfall.

Nach dem Übergang an Bayern 1803 bewahrte Kronprinz Maximilian (1811–1864), König von Bayern von 1848 bis 1864, das Hohe Schloss vor der drohenden Demolierung, indem er hier während des Umbaus Hohenschwangaus (→ S. 235) zu wohnen pflegte. 1862 richtete der Staat ein Amtsgericht mit angeschlossenem Bezirksgefängnis ein. Eine standesgemäße Nutzung des Fürstentrakts kam 1931 mit der Einrichtung der Staatsgalerie zu Stande.

Der Gang von der Altstadt zum Schloss führt am 1000-jährigen **Kloster Sankt Mang** vorbei, das seine heutige Bauform im opulenten Barock des 17. Jahrhunderts erhalten hat. Vom Magnusplatz führt der Schlossweg durchs äußere Tor in den Zwinger. Ehemals führte von dort die „Lange Stiege" direkt hinauf zur Burg. Der neuzeitliche Weg schlägt einen linken Haken und passiert zuerst den Durchlass einer Sperrmauer mit dem Bischofswappen Friedrichs II. von Zollern und erreicht sodann den farbig bemalten Torturm mit vorspringendem Wurferker im fünften Stock über der Durchfahrt. Die Wartung der schönen gotischen Uhr zur Stadt hin oblag dem Türmer, der von dem vorkragenden Erker im obersten Stockwerk die ganze Stadt im Blick hatte und bei Feuer die Glocke schlug.

Beim Abstieg empfiehlt sich noch ein kurzer Umweg durch den Stadtpark „Baumgarten" am Fuß des Schlossberges. Hier wurde 1867 ein Wasserbehälter aufgestellt, der den Stadtvätern in dieser kulturgeschichtlich gesättigten Umgebung zu profan und funktionell vorkam. So verkleidete man ihn als „romantische Burgruine" und fügte eine „verträumte" Brunnengrotte hinzu.

Füssen, Hohes Schloss, Staatsgalerie und Städtische Gemäldegalerie:
Magnusplatz 10, 87629 Füssen · ℂ 08362/90 31 45/6 und 90 31 64
www.stadt-fuessen.de
April–Oktober (Di–So):   11.00–16.00 Uhr
November–März (Di–So): 14.00–16.00 Uhr
Führungen Mi: 14.30 Uhr (mit Hinweisen auf die Baugeschichte)
Außenanlagen und Schlosshof frei zugänglich
Kloster St. Mang mit Stadtmuseum; gleiche Öffnungszeiten wie Staatsgalerie im Schloss. Achtung: Keine Parkmöglichkeit in der Innenstadt. Parkhaus am Maximiliansplatz oder Parkplatz am Eisstadion.

Wo König Max und Königin Marie Urlaub machten: Hohenschwangau

Auf einer seiner Bergwanderungen in den Allgäuer Alpen stieß der 17-jährige Kronprinz Maximilian im April 1829 auf die Burgruine Schwanstein. Spontan schwärmte er seinem Begleiter Graf Pocci vor, diesen idyllischen Ort als „Hohenschwangau" wieder auferstehen zu lassen. Und in der Tat besticht die malerische Lage der Burg, einerseits eingebettet in die Gebirgslandschaft zwischen dem Schwan- und Alpsee und andererseits hinauswirkend ins flachere, vom Lech durchzogene Vorland.
(Abb. Seite 198)

Zügig begannen die Bauarbeiten 1833 unter der Führung des Architektur- und Theatermalers Domenico Quaglio, der über den Fundamenten der alten Burg neue Fassaden hochzog und sie mit gotischen Schmuckformen verbrämte. Joseph Daniel Ohlmüller fügte die vier Ecktürme mit ihren Zinnenkränzen an und schuf den Landschaftsgarten, der sich bis zum Schwansee ausdehnt. Als Vorbild diente die zeitgenössische englische Tudor-Neugotik, die auch die königliche Prachtstraße Münchens, die Maximilianstraße, prägt. Währenddessen statteten Münchner Kunsthandwerker das Innere verschwenderisch in verschiedenen Stilrichtungen aus. Georg Friedrich Zieblandt vollendete mit dem außen liegenden Fürstenbau und dem Kavaliersbau bis 1855 die Gesamtanlage.
Zwei Wochen nach der Hochzeit mit der preußischen Königstochter Marie Friederike führte der Kronprinz seine Frau 1842 in die Sommerresidenz Hohenschwangau. Auf die Frage, ob sie sich hier wohl fühlen könne, antwortete die Berlinerin: *„Von de Berje bin ick janz wech!"* Dass dies keine reine Redewendung war, hat sie als begeisterte Bergsteigerin vielfach bewiesen. Auch der königliche Vater, Ludwig I., lobte das *„wahre Feenschloss"*. Die Sommer vergingen mit Empfängen, Festen, Ritterspielen, Landpartien und Jagden. Die Landbevölkerung ehrte die königliche Familie mit weithin sichtbaren Bergfeuern.
Auch nach der Thronbesteigung Maximilians im Jahre 1848 hielten die sommerlichen Besuche an. Das Schloss wurde dabei folgendermaßen aufgeteilt: Das erste Obergeschoß blieb der Königin vorbehalten, das zweite reservierte der König, der zunehmend leidend wurde, für sich. Im dritten wohnten die beiden Söhne, die dem Paar trotz „gemäßigten Begehrungstriebes seitens Maximilians" geschenkt wurden, Otto (1848–1916),

der in geistiger Umnachtung starb, und Ludwig (1845–1886), der spätere Märchenkönig Ludwig II.

Gerade der schwärmerische Ludwig fand im romantischen „Gefilde der Schwanenritter" und in den mit allerlei mystischen und sagenhaften Szenen ausgemalten Schlossräumen Anregungen für seine überbordende Phantasie. Sein Wunsch, fernab vom Hof und vom Weltgetriebe ein königliches Leben inmitten der Berge zu führen, hat hier seine Wurzeln. Das Hohenschwangau seiner Kindheit war das *„Paradies auf Erden, das ich mit meinen Idealen bevölkere und dadurch glücklich bin."*

Einen großen Festtag erlebte das Schloss am 25. August 1864 zum 19. Geburtstag Ludwigs, der ein halbes Jahr vorher zum König gekrönt worden war. Auf dem Alpsee wurde die Ankunft Lohengrins inszeniert. Dazu hatte der kgl. Hoftheater-Maschinist Hans Penkheimer ein Schiff in Form eines Schwans konstruiert, das durch einen Unterwasser-Kettenantrieb quer über den See gezogen wurde. Inmitten des hölzernen Schwans stand, als Lohengrin kostümiert, kräftig singend Ludwigs Adjutant Prinz Paul von Thurn und Taxis, unterstützt durch eine verborgene Musikkapelle. Bengalisches Feuer tauchte das Spektakel in zauberisches Licht. Neben Ludwig stand Richard Wagner, der häufiger Gast in Hohenschwangau wurde. Im Hohenstaufenzimmer spielte er dem ergriffenen König Klavierauszüge seiner Opern vor. Neuschwanstein, das Ludwig ab 1868 im „wagnerianischen" Sinne erbauen ließ, hat der Meister selbst nie gesehen.

Hohenschwangau hat sich als **einmaliges Baudenkmal der Romantik** erhalten. Die Einrichtung der Räume und die mehr als 90 Wandgemälde sind aufeinander abgestimmt und fügen sich zu einem harmonischen Ganzen. Für die Fresken lieferte der bekannte Historienmaler Moritz von Schwind die Vorlagen. In den Gemächern der Königin im ersten Obergeschoß besticht der Schwanenrittersaal mit Szenen der Lohengrinsage. Im Schyrenzimmer wird die Geschichte der Grafen von Scheyern als der Vorfahren der Wittelsbacher erzählt. Das Schlafzimmer ist als „Türkisches Zimmer" gestaltet. Seine Wandgemälde berichten von der Reise des Kronprinzen Maximilian nach Griechenland (nicht in die Türkei!). Einzelne Möbelstücke sind Geschenke des osmanischen Sultans Abdülmecit. Im Berthazimmer erfahren wir von der sagenhaften Niederkunft Berthas mit Karl dem Großen im Würmtal bei Starnberg.

Das Stockwerk des Königs darüber wird vom holzgedeckten Heldensaal mit Bildern der deutschen Heldensage beherrscht. Im Hohenstaufenzimmer daneben lauschten die Herrschaften Musikdarbietungen. Das Schlafkabinett war der erste Raum, den sich König Ludwig nach dem Tod seines Vaters 1864 nach eigenen Vorstellungen einrichten konnte. Er entschied sich für Themen Torquato Tassos mit allerlei weiblichen Nackedeis. Eigenwilligen Geschmack verriet die Bemalung der Decke als Nachthimmel. Mond und Sterne ließen sich durch Öffnungen vom darüber liegenden Raum illuminieren.

Das ist freilich nur die eine, die neue Geschichte Hohenschwangaus. Wie erwähnt, fand Maximilian ja bereits ein – wenn auch zerfallenes – Bauwerk vor. 1363 wird erstmals eine Burg Schwanstein genannt, 1397 der „Turn genannt der Swan". Damit war unser späteres Hohenschwangau gemeint, nicht etwa die Vorgängerburg des nahen Neuschwanstein. Dieses hieß im Mittelalter nämlich Schwangau. Das 19. Jahrhundert hat die Burgnamen vertauscht. Maximilian erschien der Name „Schwangau" offenbar romantischer. Dass sein Sohn die benachbarte Ruine Schwangau jemals wieder auferstehen lassen würde, konnte er nicht ahnen.

Angesichts der Bauernunruhen und drohender Konfessionskämpfe ließ der Münchner Herzogshof im Jahr 1523 Schwanstein alias Hohenschwangau inspizieren, ob sich eine Neubefestigung lohne. Die Untersuchung ergab aber, dass die Burg baufällig war.

1535 erwarb der reiche Augsburger Patrizier Hans Paumgartner die Ruine und ließ sie von dem italienischen Architekten Lucio de Spari als befestigten Palazzo wieder errichten. Ende des 16. Jahrhunderts kam die Burg wieder in bayerischen Besitz und diente als gelegentliche Jagdunterkunft. Das Ende kam 1809, als aufständische Tiroler Freischaren Hohenschwangau beschossen und demolierten. 20 Jahre darauf war die damals einsam gelegene Burg „in Schönheit zerfallen" und berührte die sentimentale Seite des bayerischen Kronprinzen.

Hohenschwangau:
87645 Hohenschwangau · ℂ 08362/81 127 www.schwangau.de
1. April–30. September Mo–So: 9.00–18.00 Uhr
　　　　　　　　　Do:　9.00–20.00 Uhr (nur bis Anfang September)
1. Oktober–31. März:　　　10.00–16.00 Uhr. Führungsdauer etwa 35 Min.
Parkplätze am Ortseingang; Fußweg 15 Min.; Kutschen vor Hotel Müller

König Ludwigs Opernschloss: Neuschwanstein

1,25 Millionen Besucher pro Jahr können sich nicht irren! Das traumgeborene Märchenschloss König Ludwigs II. hat längst globalen Kultstatus erreicht. Und nicht nur das exaltierte Bauwerk selbst ist ein Publikumsmagnet, sondern ebenso die pittoreske Kulisse vor den Bergen.
Und all das surreale Getürme, die Erker, Säulen, die hehren Hallen? Kunst? Kitsch? Solche pedantischen Fragen verblassen ganz einfach an der Realität des steingewordenen Traums. *(Abb. Seite 198)*

Von Hohenschwangau aus schwebte dem jungen Ludwig der Burgplatz buchstäblich vor Augen: In 200 Metern Höhe auf einem zerklüfteten Felsklotz über dem Tal ragten die Trümmer der mittelalterlichen Burg Schwangau aus dem Tann. Romantisch, gewiss, doch in der Vorstellung des Königs entstand eine Burg „*im echten Styl der alten deutschen Ritterburgen, auf steiler Höh', umweht von Himmelsluft*", bevölkert von Gralsrittern, von Tannhäuser und Lohengrin. Richard Wagners weihevolle Bühnenfestspiele sollten hier evoziert, ja Neuschwanstein „*heilig und unnahbar, ein würdiger Tempel für den göttlichen Freund*" werden. Doch der Meister hat Neuschwanstein nie besucht, und einsam in seine Traumwelt versunken, im Zwiegespräch mit den Helden und Sängern der Vorzeit, sollte der König durch die leeren Hallen schreiten.
Die ersten Pläne sahen noch eine kleine „Raubritterburg" zur Erhöhung der Romantik vor, doch der König entwarf eine monumentale Palastburg, wie er sie auf den Bühnenbildern zum „Sängerkrieg auf der Wartburg" erblickt hatte. Bei der Grundsteinlegung am 5. September 1869 war indes noch keineswegs klar, welche endgültige Gestalt der Kolossalbau annehmen würde. Stilistische Anschauungen dreier sich bis 1886 nachfolgender Architekten zum „Mittelalter" fanden Eingang in das Bauwerk. Dabei mussten sich die Baumeister und Künstler den sich häufig wandelnden Vorstellungen des Königs anpassen, der jedes Detail prüfte und häufig korrigierte. So entstand eine phantastische Burg mit romanischen Rundbogenfenstern, gotischen Spitztürmen und einer byzantinischen Marmor- und Goldausstattung – ein erfundenes Mittelalter, wie es in der Realität niemals existiert hatte.
Im Gegenteil, das „echte Mittelalter", nämlich die noch beträchtlichen Mauerreste der alten Burg Schwangau, wurden zugunsten der neuen

Bauplattform achtlos beiseite geräumt. Bis 1880 war der Rohbau des Palas fertig gestellt. Die Innenausstattung erfolgte zügig, so dass Ludwig bereits im Frühsommer 1884 für ein paar Wochen hier lebte. Obwohl noch Dutzende von Kunsthandwerkern zugange waren, musste peinlich darauf geachtet werden, dass niemand dem menschenscheuen Monarchen „über den Weg lief". Wie in seinen anderen Schlössern pflegte Ludwig II. in Trance mit imaginären Gestalten der Geschichte und des Mythos Konversation zu halten. Speisen (meist Süßwaren und schwere Rotweine) wurden ihm von „unsichtbarer Hand" per Lastenaufzug gereicht. Bei des Königs Tod 1886 hatte das Märchenschloss außen wie innen im Wesentlichen seine heutige Form mit Torbau, Luginsland und Palas erreicht. Die Kemenate (fürs weibliche Personal) und das Ritterhaus (für die männliche Dienerschaft) waren noch im Bau und wurden bis 1892 in vereinfachten Formen vollendet. Und doch ist Neuschwanstein ein Bautorso geblieben, denn vorgesehen waren noch eine Burgkirche und ein gewaltiger runder Bergfried, der die gesamte Baugruppe überragen sollte.

Der **Torbau** mit hohem Treppengiebel verdeckt den Blick ins Innere der Burg. Der Besucher gelangt zuerst in den Unteren Schlosshof, der vom „Luginsland", dem quadratischen Wartturm mit offenem Söller und zylindrischem Aufbau in „Butterfass-Form", überragt wird. Gegenüber sollte sich der Bergfried emporrecken. Der Blick wird sodann im Oberen Schlosshof von der kalkweißen und plastisch gegliederten Schmalseite des fünfgeschoßigen Palas mit Arkadenbögen, Balkon und zwei Ecktürmchen in Bann gezogen. Auf beiden Längsseiten sticht je ein eleganter Rundturm mit integrierter „Spindel", einer Wendeltreppe, in die Höhe. Der höhere gleicht einem gereckten Schwanenhals.

Die Schlossführung berührt die Wohn- und Repräsentationsräume im dritten und vierten Obergeschoß. Die übrigen Räume wurden im unvollendeten Rohzustand belassen. Die königlichen Gemächer setzen sich aus sechs zusammenhängenden Räumen mit unterschiedlicher Bildthematik zusammen: Arbeitszimmer (Tannhäuser im Venusberg), Wohnräume (Lohengrin-Sage), Ankleidezimmer (Walther von der Vogelweide und Hans Sachs), Schlafgemach (Tristan und Isolde), Speisezimmer (Minnesänger), dazu eine Hauskapelle mit Szenen Ludwigs des Heiligen sowie eine künstliche Tropfsteinhöhle mit Wintergarten. Wertvoll alles, ohne Zweifel aber unbequem und unbehaglich.

Der zweigeschoßige **Thronsaal** hoch über den Steilabfällen des Burgfelsens weicht geländebedingt etwas von der Hauptachse des Palas ab. Der Königsthron fehlt, sein Platz sollte in der erhöhten Apsis stehen. Der farbige Mosaikfußboden und die marmorne Pracht der Säulen aus Porphyr und Lapislazuli erinnern an spätrömische Basiliken. Die Wandfriese zeigen Christus als Herrscher, die Apostel, sechs heilig gesprochene Könige des Abendlands und die Patrone der Ritterschaft, Michael und Georg. Seltsam rührt es an, wenn man erfährt, dass Ludwig in all der Pracht keine glanzvollen Empfänge gegeben hat, sondern sich allein, still und in sich versunken der Kontemplation über das „wahre Herrschertum" hingab.

Zum Einbau des Thronsaals in den Palas kam die damals revolutionäre **Bautechnik** mit ummantelter Stahlkonstruktion zum Einsatz. Überhaupt war Neuschwanstein ein Schauplatz modernster Technik. Die Lastkräne arbeiteten mit Dampfmaschinen und die Pöllat lieferte elektrische Energie. Im Schloss selbst herrschte die industrielle Moderne des 19. Jahrhunderts, verkleidet in mittelalterlichem Design. Über elektrische Klingeln erteilte der Monarch seinen Adjutanten – die sich stets verborgen zu halten hatten – Aufträge. Selbst Telefonanschlüsse wurden eingebaut, von Ludwig aber nicht benutzt. Technische Denkmale sind die Heißluft-Zentralheizung, die Wasserversorgung und, durchaus noch ungewöhnlich, Spülklosetts.

Der zentrale Raum des ganzen Schlosses ist der **Sängersaal** in der obersten Etage des Palas. 1867 hatte Ludwig die Wartburg über Eisenach besucht und äußerte im Anschluss daran den Wunsch, deren gerade wieder hergestellten Festsaal in seinem Königreich nachzubauen. Das war nur in einer Burg möglich. Dieser Saal, der Schauplatz des legendären Sängerkriegs, war also der eigentliche Grund für den Bau Neuschwansteins. Der weite Rechteckraum zeigt Motive aus Parzival und dem christlichen Grals- und Erlösungsgedanken. Wie der strenggläubige König selbst um Sündenfreiheit und Erlösung rang, ist in seinen erschütternden Tagebüchern verzeichnet. Bühnenartige Einrichtungen („Sängerlaube") täuschen den Auftritt von Hoheiten, Gefolge und Minnesängern vor.

Aber auch hier erfreuten sich zu Ludwigs Lebzeiten keine Gäste. War der König anwesend, schritt er meditierend auf und ab. Wer aber heute das Glück hat, eine Karte zu festlichen Anlässen oder Konzerten zu erlangen, wird den Zauber der 600 Kerzen und den phantastischen Blick in den Abendhimmel niemals vergessen. Verbürgt ist, dass der König manche Nächte auf der nahen Marienbrücke stand und auf sein im Kerzen- und Fackelschein gleißendes Schloss blickte. In der Tat bietet der eiserne Steg über der 50 Meter unter ihr hinabschießenden Pöllat den besten Blick auf die gesamte Anlage.

Am 11. Juni 1886 erschien die Delegation der Regierung im Oberen Schlosshof und überreichte dem 41-jährigen Monarchen die Entmündigungs-Demarche. Als Grund wurde ein ärztliches Gutachten über seine Geisteskrankheit vorgelegt. Herrisch ließ Ludwig die Beamten in den (nicht vorhandenen) Kerker werfen und seine (ebenso nicht vorhandenen) Paladine rufen. Die hochkarätige Abordnung spielte notgedrungen mit, doch am nächsten Tag wurde der König von Neuschwanstein nach Berg gebracht, wo er am 13. Juni zusammen mit seinem Arzt Dr. Gudden unter ungeklärten Umständen im Starnberger See den Tod fand.

Und bereits sieben Wochen danach wurde das Schloss von Dynastie und Regierung gegen Entgelt zur Besichtigung freigegeben. Auch wenn der König tot war, bedeutete dies einen ungeheuerlichen Affront und eine grandiose Respektlosigkeit. Denn das Allerschlimmste, das sich der „Kini" vermutlich niemals hätte vorstellen können, war die Entweihung seiner Bauwerke durch „profane Besuchermassen". Aber auch kein Finanzbeamter hätte damals daran gedacht, dass die gewaltigen Schulden, die Ludwigs Märchenschlösser nach sich zogen, sich binnen 50 Jahren in eine stetig sprudelnde staatliche Einnahmequelle verwandeln würden.

Ludwigs Königsschloss steht auf altem historischem Boden. Im Kapitel Hohenschwangau haben wir schon erwähnt, dass im Mittelalter das heutige Schloss Neuschwanstein Schwangau und das heutige Schloss Hohenschwangau Schwanstein hieß.

Beide Burgen und ihre Herren begegnen uns vom 11. bis ins 13. Jahrhundert als Lehenssitze der Welfen und der Staufer. Ein berühmter Vertreter der Sippe der „Schwanenritter" war der **Minnesänger Hilpolt von Schwangau**, der im frühen 13. Jahrhundert urkundlich bezeugt ist und dessen Lieder in die berühmte Manessische Liederhandschrift eingegangen sind.

1567 gelangte Burg Schwangau in herzoglich-bayerischen Besitz, wurde aber schon 1611 als ruinös und verlassen beschrieben. Ludwig II. zeigte keine Skrupel, die noch mächtige Burgruine sprengen zu lassen, um seine Theaterburg verwirklichen zu können.

Neuschwanstein: Schlossverwaltung. 87645 Hohenschwangau · ✆ 08362/93 98 80
www.neuschwanstein.de
April–September: 9.00–18.00 Uhr (Kassenöffnung 7.30 Uhr)
Oktober–März: 10.00–16.00 Uhr (Kassenöffnung 9.00 Uhr)
  Führungsdauer etwa 30 Min. Rechnen Sie bei durchschnittlich täglich 6000
  Besuchern mit Wartezeiten.
Parkmöglichkeit nur im Ort Hohenschwangau. Von dort Fußweg 30 Min.
Kutschfahrt vom Hotel Müller, letzte 300 Meter zu Fuß. Mit Bus (Abfahrt Hotel Lisl) zur Marienbrücke (Aussicht), von dort steil abwärts 10 Min. zum Schloss.

DES „KINI" LETZTER TRAUM: FALKENSTEIN ÜBER PFRONTEN

Kann man sich vorstellen, dass Neuschwanstein übertroffen werden sollte? Und doch hatte König Ludwig II. ein weiteres Burgen-Projekt im Auge, das 1883 mit konkreten Planungen unterfüttert wurde. Falkenstein über Pfronten, die mit 1268 Metern höchstgelegene Burg Deutschlands, ward auserkoren, die wahre Gralsburg zu werden. *(Abb. Seite 195)*

Wieder hatte der König Sinn für heroische Landschaft bewiesen, ragt die Burgruine doch schier atemberaubend auf schroffem Fels 400 Meter steil über dem Tiroler Vilstal auf. Und dazu noch im Weichbild Füssens, keine 15 Kilometer von Neuschwanstein entfernt. Erste Entwürfe, die einen relativ bescheidenen Aufbau der Burg in den vorhandenen Dimensionen vorsahen, verwarf der König ungnädig. Seine Pläne gingen viel weiter. Das von ihm genehmigte Baumodell steht heute im Schloss Herrenchiemsee. Schon vom Umfang des umbauten Raums hätte es sich nie auf dem schmalen Gipfelgrat realisieren lassen. Idealbilder zeigten Falkenstein als gotisches Pendant zu Neuschwanstein, viel- und spitztürmig, mit schlank auffahrendem Bergfried, fast möchte man sagen, im amerikanischen historistischen Stil. Auch dieses Zeugnis von Ludwigs idealer Gegenwelt sollte nur ihm allein gehören und von keinem fremden Fuß betreten werden, getreu seiner Lebensmaxime *„Ein ew'ges Rätsel will ich bleiben, mir und anderen."*

Welch spektakuläre Lage fürwahr, aber eben auch schwer zugänglich, sturm- und wetterumtost. Im späten 13. Jahrhundert ließ Graf Meinhard von Tirol die Burg, damals Pfronten geheißen, auf den Felsgipfel setzen. Aber schon bald danach übergab er die Feste dem Hochstift Augsburg, die hier Pfleger und Amtsträger einsetzte. Ihre ausgesetzte Lage mag heutige Besucher dazu verleiten, Falkenstein für uneinnehmbar zu halten, doch das Gegenteil war der Fall. Wassermangel führte dazu, dass sie selbst den schlecht organisierten Bauernhaufen 1525 geöffnet werden musste.

Ende des 16. Jahrhunderts waren die Pfleger nicht mehr gewillt, das eher von Krähen denn von Falken umschwirrte Berggemäuer längerfristig zu bewohnen. Als die Schweden gegen Ende des Dreißigjährigen Krieges in Richtung Tirol vordrangen, griff die österreichische Landesdefension über die Grenzen hinaus und ließ im Herbst 1646 mehrere Burgen im augsburgischen und bayerischen Vorfeld zerstören, um den Invasoren keine festen Stützpunkte zu bieten. Auch Falkenstein brannte weithin sichtbar ab.

Mehr als ein festes Turmhaus von 18 Metern Länge und 8,5 Metern Breite fand auf dem kahlen Felskopf keinen Platz. Und so zeigt sich die Burg auch heute noch. Im ersten Stockwerk befand sich eine beheizbare Halle unter gotischem Kreuzgratgewölbe. Einschläge von Blitzen lassen die Gefährdung erkennen.

Doch Ludwig meinte es ernst mit seiner allerhöchsten Ritterburg. 1884 war der Berg in königlichem Besitz und bereits 1885 wurden ein neuer Burgweg und eine moderne Druckwasserleitung angelegt. Bautrupps, Handwerker und Künstler, für die der König zwar kein verschwenderischer, aber stets ein verlässlicher Auftraggeber war, standen bereit, seinen letzten Traum wahr zu machen. Aber er ging nicht mehr in Erfüllung. Die Zeit hatte nichts mehr übrig für Illusionen. Banken drohten schnöde mit Pfändung und die Regierung in München setzte Prinz Luitpold, den 65-jährigen Onkel des entmündigten Königs, als Prinzregenten ein.

Falkenstein blieb, was es ist, eine windumtoste, leere Burgruine aus dem ausgehenden Mittelalter. Trotzdem lohnt es sich, emporzusteigen. Zuletzt gelangt man auf eine blumenübersäte Hochalpe und erschaut in der Ferne Neuschwanstein wie eine Vision. Ludwigs Falkensteiner Bauhütte hat sich zu einem schmucken Gasthaus verwandelt. Oben angekommen, liegt gegen Norden Bayerisch-Schwaben zu Füßen und Tirol im Süden. Ein europäischer Ausblick!

Pfronten im Allgäu, Ruine Falkenstein: frei zugänglich. Fußwanderung vom Parkplatz Pfronten-Obermeilingen in 45 Min. Evtl. Anfahrt bis Burghotel (Maut). Von dort in kurzer Zeit zur Gipfelburg.
· Burghotel auf dem Falkenstein, 87459 Pfronten im Allgäu · ✆ 08363/91 45 40
· Panoramablick nach Neuschwanstein

Die Residenz des „Schwäbischen Rom": Dillingen an der Donau

Dillingen war seit dem 13. Jahrhundert der Stützpunkt der Augsburger Bischöfe an der Donau und stieg im 15. Jahrhundert zur Nebenresidenz auf. In Augsburg selbst waren die Bischöfe immer weniger gelitten. Als die Reichsstadt zum Protestantismus übertrat, verließen der bischöfliche Hof und das Domkapitel 1543 die Stadt und wichen nach Dillingen aus. *(Abb. Seite 199)*

Im Jahr 1549 gründeten sie hier ein Studienkolleg, das 1565 zu einer von Jesuiten geleiteten Universität erhöht wurde. Von ihr gingen kräftige Impulse zur Gegenreformation in Bayern aus. Nicht umsonst hieß Dillingen „das schwäbische Rom". Erst 1690 kehrte der bischöfliche Hof mit allen Ämtern nach Augsburg zurück.

Die **Geschichte der Burg** auf der Hochuferkante der Donau ist freilich älter. 1258 übergab der Augsburger Bischof Hartmann, der Sohn des letzten amtierenden Grafen von Dillingen, Burg und Stadt mit allen Rechten dem Hochstift Augsburg. Dieses bestimmte bis 1803 die Geschicke Dillingens.

Die Burg auf einem erhöhten Vorsprung über dem Donautal bestand unter den Grafen aus zwei mächtigen quadratischen Türmen zu Seiten eines Palasbaus. Er stand an der Stelle des heutigen Nordflügels. Aus dieser Zeit stammt das noch sichtbare Buckelquadermauerwerk des westlichen Hauptturms. Der andere Turm ist in den Grundmauern der späteren Gebäude verschwunden. Die Ringmauer folgte der Trapezform des Geländesporns.

Veranlasst durch den Umzug des gesamten bischöflichen Hofstaates von Augsburg nach Dillingen 1543 wurde ein grundlegender Umbau des Burgschlosses zu einer neuzeitlichen **Residenz** notwendig. Bedeutendster Bauherr war Kardinal Otto Truchsess von Waldburg (im Amt 1543–1573). Er errichtete den Südflügel und ließ an der Südwestecke den so genannten **Heiligen Turm**, einen aus der Mauerflucht vorspringenden runden Wehrturm, anfügen. Geheiligt wurde der Turm aber erst durch den Einbau der kleinen Franz-von-Sales-Kapelle im Jahr 1690. Unter den Nachfolgern Waldburgs erhielt der Hauptturm ein quadratisches und drei achteckige Obergeschoße und eine Renaissance-Zwiebelbekrönung. Nach schweren Brandschäden 1595 wurden Dächer und betroffene Säle 1597 restauriert. Ein Wendeltreppentürmchen ermöglichte vom Südflügel aus den Zugang zum Schlossgärtchen. Über dem „Kleinen Rittersaal" im ersten Stock des neu erbauten Südtraktes wurde eine bemalte Holzdecke angebracht, die in 40 Rautenfeldern Embleme, Grotesken und Arabesken enthält. Damit war das Schloss um 1600 in der heutigen massigen Form weitgehend vollendet.

Die Kriegsschäden durch schwedische Beschießung im Dreißigjährigen Krieg (1645) und durch die Österreicher im Spanischen Erbfolgekrieg (1705) hielten sich in Grenzen und wurden ausgebessert.

Nach der Rückkehr des bischöflichen Hofstaates nach Augsburg im Jahr 1690 wurde es allerdings still in den Räumen der Burg. Ein Teil der wertvolleren Inneneinrichtung wurde nach Augsburg transportiert. Die herrschaftlichen Säle wurden den bescheideneren Ansprüchen untergeordneter Behörden angepasst. Als letztes eigenständiges Bauwerk entstand 1740 der barocke, eiförmige **Ehrenhof** zur Stadtseite. Damit sollte die Burganlage, die bis dato durch Halsgraben und mehrere Toranlagen isoliert von der Stadt gelegen war, an das neuzeitliche städtische Straßennetz angeschlossen werden.

Mitte des 18. Jahrhunderts wurden die hofseitigen Fassaden stilgerecht vereinheitlicht und die wenigen verbliebenen Prunkräume mit barocken Stuckaturen geschmückt. Der bayerische Staat übernahm Schloss Dillingen als intaktes Gebäude und nutzte es im 19. Jahrhundert als Archiv. Auch die königliche Familie geruhte bisweilen auf dem Schloss im neu angegliederten Bayerisch-Schwaben allerhöchst Quartier zu nehmen. Dann zogen Behörden ein, das Amtsgericht und das Finanzamt. Sie sind bis heute die „Schlossherren" geblieben.

Der historische Zugang von der Stadt erfolgt durch das **Brucktörle** am Burggraben. Vor dem äußeren Burgtor liegt die Barbakane, ein offener Raum mit seitlichen Wehrgängen. Zwei oktogonale Seitentürmchen mit Zwiebelhauben (um 1520) mildern den fortifikatorischen Eindruck etwas. Über dem Tordurchgang thront eine gotische Madonnenfigur aus Sandstein. Heute führt dieser Weg in die Vorburg, die vom Burggarten eingenommen wird. An der exponierten Südspitze liegt die Ulrichskapelle. Das Salettl daneben ist ein nobles Gartenhaus mit Kegeldach. Im kleinen Lustsaal finden sich klassizistische Wandmalereien von 1775.

Dillingen: Burggarten und Innenhof mit Kirche zugänglich. Behördliche Besuchszeiten. Zufahrt zum Schloss von der Königstraße, Parkplätze in der Vorburg. Kunsthistorische Besichtigung im Rahmen einer Stadtführung Sonntag 13.30 Uhr, Treffpunkt Rathaus oder nach Vereinbarung.
Städtisches Verkehrsamt, Königstraße 38, 89407 Dillingen · ✆ 09071/54-108

Wo „Völker aufeinander schlugen": Schloss Höchstädt

Am 13. August 1704 trafen die durch englische Detachements verstärkten habsburgisch-österreichischen Truppen bei Höchstädt an der Donau auf das verbündete französisch-bayerische Heer. Von den insgesamt 108 000 Kämpfern blieben 30 000 auf dem Schlachtfeld im Donauried liegen. 1000 ertranken in der Donau. Unversehrt blieben hingegen *„34 Karossen mit französischen Frauenzimmern".*
Prinz Eugen, der habsburgische Feldmarschall, meldete seinem Kaiser Leopold nach Wien, *„daß von mehr als hundert Jahren keine so volkombene Victori erhalten worden sey".* Damit war der Spanische Erbfolgekrieg militärisch entschieden. Auf Kurbayern kamen zehn schwere Jahre österreichischer Besatzungszeit zu. *(Abb. Seite 199)*

In die Weltgeschichte eingegangen ist Höchstädt wegen der Schlacht 1704, die sich im weiten Ried um die Ortschaft Blindheim abspielte. Das flache Donauried und die Donaufurten scheinen kampfbereite Heere richtig angezogen zu haben. Als Teil des staufischen Erbes gelangten *„statt und purch Hechstett"* ans Herzogtum der Wittelsbacher. 1505 wurden sie dem neugeschaffenen kleinen Herzogtum Pfalz-Neuburg zugeschlagen. An Stelle der mittelalterlichen Burg ließ **Herzog Philipp Ludwig** 1589 ein regelmäßiges vierflügeliges Renaissance-Schloss um einen quadratischen Innenhof anlegen. Der viereckige Bergfried der Vorgängerburg wurde als Glocken- und Uhrturm in die Mitte der Vorderfront integriert und mit zwei achteckigen Obergeschoßen und einem welschen Turmhelm bekrönt. Vier runde Ecktürme mit Kegeldächern unterstreichen den fürstlichen Eindruck nach außen. Vom Schlosshof aus wird der Anblick der dreigeschoßigen Baublöcke durch zwei aufwändig gearbeitete Treppentürmchen und schön gerahmte Rundbogenportale gemildert. 1603 war der Schlossbau für den Hofstaat bezugsfertig.
Nach dem Tod des Erbauers bezog seine Witwe Anna, eine geborene Herzogin von Jülich-Kleve, das Schloss von 1616 bis 1632. Matthäus Merian beschrieb die kleine Residenzstadt zu dieser Zeit folgendermaßen: *„Höchstett ist eine kleine aber nahrhaffte Statt und hat ein feines Schloss vom Ende der Statt zur Donau hinaus."* Doch der Dreißigjährige Krieg machte Schluss mit Ruhe und Wohlstand. Nach dem Ende des Krieges diente der Schlossbau nur noch als kurzzeitiges Quartier für

Würdenträger des kleinen Fürstentums der Pfalz-Neuburger. Vom Spanischen Erbfolgekrieg und den beiden Schlachten vor seinen Mauern, im September 1703 und wie erwähnt im August 1704, blieben Stadt und Schloss verschont. Kurfürst Max Emanuel, der Verlierer, nahm noch im Schloss Zuflucht, bevor er sich für zehn Jahre nach Paris absetzte.

Das Königreich Bayern richtete untergeordnete Behörden ein und „schlachtete" die Inneneinrichtung aus. Bis 1967 war in den weitgehend veränderten Innenräumen ein Altersheim untergebracht. Dann stand das Schloss leer, was seiner Bausubstanz sehr schadete. Erst nach der Übernahme durch die Bayerische Schlösserverwaltung 1979 begann die Sanierung, die noch nicht ganz abgeschlossen ist. Fertig restauriert ist die Schlosskirche mit Wand- und Deckenfresken im Stil der Sixtinischen Kapelle. Hier ist ein Teil der **wertvollen Fayencen** zu besichtigen, die den Grundstock für das geplante Museum im Schloss bilden. In der Regel ist der Schlosshof zugänglich. Am Schlosstor empfangen den Besucher Reliefs mit Blumenvasen und weibliche Gestalten mit Posaunen. Das Allianzwappen Pfalz-Neuburg/Jülich-Kleve weist auf das Erbauerpaar hin. Durch die Torhalle mit kassettiertem Tonnengewölbe betritt man den Hof. Die Sgraffito-Malereien an den Wänden zum Innenhof werden gerade wieder aufgetragen. Die Innenräume dienen in Zukunft musealen Zwecken. In Vorbereitung sind eine Dokumentation der Schlacht von Höchstädt 1704 sowie das „Museum deutscher Fayencen", dessen Teilbereich „Süddeutsche Manufakturen" bereits in der Kapelle ausgestellt ist. Darüber hinaus hat das „Forum für Schwäbische Geschichte" seinen Sitz im Schloss Höchstädt genommen und präsentiert in den restaurierten Räumen wechselnde Sonderausstellungen.

Bemerkenswert ist die Lage des Schlosses an der Peripherie der fast rechteckigen Altstadt. Die Hauptachse (Herzogin-Anna-Straße) führt vom Marktplatz genau auf die Schaufassade mit dem Turm zu. Das Schloss ist heute von einem Park mit hohen Bäumen umgeben. An die mittelalterliche Vorgängerburg erinnert noch der Halsgraben, über den ein Brückendamm zum Hauptportal führt. Im Stadtbild fällt das wuchtige Kastenhaus (Oberer Weberberg 11) mit seinen Schneckenvolutengiebeln ins Auge. Es wurde unmittelbar nach Vollendung des Schlosses 1602 bis 1614 zur Aufnahme von Getreide und Viktualien errichtet.

Schloss Höchstädt: Herzogin-Anna-Straße 52, 89420 Höchstädt · ℂ 09074/44 17
Schlosskapelle derzeit jeden 1. und 3. So im Monat von 14.00–17.00 Uhr geöffnet
Forum für Schwäbische Geschichte im Schloss Höchstädt · ℂ 09074/95 85
Sonderausstellungen Mai–Oktober tägl. außer Mo: 10.00–17.00 Uhr

Residenzen an der Romantischen Strasse: Harburg, Oettingen und Wallerstein im Ries

Nicht immer halten die touristischen Straßenbezeichnungen das, was sie versprechen – gerade in Zeiten starken Verkehrsaufkommens. Die „Romantische Straße" folgt alten Handels- und Heerwegen und durchmisst das westliche Bayern der Länge nach. Auf der Route von Füssen bis Würzburg folgt der Weg dem Lech nach Augsburg, überquert die Donau bei Donauwörth und taucht ein ins Ries mit den alten, mauerumgürteten Reichsstädten Nördlingen und Dinkelsbühl. Und genau diese Strecke nördlich der Donau trägt den Namen „Romantische Straße" noch zu Recht. Am Weg liegen die Harburg und die Schlösser Oettingen und Wallerstein. *(Abb. Seite 200)*

Nur wenige Burgen Deutschlands bieten ein so gut erhaltenes und stimmungsvolles Bild wie die Harburg am Rand des Nördlinger Rieses. In ihrer ursprünglichen Höhe umschließt die Ringmauer einen weiträumigen Hof und einen vielfältigen Komplex aus wuchtigen Türmen und Wohngebäuden. Mitte des 17. Jahrhunderts ist hier die Zeit stehen geblieben. Und wie ein Riese steht der quadratische Bergfried da – einer der letzten außen wie innen unversehrten Vertreter dieser spektakulären hochmittelalterlichen Wehrbauten.

Das **Ries** (im Namen spiegelt sich noch die römische Provinz „*Raetia*" wider) ist eine der merkwürdigsten Landschaften Europas. Vor urdenklichen Zeiten schlug hier ein Meteor ein und hinterließ einen kreisrunden Krater von 24 Kilometern Durchmesser. Am Rand türmten sich die herausgeschleuderten Gesteinsmassen auf und bildeten einen hohen Bergring um die Einschlagstelle. Wo die Wörnitz aus dem Ries kommend diesen Jurariegel nach Südosten durchbricht, liegt die Harburg über dem gleichnamigen Städtchen auf einem hohen Felsplateau.

Bereits 1093 wird eine Gräfin Mathilde de Horeburc urkundlich genannt, doch erst um 1150 können wir die Burg sicher als Besitz des staufischen Königs- und Kaisergeschlechts erfassen. Es gibt überhaupt gute Gründe, die Herkunft der **Hohenstaufen** im Ries zu lokalisieren. Als Verwalter setzten die schwäbischen Herzöge Ministerialen, die Herren von Harburg, ein. Harburg war also eine der vielen staufischen Burgen, mit welchen

Herzog Friedrich II. von Schwaben „der Einäugige" (1090–1147) seine Hausmacht sicherte. Nicht umsonst sagte der Bischof und Chronist Otto von Freising jenem Friedrich von Schwaben nach, dass *„er am Schweif seines Rosses immer eine Burg mit sich führte"*. Harburg war aber zudem Allod (d.h. Eigenbesitz) der Staufer und somit eine Reichsburg. 1251 verpfändete König Konrad IV. die Stadt Harburg an den Grafen Ludwig von Oettingen. 1295 übergab König Adolf von Nassau auch die Burg – *castrum et forum Horburch* – an die Grafen Oettingen. Eine Einlösung des Pfandes erfolgte nicht mehr und so ging 1418 die Burg infolge der endgültigen Bestätigung der Pfandschaft durch König Sigismund in den Vollbesitz der Oettinger über.

Das Oettinger Geschlecht ging aus den Grafen im Riesgau hervor, die sich seit dem 12. Jahrhundert nach ihrer Burg Oettingen nannten. Nach dem Untergang der Staufer gelang es ihnen, durch Inbesitznahme von Reichsgut und Übernahme von Klöster- und Kirchenvogteien eine bedeutende Herrschaft im Riesbecken aufzubauen. Im 16. Jahrhundert hatten sie gegen die Konkurrenz der freien Reichsstadt Nördlingen ein geschlossenes Territorium geschaffen. Sie stützten sich dabei auf ihre Burgen in Oettingen und Harburg. 1522 teilten sich die Grafen in eine protestantische und katholische Linie. 1539 wurde die Reformation für Harburg verbindlich. Graf Ludwig XV. trat dem evangelischen Schmalkaldener Bund bei, was das Ländchen nach dessen Niederlage 1546 schwer zu büßen hatte. 1731 bestanden noch die katholischen Zweige Oettingen-Wallerstein und Oettingen-Spielberg, die im 18. Jahrhundert „gefürstet" wurden. Christine Luise zu Oettingen war die Großmutter Maria Theresias. 1803 wurden die beiden Fürstentümer aufgelöst und 1806 bzw. 1810 zwischen den Königreichen Bayern und Württemberg aufgeteilt. Das Oettinger Herrschaftsgebiet war mit 60 000 Menschen auf 850 Quadratkilometern für die damalige Zeit sehr dicht besiedelt. Ausschlaggebend war die Fruchtbarkeit des Bodens.

Die **Harburg** diente von 1493 bis 1549 als Hauptsitz der Grafen. Mit dem Umzug nach Wallerstein 1550 verlor die alte Bergfeste an Bedeutung, rückte aber im 18. Jahrhundert wieder als Oberamt und Fronveste (Gefängnis) der Fürsten Oettingen-Wallerstein ins Bewusstsein der Untertanen. Der Kriegszug der Schweden durch das Ries ging 1632 glimpflich vonstatten, da König Gustav Adolf die protestantischen Gebiete schonte. Erst im Jahr 1800 war die Burg durch einen Feind vor ihren Mauern ernsthaft bedroht. Die Kapitulation der einquartierten österreichischen Truppen verhinderte aber in letzter Minute die Zerstörung der Burg durch französische Artillerie.

Im 19. Jahrhundert brachte man in den gut erhaltenen Mauern verschiedene Justizbehörden unter. Bis 1980 war sie fester Verwahrungsort für die hochberühmte Fürstlich Oettingen-Wallerstein'sche Bibliothek, ehe diese dann durch Kauf an die Universität Augsburg ging.

Die Hauptburg wird von einem mächtigen, von hölzernen Wehrgängen bekrönten Mauerring mit 6 Türmen gegen die gefährdete Südwestseite abgeschirmt. Das imposanteste Bauwerk ist der **rechteckige Bergfried**, der zwar nah am Bering steht, jedoch nur durch einen provisorischen Übergang mit ihm verbunden ist. Der Turm weist in die Stauferzeit zwischen 1150 und 1250 und war ein königliches Machtsymbol. Die heutige Einrichtung mit Folterkammer, Keuchen (Blockgefängnissen) und dem angeblichen Verlies im Erdgeschoß beruht auf der Schauer-Phantasie des 19. Jahrhunderts, als der Turm zum „Diebsturm" erklärt wurde. Original sind dagegen das kräftige Buckelquadermauerwerk und das rundbogige Hochportal, der ehemalige Zugang im Obergeschoß.

Aus der gleichen Bauperiode stammt der **„Faulturm"**. Er ist nicht so massiv gemauert wie der Bergfried und stellt einen staufischen Wohnturm dar. Die eigenartige doppelte Dachhaube mit Flachzwiebel setzte ihm später die Renaissance auf. Zwischen diesen Türmen liegt der **Saalbau** mit dem Rittersaal und der Dürnitz, der 1496 fertig gestellt wurde. In der Zeitspanne von 1493 bis 1549, in welcher die Harburg als Residenz der Oettinger diente, erfolgten umfangreiche Baumaßnahmen, so die Neuanlage der weitläufigen nördlichen Vorburg mit Stallungen und Amtshäusern, die Erhöhung der Ringmauer und die Anlage des Wehrgangs mit den „Walzenscharten" – drehbaren Holzkugeln mit Öffnungen für die Läufe der Wallbüchsen. Vor die Ringmauer legte man eine weitere Außenbefestigung mit drei vorspringenden halbrunden Türmen zur Aufnahme schwererer Geschütze. Der Fürstenbau auf den Grundmauern des mittelalterlichen Palas nahm die repräsentativen Wohnräume der Familie auf (heute Museum, Kunstsammlungen).

In der zweiten Hälfte des 16. Jahrhunderts kamen Neu- und Umbauten in „deutscher Renaissance" hinzu, die Burgvogtei (heute Gasthaus) über dem inneren Tor, 1588 der Pfisterbau mit zierlichem Eckturm. Rechts neben den alten Bergfried wurde ein voluminöser Haberkasten mit Marstallgewölbe und Rüstkammer gestellt. Der dreiteilige Fürstenbau erhielt geschwungene Giebel und den zur Stadt gewandten Erkerturm mit welschem Zwiebelhelm. Im selben Jahr wurde auch der Röhrenbrunnen erneuert. Der Schacht soll das Grundwasser in 128 Meter Tiefe erreicht haben. Heute reicht er „nur" bis 53 Meter zum darunter führenden Straßentunnel. Oberes Burgtor und Fallgatter wurden noch im 17. Jahrhundert in Stand gesetzt. Die Jahreszahl 1752 am Fallgatter dürfte sich auf seine Fixierung an der Wand beziehen.

Der Saalbau wurde ab 1717 grundlegend neu im Barockstil umgestaltet und um ein Stockwerk erhöht, der Festsaal erhielt 1742 eine neue Stuckierung und Ausmalung mit Motiven der antiken Mythologie. Auch die Schlosskirche St. Michael erstrahlt heute in barockem Glanz, gründet aber auf romanischen Fundamenten. 1552 wurde sie zu einem protestantischen Gotteshaus ungewandelt. Unter dem Altarraum liegt die Gruftkapelle der Adelsfamilie Oettingen mit Grabdenkmälern des 16. und 17. Jahrhunderts.

Von 1955 bis 1957 wurde der gesamte Burgberg untertunnelt. Seitdem beeinträchtigt der Verkehr nicht mehr den hübschen Marktplatz des Städtchens Harburg. Den romantischsten Blick auf die Harburg finden Fotografen an der Wörnitz, mit der alten steinernen Brücke als Vordergrund.

Schloss Harburg im Ries: 86655 Harburg · ℅ 09080/96 860
www.fuerst-wallerstein.de   www.stadt-harburg-schwaben.de
Besichtigung mit Führung: 16. März–30. September außer Mo: 9.00–17.00 Uhr
      Oktober: 9.30–16.30 Uhr
· Burgfest alle 2 Jahre (nächstes Juli 2004) · Veranstaltungen im Marstall
· Fürstliche Burgschenke mit Hotel · ℅ 09080/15 04

Der namengebende alte Burgsitz der Grafen von **Oettingen** in der gleichnamigen Stadt wurde im 17. Jahrhundert abgerissen und machte dem „Neuen Schloss" Platz. Oettingen verwandelte sich zur Residenzstadt eines kleinen Duodez-Fürstentums. Die Schlossstraße führt schnurgerade durch die Bürgerstadt und findet im barocken Schloss ihren repräsentativen Abschluss. Von 1676 bis 1687 entstand unter Graf Johann Wilhelm von Oettingen-Spielberg der dreigeschoßige Rechteckbau mit regelmäßig angeordneter Schaufront.

In den gewölbten Kanzleiräumen des Parterres finden heute wechselnde Ausstellungen des Münchner Völkerkundemuseums statt. Im ersten Obergeschoß werden die fürstlichen Wohn- und Schlafräume und das Speisekabinett gezeigt, deren Interieur aus dem 17. bis 19. Jahrhundert stammt. Die zweite Etage nimmt der lichtdurchflutete Festsaal ein. Seine aufwändigen Stuckaturen sind ein Werk des Wessobrunner Künstlers Mathias Schmuzer von 1683. Barock sind auch die Ausmalung und die Ornamentik in den angrenzenden Salons. Öfen, Möbel, Keramik, Gemälde und Porträts künden vom standesgemäßen höfischen Leben im 18. und 19. Jahrhundert. Rechts des Schlossgebäudes schließt sich der In-

nenhof an, der von Marstall- und Ökonomietrakten sowie dem „Fremdenbau", der noch aus dem 16. Jahrhundert stammt, umgeben wird.
Der Park erhielt im frühen 19. Jahrhundert sein „englisches" Gesicht. Das 1726 erbaute Gewächshaus wurde in neuerer Zeit zum fürstlichen Wohnsitz umgestaltet.

Fürstliche Residenz Oettingen: 86732 Oettingen · ✆ 09082/96 94-24
Führungen: 1. Mai–30. September Di–Sa: 14.00 Uhr
So und Feiertag: 11.00; 14.00, 15.00 u. 16.00 Uhr
1. Oktober–31. Oktober Sa: 14.00 Uhr
So: 14.00 u. 15.00 Uhr
www.fuerst-wallerstein.de   www.oettingen.de
Zweigmuseum des Völkerkundemuseums: Schlossstraße 1, 86732 Oettingen · ✆ 09082/39 10
Di–So: 10.00–16.00 Uhr

Wallerstein hat den reizvollen Charakter einer ländlichen Residenz bis heute bewahrt. Schloss und Ort waren seit der Mitte des 16. Jahrhunderts der bevorzugte Aufenthaltsort der gräflichen, seit 1774 fürstlichen Familie Oettingen-Wallerstein. Der Besucher trifft hier auf Zeugen des Mittelalters, der Renaissance, des Barock und des Neoklassizismus.
Auf dem von einer Kalkschicht bedeckten Granitklotz, der 70 Meter aus dem flachen Riesboden emporwächst, saßen um 1140 staufische Ministerialen. Sie sicherten den Weg von den staufischen Hausgütern in der Schwäbischen Alb nach Franken. Seit 1261 erscheinen die Grafen von Oettingen als Besitzer. Sie erweiterten die Anlage um den Gipfel herum. Auf planierten Terrassen entstanden die Vorburg und Zwingerbefestigungen. Größter Bauherr war Graf Ludwig XIII., der von 1446 bis 1486 residierte. Unter seiner Herrschaft erhielt die Burgsiedlung Steinheim Stadtrechte und nahm den Namen der Burg, also Wallerstein, an. Unruhige Zeiten brachte das 16. Jahrhundert. 1525 rotteten sich die Bauern vor den Burgtoren zusammen und verlangten vergeblich die Übergabe. Im Schmalkaldischen Krieg fiel die Burg 1546 zuerst in die Hände Philipps von Hessen, um dann von einem spanischen Kontingent entsetzt zu werden. 1552 erfolgte eine weitere Belagerung durch protestantische Truppen. Die Religionskriege tobten im Ries mit besonderer Schärfe, weil das Haus Oettingen ja in zwei Konfessionen aufgespalten war. Abbildungen des 17. Jahrhunderts zeigen eine stattliche, von festen Bastionen umgebene Schlossburg mit Renaissancebauten ähnlich der Harburg.
Das Ende kam im Dreißigjährigen Krieg. Obwohl die bereits arg verwüstete Burganlage keineswegs mehr kriegswichtig war, rückte im März des letzten Kriegsjahrs 1648 eine gewaltige schwedische Streitmacht vor

die Mauern und schoss die Gebäude in Brand. In den Flammen verbrannten auch die Kanzlei und das jahrhundertealte Archiv. Die Legende will übrigens wissen, dass es die Nördlinger waren, welche die Schweden zur totalen Zerstörung der Burg Wallerstein angetrieben hätten. Als freien Reichsstädtern wäre ihnen die nur fünf Kilometer vor ihrem Stadttor entfernte Burg schon immer ein Dorn im Auge gewesen.

Die Burg – das **Alte Schloss** – ist heute eine Ruinenstätte auf pittoreskem Gelände. Während die innere, mittelalterliche Burg auf dem Gipfel und den Terrassen rundherum seit der schwedischen Kanonade völlig in Trümmern liegt, ist der äußere Mauerring mit verschiedenen Anbauten noch gut erhalten. Er entstammt dem Ende des 16. Jahrhunderts (Tafel mit Datum 1582 am Torbau) und wurde 1789 neu errichtet.

Die Bauten des **Neuen Residenzschlosses** am Fuß des Burgfelsens fügten sich vom 17. bis 19. Jahrhundert aus Trakten verschiedener Bauphasen und Stilrichtungen zusammen. Es entstand eine dreiflügelige, zum Burghügel des Alten Schlosses hin offene Anlage mit Arkaden und einer Freitreppe zum begrünten Hof. Der achteckige, 1799 mit einer Zwiebelhaube bekrönte Kirchturm bildet den einzigen Blickfang der in ihrer Außenwirkung schlichten Gebäudegruppe. Heute birgt sie eine einzigartige Porzellan- und Gläsersammlung.

Unter Krafft Ernst, dem ersten und einzigen Reichsfürsten (1774–1802), stieg Wallerstein zu einem bedeutenden Zentrum der Musik auf. Joseph Haydn äußerte sich bei einem Besuch 1774 lobend über das wallersteinische Hoforchester und widmete dem Fürsten mehrere Kompositionen. Der 21-jährige Mozart hingegen wurde 1777 gar nicht zu einer Audienz vorgelassen. So entging er immerhin dem Schicksal, ein vom Fürsten ständig kujonierter Hofkapellmeister in der Provinz zu werden.

Repräsentativer ist die fürstliche Hofreitschule, die 1741 bis 1751 nach dem Vorbild in Wien erbaut wurde. Das ovale Mittelstück unter dem ausladenden Doppelwalmdach birgt die Arena, die ringsum von einer Galerie umgeben wird. Die Flügelbauten enthalten Stallungen und eine Wagenremise. Im Park liegt das vornehme Moritzschlösschen, das 1804 fertig gestellt wurde.

Schloss Wallerstein: Herrenstraße 78, 86757 Wallerstein · ℂ 09081/78 22 85
www.fuerst-wallerstein.de www.markt-wallerstein.de
Führungen: 16. März–30. September außer Mo täglich: 9.00–17.00 Uhr
Oktober: 9.30–16.30 Uhr
Museum für Reit- und Wagensport in der Reithalle: Im Sommer Vorführungen „Cavalleria Classica" um 11.00 und 18.00 Uhr.
Brauereigaststätte Fürstlicher Keller · ℂ 09081/79 860

Register

Abensberg, Grafen von 220
Adelsheim, Schlösschen 97
Affentürmerl (München) 17
Agnes Bernauer 29, 108, 166
Agnes-Bernauer-Festspiele 109, 167
Agnes-Bernauer-Turm (Straubing) 168
Ägyptische Staatssammlungen 44, 45
Aicha vorm Wald 138, 142
Aichacher Wittelsbachermuseum 102
Albrecht III. der Fromme 29, 166, 167
Albrecht IV. der Weise 11, 18, 30, 32, 52, 84, 88, 89, 96, 108, 122, 129, 133, 143, 144, 146, 175, 205, 220, 222
Albrecht V. 17, 18, 49, 99, 185, 187, 188, 219
Alf-Lechner-Museum (Ingolstadt) 107
Allerheiligen-Hofkirche (München) 20, 21
Alte Bischöfliche Residenz (Passau) 151
Alter Hof (München) 15-17, 34
Alter Kornmarkt (Regensburg) 201
Alter Tiefkeller (Amerang) 65
Altes Residenztheater (München) 19
Altes Schloss (Herrenchiemsee) 61
Altes Schloss (Ingolstadt) 103
Altes Schloss (Schleißheim) 38
Altes Schloss (Wallerstein) 253
Alt-Falkenstein 82, 83
Altmühltal 193
Altnußberg 145
Amalienburg (Nymphenburg) 24, 203
Amberg 11
Amerang im Chiemgau 65-66, 75
Andechs, Grafen von 10, 32, 44, 179
Antiquarium (München) 18, 21
Anton Fugger 228, 230
Apothekenhof (München) 18, 21
Arboretum (Amerang) 66
Archäol. Staatssammlung (Aichach) 102
Archäol. Staatssammlung (Grünwald) 42
Arkadenhof (Amerang) 66
Arnsberg, Ruine 116, 127-128
Asam, Cosmas Damian 28, 67, 203
Asam, Egid Quirin 67
Asam, Hans Georg 67
Aschau, Herren von 58
Aschauer Eisenhütte 59
Auerburg 84
Augsburg 10, 12, 13, 148, 197, 223-227, 233, 245
Augsburger Bekenntnis 226
Augsburger Friedensschluss 187
Augsburger Religionsfriede 12, 187, 224, 226, 233
Automobilmuseum (Amerang) 66
Babenberger 9
Babenhausen 228-231
Badenburg (Nymphenburg) 23
Balbierhäuschen (Berchtesgaden) 97
Bamberg 13
Barelli, Agostino 22
Barone von Preysing 59
Bartholomäus), heiliger 97
Bastionsgarten (Eichstätt) 126
Bauernhofmuseum (Amerang) 66
Baumburger Turm (Regensburg) 192
Bayerischer Erbfolgekrieg 13, 89, 104, 186
Belvedere (Oberhaus) 150
Benediktinerkloster St. Emmeram (Regensburg) 202
Berchem, Anton von 230
Berchtesgaden 13, 78, 95-98, 112
Berchtesgaden, Fürstpropstei 10, 95-98
Berchtesgadener Heimatmuseum 97
Berchtesgadener Schlösser 95-98
Bergsitz Schachen 70-71

Bernauer, Agnes 29, 108, 166
Bibliothekssaal (St. Emmeram) 203
Blutenburg an der Würm 29-31, 33
Böckler 143, 144
Bocksberger, Hans 111
Bogen, Grafen von 133
Botanischer Garten (Nymphenburg) 25
Bräu, Jörg 123
Bräuberg 206
Brucktor (Wasserburg) 53
Brucktörle (Dillingen) 245
Brunnenhof (München) 19, 21, 34
Burghausen an der Salzach 11, 79, 86-90, 91, 92, 104, 121, 174
Burghausen, Grafen von 86
Burghauser Grafen 86
Burgkmair, Hans 226
Burgdal'l (Hohenaschau) 60
Burgmuseum Wolfsegg 207-208
Burgvilla Schwaneck 32, 42
Bustelli, Franz Anton 25
Candid, Peter 19, 26
Chiemsee 61
Cuvilliés, François 19, 24
Cuvilliés-Theater (München) 20, 21
Dachau 12, 27, 28, 80, 99-100, 230
Degenberger 141, 143, 145
Deggendorf 164
Deggingerhaus (Regensburg) 192
Delling 45
Derbolfing 32
Dießenstein 134-135
Dietrich, Wendel 230, 231
Dillingen 199, 226, 233, 234, 244-245
Dirigl, August 71
Dombezirk (Augsburg) 226
Don Juan de Austria 201
Donaustauf 147, 156, 204-206
Donau, Hans 100
Drei-Säulenhalle (Amerang) 65
Dreißigjähriger Krieg 12, 18, 99, 103, 105, 128, 145, 176, 205, 206, 211, 212, 215, 220, 224, 234, 242, 245, 246, 252
Dürer, Albrecht 225
Effner, Carl von 70
Effner, Joseph 9, 23, 24, 28, 100, 190
Egkl, Wilhelm 59, 99
Egg 154, 164-165
Egg, Herren von 164
Eggersberg 218, 222
Eichstätt 10, 13, 114, 124-126
Eichstätt 124
Elisabethkapelle (Burghausen) 87
Englburg 118, 138-140
Erich-Kästner-Turm (Blutenburg) 29
Erstes Imaginäres Museum (Wasserburg) 53
Eschay, Jakob 230
Ettal 46
Falkenfels 145-147
Falkenstein 75, 81-83, 147, 195, 242-243
Falkenstein, Grafen von 82
Falkensteiner Burgen 82
Feste Oberhaus (Passau) 119
Fliehburg (Kallmünz) 209
Flintsbach 83/84
Flossenbürg 160, 211, 214-215
Foltz, Ludwig 195
Forum für Schwäbische Geschichte (Höchstädt) 247
Franz Carl von Fugger 229
Franz-von-Sales-Kapelle (Dillingen) 244
Fraueninsel (Chiemsee) 61
Frauenberg, Grafen von 219
Fraunberger 49, 129

Freiherren von Degenberg 133
Freiherren von Freyberg 58
Freising 10, 13
Freudenhain 152, 161
Friede von Füssen 85
Friedrich I. Barb. 9, 15, 32, 101, 204, 214
Friedrich der Schöne 91, 179, 216
Friedrich II. 13, 49, 172, 191233, 234
Friedrich III. 41, 144, 174, 217
Fugger vom Reh 228
Fugger von der Lilie 228
Fugger von Kirchberg 57, 171, 186
Fugger 12, 223
Fuggermuseum (Babenhausen) 229
Fuggerschloss Babenhausen 228-231
Fuggerschloss Kirchheim 196, 228-231
Fuggerschlösser 12, 225, 228-231
Fünf-Seen-Land 43
Fürstbischöfliche Residenz (Augsburg) 197
Fürsteneck 117, 134-135
Fürstenstein 138-139
Fürstentum Neuburg an der Donau 12
Fürstl. Fuggermuseum (Babenhausen) 229
Fürstpropstei Berchtesgaden 10, 95-98
Füssen 196, 226, 232-237, 242
Füssener Friedensschluss 13
Gemmingenbau (Eichstätt) 125, 126
Georg der Reiche 88, 89, 92, 174
Georgstor (Burghausen) 87, 88
Gerhard, Hubert 230
Geschlechtertürme (Regensburg) 191
Geschütztürme Triva u. Baur (Ingolstadt) 106
Gipfelburg Hohenaschau 40, 58-60
Girard, Dominique 23, 27
Goldener Saal (Augsburg) 224
Goldener Steig 136, 149
Goldener Turm (Regensburg) 192
Goliathhaus (Regensburg) 192
Gravenreuther Haus (Regensburg) 192
Greineisen, Leonhard 217
Großer Donauturm (Ingolstadt) 104
Großer Kehrab 11, 84
Grotte (Linderhof) 71
Grottenanlage (Neuburg) 112
Grünau 114, 122-123
Grünes Salettl (Neuburg) 181
Grünwald im Isartal 32, 38, 41-42
Gurren 48
Gustav Adolf 12, 105, 176/177, 249
Haag 12, 39, 48-50
Haager Turm 48-50
Hafnerzell 162
Hallgrafen 51
Hallthurm 98
Hals (Passau) 51, 117, 130-131
Hals, Grafen von 141
Hans della Scala 66
Hans Fugger 228
Harburg 200, 248-251
Haupt-Defensions-Festung Ingolstadt 103-107
Haus Heuport (Regensburg) 201
Hauzenberg 181
Haydn, Joseph 253
Hedwigskapelle (Burghausen) 88
Heideck, Herren von 129
Heidenturm (Regensburg) 201
Heiliger Turm (Dillingen) 245
Heilig-Geist- Spital (Wasserburg) 53
Heimathaus Rupertiwinkel (Tittmoning) 93
Heinrich der Löwe, Hz. 9, 15, 86, 204
Heinrich der Reiche, Hz. 141, 173, 214
Heinrich XIII. 87, 173
Herkules-Saal (München) 20, 21
Herrenchiemsee 61-64, 70, 72, 242

254

Herreninsel (Chiemsee) 61
Herzogshof, Münchner 12
Herzogskasten (Ingolstadt) 103, 113
Herzogpfalz am Alten Kornmarkt (Regensburg) 201
Heuport (Regensburg) 207
Hilgartsberg 153, 170-171
Hirschberg 116, 127
Hirschberg, Grafen von 124
Hochschloss (Stein) 56, 57
Hochschloss (Füssen) 232
Höchstädt 199, 246-247
Hofkapelle (München) 18
Hofkirchen 171
Hofmarkmuseum (Eggersberg) 222
Hofmarksschloss Aicha 142
Hofreitschule (Wallerstein) 253
Hoftheater (München) 20
Hohenaschau im Chiemgau 12, 40, 58-60
Hohenems, Marcus Sitticus von 92
Hohenschwangau 14, 198, 234, 235, 237, 238
Hohenstaufen 248
Höhlenburg Stein an der Traun 40, 54
Höhlensystem (Wolfsegg) 208
Holl, Elias 124, 125, 126, 224
Holzheimer Schlössl (Kallmünz) 210
Horváth, Ödön von 47
Huber, Wolf 180
Hundinghütte (Linderhof) 72
Hussiten 11
Hussitenkriege 11
Imaginäres Museum (Wasserburg) 53
Immerwährender Reichstag 13, 202
Ingolstadt 11, 12, 26, 99, 103-107, 113
Internat. Jugendbibliothek (Blutenburg) 29, 31
Italienischer Bau (Trausnitz) 176/177
Jacob von Hamilton, Graf 181
Jagd- und Fischereimuseum (Wolfstein) 137
Jagd- und Lustschloss Grünau 114, 122-123
Jagd- und Naturmuseum (Falkenstein) 147
Jakob Fugger der Reiche 225, 228
Jakobstor (Regensburg) 192
Jawlensky, Alexej 47
Joachim von Ortenburg 186, 188; 189, 219
Johannes Fugger 230, 231
Jugendbibliothek, Int. (Blutenburg) 29, 31
Jura-Museum (Eichstätt) 125
Kaiserhof (München) 19, 21
Kaisersaal (München) 19, 21
Kallmünz 159, 209-210
Kandinsky, Wassily 47
Karl Albrecht 13, 19, 24, 28
Karl II. 27
Karl IV. 212
Karl Theodor, Hz. 69
Karl Theodor, Kurfürst 123
Karl V. 12, 185, 201, 202, 225, 226, 228
Karl VI., Ks. 204
Karl von Österreich, Erzherzog 177
Karoline von Bayern, Königin 68, 69
Kasimir von Brandenburg, Pfalzgraf 122
Kastenmayrturm (Regensburg) 192
Katharina Sophia 217
Kavalier Dallwigk (Ingolstadt) 107
Kavalier Hepp (Ingolstadt) 107
Keramik-Schloss Obernzell 162-163
Kinding, Kirchenburg 127-128
Kipfenberg 116, 127-128
Kirche Mariä Geburt (Kinding) 128
Kirchenburg Kinding 127-128
Kirchheim 100, 196, 228-231
Kirnstein, Burg 84
Klenze, Leo von 20, 68, 106, 203, 206
Kloster Ettal 46

Kloster Petersberg 83
Kloster St. Mang (Füssen) 234
Klosterkirche (Tegernsee) 67
Köckh 219
Kollnburg 144, 145
König-Ludwig-Museum (Herrenchiemsee) 64
Königsbau (München) 20, 34
Königsschlösser von Herrenchiemsee 61-64
Laaber, Herren von 218
Lamberg, Grafen 66
Landes-Haupt-Defension 105
Landshut 11, 12, 87, 99, 155, 172
Landshuter Erbfolgekrieg 11, 52, 84, 89, 110, 174, 210
Landshuter Fürstenhochzeit 173
Lapidarium (Grünwald) 42
Latona-Brunnen (Herrenchiemsee) 64, 76/77
Layter, Hans Warmund von der 66
Leonhard von Eck 207, 220
Leonhard von Laiming 149, 162, 163
Leuchtenberg 158, 211, 213-214
Linden 144, 145
Linderhof 62, 70-72, 74
Loggia (Seefeld) 45
Loggienbau (Amerang) 66
Lorenzikirche (München) 15
Lorenzistock (München) 15
Löwler 143, 145
Löwlerkrieg 146, 219, 222
Ludwig der Bärtige 51, 104, 121, 129
Ludwig der Brandt 12, 96, 15, 16, 46, 51, 91, 173, 211, 213, 216, 223
Ludwig der Bucklige 121
Ludwig der Kelheimer 167, 209
Ludwig der Reiche 173
Ludwig der Strenge 15, 103, 121, 173, 209, 212, 219, 232
Ludwig I. 14, 20, 25, 28, 31, 89, 105, 164, 171, 172, 206, 212, 217, 219, 235
Ludwig II. 14, 25, 61 f.70 ff, 243, 236 ff, 240 f
Ludwig III., Kg. 95, 101, 182
Ludwig von Oettingen 17
Ludwig von Wittelsbach 216
Ludwig X. 175, 177
Ludwig XIII. 252
Ludwig XIV. 27, 62, 63, 70
Ludwig XV. 249
Luegstein 85
Luegsteinsee 85
Lustheim 13, 26-28
Macke, August 47
Manching 103
Marc, Franz 47
Marienkirche (Wittelsbach) 102
Markt Waldkirchen 137
Marokkanisches Haus (Linderhof) ,72
Marstallmuseum (Nymphenburg) 25
Maurischer Kiosk (Linderhof) 71
Max Emanuel 19, 27, 28, 99, 107, 247
Max I. Emanuel 24
Max I. Josef 24, 68, 112
Max I. 206
Maximilian II. Emanuel 13, 22, 23, 26
Max II., Kg 102, 165
Max Philipp 214
Maximilian III. Joseph 24, 28
Maximilian Anton von Thurn und Taxis 202
Maximilian I. 11, 12, 18, 20, 26, 84, 92, 110, 225, 228, 233
Maximilian Kajetan, Graf 44
Maximilian Karl von Thurn und Taxis 202
Maximilian 174, 212, 220, 234 ff
Max-Joseph-Saal (München) 21

Megling-Frontenhausen, Grafen von 81
Meinhard von, Graf 242
Meissener Porzellan 28
Menzing 29
Michaelskapelle (Tittmoning) 93
Michaelskapelle (Wasserburg) 52
Monarchie Bayern 14
Montez, Lola 31
Moosberg 47
Moritzschlösschen (Wallerstein) 253
München 10-12, 99, 104, 235
Münchner Residenzen 15-25, 41
Minter, Gabriele 47
Münterhaus 47
Münzturm (Neuburg) 121
Murach 212
Murnau am Staffelsee 35, 46-47
Murnauer Malerschule 47
Murnauer Schlossmuseum 46-47
Museum des Haager Landes 50
Museum für Konkrete Kunst (Ingolstadt) 107
Museum für Mensch und Natur (Nymphenburg) 25
Museum Goldener Steig (Waldkirchen) 137
Museum im Burgtor (Oberaudorf) 85
Museum Tegernseer Tal 69
Napoleon 13, 89, 100, 105, 150, 177, 206
Narrentreppe (Trausnitz) 176
Nationaltheater (München) 20
Neubeuern 81-82
Neuburg/Donau 12, 96, 110-112, 114, 121
Neuburg am Inn 155, 178-183
Neuburger Schlosskirche 110
Neue Residenz (Passau) 152
Neue Residenz (München) 15, 17
Neue Veste (München) 17
Neue Waag (Regensburg) 201
Neuer Festsaalbau (München) 20
Neues Residenzschloss (Wallerstein) 253
Neues Schloss (Herrenchiemsee) 62
Neues Schloss (Ingolstadt) 103, 104, 106, 113
Neues Schloss (Schleißheim) 38
Neues Schloss (Stein) 55
Neu-Falkenstein 82, 83
Neuhaus 178, 184
Neunußberg 143, 145, 146
Neuschwanstein 14, 62, 92, 198, 236, 238-241, 242
Niederhaus, Burg 148, 151
Nürnberg 13
Nußberg 143-146
Nymphenburg 13, 19, 22, 27, 31, 36, 37, 41, 97, 99, 100, 203
Nymphenburger Porzellanmanufaktur 24, 25
Oberalting 44
Oberaudorf 81, 84-85
Obere Pfalz 211
Obereggersberg 193
Oberes Schloss (Haag) 50
Oberes Schloss (Stein) 55, 56
Oberhaus (Passau) 119
Oberhaus, Zwingburg 148
Obermenzing (München) 29
Obermurach 211-212
Obernzell 120, 162-163
Oberpfalz 11, 12
Oberschloss (Englburg) 139
Oettingen 200, 248, 251-252
Oettingen, Grafen von 252
Oettingen-Wallerstein 14
Oettinger 249, 250
Ohlmüller, Joseph Daniel 235
Ortenburg 12, 154, 185-189

255

Ortenburg, Grafen von 185, 188, 212
Ortenburger Ritterspiele 189
Ortolf von Schwarzenstein 138 f
Ortspitze (Passau) 161
Ortwin von Ortenburg 170
Ostentor (Regensburg) 192
Österreichischer Erbfolgekrieg 13, 24, 81, 89, 105, 131, 133, 135, 171, 184, 234
Ottheinrich von Pfalz-Neuburg 110, 111, 121-123, 207
Ottheinrichbau (Neuburg) 111, 112
Pagodenburg (Nymphenburg) 23
Pallago, Carlo 230
Pankraz von Freyberg 59, 187
Pappenheimer Grafen 121
Passau 10, 13, 120, 148-152, 161
Paul von Turn und Taxis 236
Peinkofer, Max 138
Penkheimer, Hans 236
Perlachturm (Augsburg) 224
Pesnitzer, Ulrich 92
Peter von Egg 170
Peterstor (Regensburg) 192
Pfalzbayerische Residenz Neuburg 110
Pfreimd 214
Philipp-Wilhelm-Bau (Neuburg) 111, 112
Pilsensee 43
Plattenstein 93
Pollack, Jan 30
Prätzl, Matthäus 41
Prebrunntor (Regensburg) 201
Preysing, Barone von 59
Priental 60
Prientalmuseum 60
Prunkgärtl (Neuburg) 180
Prunn im Altmühltal 49, 194, 218-219
Quaglio, Domenico 235
Rabenstein 93
Randeck 193, 218, 219, 220
Rathaus (Augsburg) 224
Reduit Tilly (Ingolstadt) 106, 107
Reformation 12
Regensburg 10, 13, 147, 148, 157, 191-192, 201, 205, 209
Rehbachstöckl (Berchtesgaden) 97
Reiche Herzöge 87, 121
Reichsdeputationshauptschluss 13, 95
Reichsfreiherren von Haag 56
Reichsstadt Regensburg 191-192, 201
Reschenstein 130-131
Residenz Augsburg 226
Residenz Dillingen 199, 244-245
Residenz Harburg 200
Residenz München 34
Residenz Oettingen 200, 248, 251-252
Residenzburg Straubing 166
Riedenburg 195, 218, 221
Riemenschneider, Tilman 96
Ries 12, 14, 248
Ringmauer (Tittmoning) 94
Rohrbach, Hans von 179
Romantische Straße 200, 248-253
Römerturm (Regensburg) 201
Rondell (Nymphenburg) 24
Rosa, Francesco 27
Rosenburg (Riedenburg) 195, 221
Rote Brücke (Wasserburg) 51
Rotes Tor (Augsburg) 224
Rubens, Peter Paul 230
Runtingerhaus (Regensburg) 192
Rupertiwinkel 10, 13, 91
Sachsenturm (Trausnitz) 217
Saldenburg 138-142, 146
Salzburg, Fürstbischöfe von 10

Salzburg, Fürstbistum 13
Salzkreig 92
Salzstraße 48, 51
Sängersaal (Neuschwanstein) 240
Sankt Emmeram 202-203, 205
Sankt Mang (Füssen) 232
Sankt-Lorenz-Kirche (München) 17
Scala, Hans della 66
Scaliger 66
Schachen 70-71
Schäding 178, 184
Schellenberg 98
Scheyern, Grafen von 236
Schleißheim 13, 22, 26-28, 38, 41, 99, 100
Schlossmuseum Murnau 35, 46-47
Schmalkaldener Bund 249
Schmalkald. Krieg 12, 110, 230, 233, 252
Schmuzer, Mathias 251
Schnorr von Carolsfeld, Julius 20
Schönau 155, 190
Schöne Säle (Neuburg) 182
Schönheitengalerie (Nymphenburg) 25
Schöttl, Heinrich 99
Schroer, Hans 111
Schwäbischer Städtebund 10
Schwaneck 32, 42
Schwangau 238
Schwangau, Hilpolt von 241
Schwanstein 237
Schwanthaler, Ludwig von 42
Schwarzensteiner 139
Schwind, Moritz von 236
Seckell, Friedrich Ludwig von 25, 68
Seefeld über dem Pilsensee 35, 43-45
Seifried von Törring 44
Souveränes Königreich Bayern 14
Spanischer Erbfolgekrieg 13, 23, 27, 46, 59, 85, 171, 234, 245-247
Spari, Lucio de 237
Spiegelsaal (Herrenchiemsee) 62
St. Bartholomä (Berchtesgaden) 95-98
St. Emmeram (Regensburg) 202-203, 205
St.-Georgs-Kapelle (Amerang) 65
St.-Veits-Kapelle (Füssen) 233
Staatliche Gemäldesammlungen (Burghausen) 90
Staatssammlung, Archäolog. (Aichach) 102
Staatssammlung, Archäolog. (Grünwald) 42
Stadtburg Goldenes Kreuz (Regensburg) 201
Stadtmuseum (Burghausen) 90
Stadtpalast der Fugger (Augsburg) 225
Staufer 241, 249
Stein an der Traun 40, 54-57
Stein, Heinz von 54
Steinerne Brücke (Regensburg) 191
Steinerner Saal (Nymphenburg) 24
Stiegler, Josef 25
Stoss, Veit 96
Straubing 11, 153, 166-169
Sustris, Friedrich 18, 175
Tachenstein 222
Taufkirchen, Grafen von 140
Tegernsee 67-69, 73
Theaterdörfchen Eintrachtshausen 45
Thronsaal (Neuschwanstein) 239
Thummer 207
Thurn und Taxis 13, 147, 202, 205
Tittling 138
Tittmoning 10, 78, 87, 91-94
Tizian 22
Torbau (Neuschwanstein) 239
Törring, Seifried von 44
Törringer 44, 45, 49, 54, 55, 57
Törring-Jettenbach, Herren von 44

Trausnitz 155, 160, 172-177, 211, 216
Träxlzimmer (Neuburg) 180
Turm Triva (Ingolstadt) 107
Ungarnwall (Kallmünz) 210
Unteres Schloss (Haag) 50
Unteres Schloss (Stein) 55
Unterirdischer Gang (Hilgartsberg) 171
Unterschloss (Englburg) 139
Unterwittelsbach, Wasserschloss 102
Ur- und Frühgeschichtliches Museum (Eichstätt) 125
Urban von Trenbach 136, 150, 162, 163
Vegesack, Siegfried von 132
Veste Oberhaus 149
Viechtach 145
Vier-Schimmel-Saal (München) 19, 21
Vilshofen 188
Viscardi, Antonio 23, 30
Visconti 42, 66
Vohburg 80, 108-109
Vohenstrauß 158, 211, 215, 217
Vornbach 178-179, 184
Vornbach, Grafen von 178
Waffenkammern (Berchtesgaden) 96
Wagner, Richard 236, 238
Waldkirchen 137
Walhalla 204-206
Wallerstein 248, 252-253
Wasserburg (Obernzell) 162
Wasserburg am Inn 40, 51-53
Wasserburg Niederhaus 148
Wasserburger Hallgrafen 51
Wasserschloss Schönau 155, 190
Wasserschloss Unterwittelsbach 102
Wasserturm (Vohburg) 109
Weigand von Trausnitz 216
Weikertsham 53
Weissenfelder, Philipp 171
Weißenstein, Ruine 118, 132-133, 144
Welfen 9, 241
Welser 223
Wendelstein (Füssen) 233
Wernstein 178, 183
Westfälischer Friede 12
Widderberg 45
Wiener Kongress 14, 20
Wilhelm IV. 49, 52, 99, 131, 140, 185, 207,
Wilhelm V, Hz.. 18, 26
Willibaldsburg (Eichstätt) 115, 124-126
Wisreutter, Hans 100
Wittelsbach 20
Wittelsbacher Burgen 101-102
Wittelsbacher Denkmal 102
Wittelsbacher 10, 15, 27, 44, 45, 51, 81, 95, 99, 101, 110, 124, 178, 179
Wittelsbachermuseum Aichach 102
Wohnturm (Neunußberg) 146
Wohnturm Haag 48-50
Wolfger von Erla, Kirchenfürst 134, 151
Wolfsegg 156, 207-208
Wolfstein 117, 136-137
Würzburg 13
Zanthaus (Regensburg) 192
Zeiller, Pr. 42
Zieblandt, Georg Friedrich 235
Zimmermann, Johann Baptist 24, 28, 67
Zuccalli, Enrico 27, 28, 59, 67, 141
Zwingburg Oberhaus 148